HARMONIE IM WIDERSPRUCH
Die Frau im japanischen Märchen

von Hayao Kawai

HARMONIE IM WIDERSPRUCH

Die Frau im japanischen Märchen

von Hayao Kawai

aus dem Japanischen übersetzt von Irene Büchli

DAIMON
VERLAG

Harmonie im Widerspruch von Hayao Kawai

aus dem Japanischen übersetzt von Irene Büchli

Für die Maskenbilder danken wir:
Urufushine Schrein, Nabari
Kulturschatzverwaltung, Stadthaus Nabari
Masken für Nô-Theater, Anfang 18. Jahrhundert:

Umschlag links: Kômote, Junge Frau
Umschlag rechts: Yasha, Aus Leiden zu einem Dämon gewordene Frau

Seite 241 links: Oni-Maske für Oni (Dämon) oder Totenrichter
rechts: Hyôtoku, Blasender Schutzgott

© 1999 Daimon Verlag Einsiedeln

ISBN 3-85630-581-5

Alle Rechte vorbehalten

Inhalt

Kapitel I   Die verbotene Kammer
1. Das Land der japanischen Nachtigall — 8
2. Der Unterschied in den Kulturen — 15
3. Der Aufbau des Bewußtseins — 20
4. Was geschah eigentlich? — 25
5. Die Frau, die weggeht — 30

Kapitel II   Die Frau, die nichts ißt
1. Die Yama-uba — 36
2. Die Große Mutter — 41
3. Der gefräßige Flaschenkürbis — 45
4. Die Vernichtung der Yama-uba — 49

Kapitel III   Das Lachen der Oni
1. Das Zurückgewinnen der schönen Frau — 56
2. Japanische und griechische Götter — 60
3. Wer dringt in die Einheit von Mutter und Tochter ein? — 64
4. Die Bedeutung der Entblößung — 70
5. Das Lachen der Oni — 73

Kapitel IV   Der Tod der Schwester
1. Die Schwester, der weiße Vogel — 80
2. Bruder und Schwester — 85
3. Die ältere Schwester und der jüngere Bruder — 90

Kapitel V   Die zwei Gestalten der Frau
1. Urashima Tarô — 98
2. Mutter und Sohn — 102
3. Schildkröte und Schildkrötenprinzessin — 108
4. Otohime – Das „Ewige Mädchen" — 113
5. Die äußere und die innere Welt — 117

Kapitel VI   Die ungleichartige Frau
1. Die Kranichfrau — 124
2. Die ungleichartige Frau — 129
3. Ungleichartige Heirat in den Märchen der Welt — 136
4. Die Natur und der Mensch — 139

Kapitel VII Die duldende Frau
- *1. Das Mädchen ohne Hände* — 147
- *2. „Das Mädchen ohne Hände" in Ost und West* — 153
- *3. Die glückliche Heirat* — 159

Kapitel VIII Der hochbetagte Mann und die schöne Frau
- *1. Hyôtoku* — 168
- *2. Das Senex-Bewußtsein* — 173
- *3. Die Vater-Tochter-Konstellation* — 180
- *4. Die Triade auf dem Meeresgrund* — 185
- *5. Das Vierte* — 191

Kapitel IX Die Frau mit Willen
- *1. Der reiche Köhler* — 199
- *2. Das weibliche Bewußtsein* — 204
- *3. Die heilige Hochzeit* — 210
- *4. Die Ganzheit* — 215

Nachtrag
- *1. Japanische Märchen und die Gegenwart* — 221
- *2. Die Geschichte von „Katako"* — 225
- *3. Vergleich mit anderen Kulturen* — 229
- *4. Der Tod des ungleichartigen Gatten* — 233
- *5. Eine Aufgabe für die Japaner von heute* — 237

Anhang: Japanische Märchen
- *1. Das Land der japanischen Nachtigall* — 243
- *2. Die Frau, die nichts ißt* — 245
- *3. Das Lachen der Oni* — 247
- *4. Die Schwester, der weiße Vogel* — 250
- *5. Urashima Tarô* — 255
- *6. Die Kranichfrau (Präfektur Kagoshima)* — 257
- *7. Das Mädchen ohne Hände* — 260
- *8. Hyôtoku (Die Geschichte vom Feuermännchen)* — 264
- *9. Der reiche Köhler (Präfektur Kagoshima)* — 266

Zum Autor — 269
Nachwort der Übersetzerin — 270
Zur Übersetzerin — 270
Bibliographie — 271
Liste der Tabellen und Skizzen — 273

Kapitel I

Die verbotene Kammer

Was wollen uns eigentlich Märchen erzählen? Für viele Leute gelten sie als wirklichkeitsfremd und wertlos. Doch in letzter Zeit ist ein Interesse für Märchen zu verzeichnen, und sie erfreuen sich einer gewissen Beliebtheit. Die Märchenforschung ist vom Standpunkt der Volkskunde, der Literatur oder der Religionswissenschaft her möglich. In diesem Buch soll versucht werden, in den japanischen Volksmärchen die Seele der Japaner zu erkennen. Deshalb werden sie hier vom Standpunkt der Tiefenpsychologie her betrachtet. Das steigende Interesse für die Volksmärchen zeigt das bewußte oder unbewußte Verlangen der Japaner, ihre eigene Identität wiederzufinden, die in den Wellen der Modernisierung zu verschwinden droht. Aber ist es überhaupt möglich, die Kultur eines Volkes aus Märchen zu erschließen? Als Verfasser dieses Buches will ich zuerst die Stoßkraft der Märchen auf mich wirken lassen und theoretische Fragen der Methodik vorübergehend dahinstellen. Das überzeugt mehr als abstrakte Argumente. Ich wähle als erstes eine Geschichte, in der die Eigenart der japanischen Märchen meines Erachtens gut zum Ausdruck kommt: „Das Land der japanischen Nachtigall".

1. Das Land der japanischen Nachtigall

Dies ist sowohl eine schöne wie auch rührende Geschichte. Aus vielen Versionen heraus wähle ich die Fassung aus der Präfektur Iwate: Ein junger Holzfäller entdeckt im Wald ein prächtiges Haus, das er noch nie gesehen und von dem er noch nie gehört hatte. Dort trifft er eine schöne Frau an. Er wird von ihr gebeten, während ihrer Abwesenheit das Haus zu hüten. Er willigt ein, muß jedoch versprechen, nicht in die anderen Zimmer hineinzublicken. Ein Verbot weckt aber die Neugier. Unwillkürlich verletzt der Mann das Verbot und dringt in die Zimmer ein. Sie sind alle sehr schön ausgestattet. Im siebten Zimmer findet er in einem Nest drei Eier. Er nimmt sie in die Hand, läßt sie aber aus Versehen fallen. Als die Frau zurückkehrt, beginnt sie bitterlich zu weinen und macht ihm Vorwürfe. Sie verwandelt sich in eine Nachtigall und mit dem Ruf „Ho Ho Ho Kekkyo, ich vermisse meine Töchter" fliegt sie davon. Die Geschichte endet damit, daß der Mann verwirrt auf der verlassenen Lichtung steht. Über seine Empfindungen wird nichts berichtet, was in Märchen ja nicht üblich ist.

Was ist da auf der Lichtung in diesem Wald geschehen? Der Holzfäller hat diesen Ort wohl schon gekannt. Aber eines Tages findet er dort etwas Unvermutetes. Wir meinen, daß wir die Wirklichkeit völlig kennen. Aber unverhofft erleben wir sie als etwas ganz anderes. Eine uns gewohnte Landschaft kann uns als ein strahlendes Wesen vorkommen oder als ein bedrohlicher Abgrund erscheinen. Oder ein Mensch, von dem wir meinten, daß er schön sei, kann uns häßlich erscheinen und unter Umständen wie ein böser Dämon aussehen. Die Wirklichkeit ist unendlich vielschichtig. Im gewohnten Leben erscheint sie aber einheitlich als eine einzige Schicht, die uns nicht bedroht. Dennoch kommt es vor, daß die tiefen Schichten die obere Schicht durchbrechen und in Erscheinung treten. Märchen erzählen reichlich von dieser wirklichen Erfahrung. Dieses Haus, das plötzlich dasteht, die schöne Frau, die dort lebt, sind ein

eindrückliches Beispiel dafür. Märchenfiguren, die sich verirren oder die von ihren Eltern ausgesetzt werden, machen oft außergewöhnliche Erfahrungen.

Die Tatsache, daß die Wirklichkeit als vielschichtig wahrgenommen werden kann, zeigt, daß auch die Bewußtseinsstruktur vielschichtig ist. Die Schicht, die zu einer gewissen Zeit bewußt machen kann, was bisher unbewußt war, kann als das Unbewußte bezeichnet werden. Die Seele ist somit vielschichtig und schließt sowohl das Bewußtsein als auch das Unbewußte ein. Die Tiefenpsychologie geht von dieser Voraussetzung aus und versucht, die Tiefenstruktur der menschlichen Seele deutlich zu machen. Märchen erzählen von verschiedenen Schichten und machen deshalb die Tiefenstruktur der Seele sichtbar. Am Beispiel von „Das Land der japanischen Nachtigall" heißt das: Das ungewöhnliche Haus, die schöne Frau darin, die verbotenen Zimmer – das alles bringt die Tiefenstruktur der Seele in Erscheinung. Die verbotene Kammer stellt im wahrsten Sinne die verborgene Tiefe der Seele dar, die nicht ohne weiteres gesehen werden kann.

„Das Land der japanischen Nachtigall" hat viele Versionen. Versucht man, ein ihnen gemeinsames Schema herauszufinden, läßt sich Interessantes feststellen. In der Tabelle 1 (S. 10) wird das ersichtlich. Die Geschichten von 1–13 haben folgendes gemeinsam: 1) Die Hauptfigur trifft eine junge Frau. 2) Er blickt in die verbotene Kammer. 3) Die Frau verschwindet voller Gram. 4) Der Mann ist allein wie zuvor. (Einzig in Nummer 10 wird der Mann ein Greis.)

Ein Mann kommt aus einem gewohnten Raum und trifft eine schöne Frau in einem ungewöhnlichen Raum: Diese Art Geschichten gibt es in der ganzen Welt. Ein Beispiel dafür ist „Schwanensee". Darin sieht der im Wald verirrte Prinz einen Schwan, der sich in eine schöne Frau verwandelt, und sein Herz wird gerührt. Dieser gewohnte und ungewohnte Raum entspricht dem Bewußtsein und dem Unbewußten in der Seele. Anders gesagt: Im Unbewußten eines Mannes ist das Bild einer außergewöhnlichen Frau

Tabelle 1. Varianten von „Das Land der japanischen Nachtigall"

	Der Übertreter	Der Verbieter	Ort	Verbotene Kammer
1	Holzfäller	Schöne Frau	Wald	Nächstes Zimmer
2	Kellner	Schönes Mädchen	Wiese	Zwölf Zimmer
3	Mann	Frau (macht Antrag)	Berg	Der westl. und östl. Speicher
4	Reisender	Mädchen	Verirrt	Ein Speicher
5	Händler	Mädchen (macht Antrag)	Straße	Der 12. Speicher
6	Holzfäller	Frau	Verirrt	Der 4. Speicher
7	Mann	Junge Frau	Berg	Ein Speicher
8	Zwei Köhler	Mädchen	Verirrt	Kommode
9	Mann	Frau	Wiese	Der 7. Speicher
10	Säger	Frau (macht Antrag)	Berg	Das 12. Zimmer
11	Mann	Schönes Mädchen	Berg	Das 2. Zimmer
12	Reisender	Junge Frau	Wiese	Der 4. Speicher
13	Junger Mann	Frau	Verirrt	Das hintere Zimmer
14	Junger Mann (macht Antrag)	Schönes Mädchen	Wohnhaus	Drei Jahre das Mädchen nicht sehen
15	Mutter	Sohn	eigenes Haus	Gastzimmer
16	Junger Wandermönch	Junge Frau	Herberge	Der 12. Speicher
17	Frau	Frau	Berg	Das 13. Zimmer
18	Junge Frau	Mann	Herberge	Der 3. Speicher

Inhalt des Zimmers	Folgen
Schätze, Eier	Frau wird eine jap. Nachtigall und verschwindet. Mann bleibt allein.
Jahresablauf	Stimme der jap. Nachtigall erklingt, Mann bleibt allein.
Jap. Nachtigall mit Pflaumenbaum	Eine jap. Nachtigall fliegt davon, Mann bleibt allein.
Jap. Nachtigall	Die Frau wird eine jap. Nachtigall, Mann bleibt allein.
Jap. Nachtigall mit Pflaumenbaum	Schönes Mädchen jagt den Mann fort, Mann bleibt allein.
Wachstum der Reispflanze	Mädchen wird ein weißer Reiher, Mann bleibt allein.
Fisch im Bottich	Frau wird eine jap. Nachtigall und verschwindet. Mann bleibt allein.
Wachstum der Reispflanze	Mädchen bedauert, Mann bleibt allein.
Jap. Nachtigall mit Pflaumenbaum	Frau wird eine jap. Nachtigall, Mann bleibt allein.
Zimmer der Berg-Gottheit	Frau wird eine jap. Nachtigall, Mann wird ein alter Greis.
Jap. Nachtigall mit Pflaumenbaum	Frau wird eine jap. Nachtigall, Mann bleibt allein.
Jap. Nachtigall mit Pflaumenbaum	Frau wird eine jap. Nachtigall, Mann bleibt allein.
Eier	Frau wird eine jap. Nachtigall, Mann bleibt allein.
–	Frau wird eine jap. Nachtigall, Mann bleibt allein.
Sohn im Schlaf mit ausgebreiteten Flügeln.	Sohn verschwindet.
Großer Schnee	Frau fliegt davon, Priester stirbt im Schneesturm.
Huhn	Übertreterin wird ein Huhn.
Drache (Vater des Mannes)	Die beiden heiraten.

vorhanden. Die Begegnung mit ihr ist nicht nur eine persönliche Erfahrung, sondern ist ein derart universales Ereignis, daß es von vielen Menschen in der Welt überliefert wird. Das Vorhandensein einer solchen allgemeingültigen Erscheinung deutet an, daß in der Tiefe des menschlichen Unbewußten eine allen Menschen gemeinsame Schicht vorhanden ist. C. G. Jung nennt sie das kollektive Unbewußte. Es treten aber je nach Kultur und Gesellschaft spezielle Veränderungen auf. Märchen haben sowohl einen allgemeingültigen Charakter als auch eine Gemeinsamkeit mit dem speziellen Charakter der betreffenden Kultur. In diesem Buch wird vor allem der Zusammenhang der japanischen Märchen mit der für Japan typischen Kultur untersucht.

Was sind die kulturellen Merkmale in „Das Land der japanischen Nachtigall"? Da ist einmal die Nachtigall selber. Dieser Vogel wird von alters her vom japanischen Volk geliebt. Sie wird als der Vogel verehrt, der den Frühling ankündigt. In der ältesten Gedichtsammlung, „Man-nyôshû" aus dem 8. Jh., wird sie in Gedichten besungen. Als ein Symbol des Frühlings spielt sie dann im 10. Jh. in der „Kokinshû"-Sammlung eine auffallende Rolle. In deren Prolog steht das Gedicht: „Wer die Nachtigall in den Blüten singen hört und die Stimmen der Frösche im Wasser – wer ließe sich da nicht hinreißen, ein Gedicht zu machen?" Das zeigt deutlich, wie sehr die Nachtigall die Schönheitsvorstellung der Japaner wiedergibt. Es ist geradezu natürlich, daß dieser Vogel, der den Frühling und die Schönheit versinnbildlicht, mit der Vorstellung einer schönen Jungfrau in Zusammenhang steht. Das erklärt das Auftreten der „Nachtigallprinzessin" in mittelalterlichen Erzählungen. Das Bild von der schönen Jungfrau, die im Land der japanischen Nachtigall lebt, ist in der Seele der Japaner von alters her stark verankert.

Was ist geschehen, als sich der Mann und die Frau im außergewöhnlichen Raum trafen? Skizze 1 stellt die Beziehung der beiden graphisch dar. Der Ort, aus dem der

1. Das Land der japanischen Nachtigall

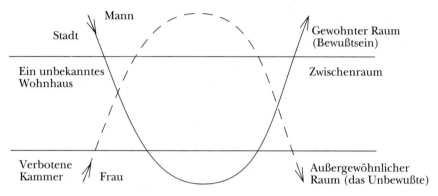

Skizze 1. Standorte von Mann und Frau in „Das Land der japanischen Nachtigall"

Holzfäller kommt, entspricht der gewohnten Welt, zu der auch die Berge und Felder gehören. Das unbekannte Haus, das er erblickte, kann als eine Zwischenzone bezeichnet werden. Die „verbotene Kammer" gehört zweifellos in die außergewöhnliche Welt. Auf die Struktur der Seele bezogen, entspricht die gewohnte Welt dem Bewußtsein und die außergewöhnliche Welt dem Unbewußten. Der Mann und die Frau treffen sich in der Zwischenzone. Aber es kommt sofort zu einer Trennung. Die Frau geht in die Stadt und der Mann betritt die verbotene Kammer. Als sie sich noch einmal treffen, ist die Katastrophe schon geschehen. Jeder der beiden geht wieder in die eigene Welt zurück. Das sind wie zwei sich bewegende Kometen, die eine Parabel beschreiben und nach zwei flüchtigen Begegnungen auf ewig auseinandergehen. Die Geschichten Nummer 3, 5, 10, 14, 18 haben außerdem das Thema der Heirat, die aber vorübergehend ist. In den Geschichten 3, 5 und 10 macht die Frau alsbald einen Heiratsantrag. Vermutlich sind diese Geschichten älter, wie das auch bei der älteren Version von „Urashimatarô" der Fall ist. (Das wird in Kapitel V behandelt.) In der Geschichte 10 wird der Mann zuletzt ein Greis. Das will sagen, daß die Zeit in der gewöhnlichen und der ungewöhnlichen Welt anders verläuft.

In den meisten Geschichten mit einer Heirat erfolgt aber eine unglückliche Trennung. Einzig Nummer 18 ist eine Ausnahme. Aber in ihr wird das Verbot vom Mann aufgestellt und von der Frau gebrochen, sie ist somit keine reine „Verbotene Kammer"-Geschichte. Auf alle Fälle kann gesagt werden, daß der Mann und die Frau je eine Parabel beschreiben, die sich zweimal überschneiden. Die Trennung ist geradezu vorbestimmt.

Was geschieht, wenn das Verbot nicht gebrochen wird? Wird dann eine glückliche Heirat zu erwarten sein? Es gibt eine Version, in welcher der Mann das Versprechen hält. Aber es ist eine Geschichte von einem alten Mann, und somit ist das Thema der Heirat ausgeschlossen. Ein Beispiel von dieser Art aus der Präfektur Aomori lautet wie folgt: In einem Bergdorf lebten zwei alte Männer. Der eine war gut und der andere böse. Der gute alte Mann trifft eine schöne junge Dame auf dem Berg und wird herzlich empfangen. Sie will in die Stadt einkaufen gehen und bittet den alten Mann, das Haus zu hüten, aber von den zwölf Zimmern das Zimmer „Februar" nicht zu sehen. Als die Frau zurückkommt, sieht sie, daß er das Versprechen gehalten hat und schenkt ihm einen Spachtel, der alle nur gewünschten Speisen hervorbringen kann. Mit seiner Frau zusammen erfreut er sich der feinen Gerichte, die der Spachtel macht. Der geizige alte Mann von nebenan wird neidisch und geht ebenfalls die schöne Dame in den Bergen besuchen. Er hält aber das Verbot nicht und blickt ins Februarzimmer. Eine Nachtigall fliegt davon, und er ist allein im weiten Feld.

Geschichten dieser Art sind nicht so häufig wie die andere Gruppe. Wahrscheinlich sind sie später entstanden, weil sie versuchen, ein gutes Ende herbeizuführen. Sie sind buddhistisch beeinflußt. Ein Hinweis dafür kann die Wendung sein, welche die Stimme der Nachtigall „Hokekyô" wiedergibt. Das ist auch das Wort für „Lotoslehre". Auf alle Fälle gelingt es nicht, eine glückliche Heirat herbeizuführen. In den japanischen Märchen ist die Tendenz stark, eine Heirat zu umgehen. Die Trennung von der Frau ist in

jedem Fall unumgänglich. Auch wenn der Mann vielleicht noch etwas mitbekommt wie diesen Spachtel – das Schicksal der Frau, ausgeschlossen zu sein, scheint festzustehen.

2. Der Unterschied in den Kulturen

Gibt es außerhalb Japan Geschichten, die ähnlich sind wie „Das Land der japanischen Nachtigall"? Es kommt dabei darauf an, welche Motive man betonen will. Westliche Geschichten, die vom „Guten und schlechten Mädchen" erzählen, sind ähnlich wie diejenigen vom alten Mann und dem Spachtel. Das Grimms-Märchen „Marienkind" hat ebenfalls das Motiv der verbotenen Kammer, zeigt aber einen ganz anderen Verlauf als das entsprechende japanische Märchen. Obwohl das Motiv der „verbotenen Kammer" einen allgemeinen Charakter hat, kommt in dessen Behandlung der Unterschied in den Kulturen zum Ausdruck. Das zeigt sich besonders deutlich, wenn man das japanische Märchen mit Grimms „Der treue Johannes" und einem Märchen aus Zypern („Der Mann mit drei Augen") vergleicht.

In Tabelle 2 (S. 16) werden sieben Märchen aus anderen Kulturen, in denen das Motiv der „verbotenen Kammer" vorkommt, miteinander verglichen. Der Unterschied ist offensichtlich. In den Geschichten außerhalb Japan ist die Person, die verbietet, in einer überlegenen Stellung. Es ist der Ehemann, der Vater, der König, Maria, eine Zauberin. Die Person, der etwas verboten wird, hat eine untergebene Stellung: Die Ehefrau, der Sohn oder die Tochter, das Kind oder ein Diener. In Japan ist jedoch die Person, die verbietet, fast ausschließlich eine Frau. Nur in Geschichte 18 sind die Rollen von Mann und Frau umgekehrt. Das mag als ein Versuch gelten, ein glückliches Ende herbeizuführen.

In Tabelle 3 wird der Ort verglichen, für den in anderen Kulturen das Verbot gilt. Der Vater erteilt das Verbot im Elternhaus, das zum gewohnten Raum gehört. Der Ehemann erteilt es für einen Raum in seinem eigenen Haus,

Tabelle 2. Geschichten von „Die verbotene Kammer" im Westen

	Titel	Übertreter	Verbieter
1	Blaubart (Frankreich)	Frau	Ehemann (Blaubart)
2	Kluge Maria (Portugal)	Tochter	Vater
3	Der Mann mit drei Augen (Zypern)	Frau	Ehemann (drei Augen)
4	Veronique (Frankreich)	Knabe (9 Jahre)	Prinzessin (Hexe)
5	Räuberhochzeit (Kroatien)	Drei Schwestern	Ehemann (Räuber)
6	Marienkind (Deutschland)	Mädchen	Heilige Jungfrau
7	Der treue Johannes (Deutschland)	Prinz	König (Vater)

	Titel	Im Zimmer
1	Blaubart (Frankreich)	Leichen von früheren Frauen
2	Kluge Maria (Portugal)	Der Garten des Königs
3	Der Mann mit drei Augen (Zypern)	Ehemann als Menschenfresser
4	Veronique (Frankreich)	Pferd (Prinz)
5	Räuberhochzeit (Kroatien)	Leichen
6	Marienkind (Deutschland)	Trinität
7	Der treue Johannes (Deutschland)	Ein Bild einer Prinzessin

Tabelle 3. Verbieter und Übertreter in der „verbotenen Kammer" im Westen

	Verbieter	Übertreter
Gewohnter Raum	Vater	Tochter / Sohn
Zwischenraum	Ehemann	Frau
Außergewöhnlicher Raum	Hexe / Maria	Kind (männlich / weiblich)

Tabelle 4. Ein Vergleich von japanischen und westlichen Geschichten

	Verbieter	Übertreter	Inhalt des Zimmers
Japan	Frau	Mann	Schönheit der Natur
Westen	Mann (Ehemann)	Frau (Ehefrau)	Leichen

Ort	Verbotene Kammer
Blaubarts Haus	Geheimes Zimmer
Haus	Geheimes Zimmer
Ehemanns Haus	Geheimes Zimmer
Hexenhaus	Geheimes Zimmer
Hütte im Wald	Geheimes Zimmer
Himmel	13. Türe
Schloß	Geheimes Zimmer

Folgen
Der Bruder rettet die Heldin. Sie heiratet nachher.
Der König tötet beinahe die Heldin, aber sie heiratet nachher.
Der Ehemann will die Heldin töten. Der König rettet sie und sie heiratet den Prinz
Der Knabe flüchtet aus dem Hexenhaus und heiratet die Prinzessin.
Der Ehemann tötet zwei Schwestern. Die dritte tötet ihn mit Hilfe anderer.
Das Mädchen wird aus dem Himmel weggeschickt und heiratet den König.
Der Prinz besucht die Prinzessin. Sie heiraten.

Strafe	Folge
Keine	Frau geht weg. Mann bleibt allein.
Todesstrafe	Ein anderer Mann rettet die Frau.

was aber für die Ehefrau ein ungewohnter Raum ist. Dieser Ort kann als ein Ort dazwischen angesehen werden. Das Hexenhaus oder das Himmelreich können als eine außergewöhnliche Welt gelten. Die Hexe oder Maria sind übermenschliche Wesen. Wird die gewohnte Welt auf das Bewußtsein, der Ort dazwischen auf die Zwischenschicht und die außergewöhnliche Welt auf das Unbewußte bezogen, so zeigt sich ein Modell für die Struktur der westlichen Seele.

Die japanische Geschichte befolgt andere Regeln. Es ist nicht eindeutig, wer das Verbot in der gewohnten und der ungewohnten Welt erteilt. In der Zwischenzone ist es aber eindeutig eine Frau. Sie ist ein Wesen, das auch den gewohnten Raum betreten kann, da sie ja in die Stadt einkaufen geht. Die Unterschiede werden noch deutlicher, wenn der Ablauf der Geschichte verglichen wird. Keigo Seki weist darauf hin, daß in japanischen Märchen die Person, die das Verbot aufstellt, unglücklicher wird als diejenige, die es bricht. Die Person, die gegen das Tabu verstößt, wird nicht bestraft. Aber die Person, gegen die das Tabu verletzt wird, geht betrübt weg. In westlichen Geschichten wird die Person, die das Tabu übertritt, jedoch bestraft. Erst nachher wendet sich ihr Geschick zum Guten. Der Motivindex von Thompson weist verschiedene Arten von Strafen auf. Aber einen Posten für „straflos" gibt es nicht. Eine indirekte Strafe kann höchstens darin gesehen werden, daß die Hauptperson mit leeren Händen ausgeht. In Geschichte 5 schickt die Frau den Mann weg, und in Geschichte 16 stirbt der Priester im Schneesturm – das hat eher die Bedeutung von Vergeltung als von Strafe. In Geschichte 17 wird die Frau, die das Verbot verletzt, ein Huhn. Aber diese Geschichte handelt von zwei Frauen, hat also ein anderes Schema.

Die wesentlichen Unterschiede in den westlichen und japanischen Märchen, die sich in der Zwischenzone abspielen, sind in Tabelle 4 zusammengestellt (S. 16). In Japan wird in dieser Zwischenzone im verbotenen Zimmer die Schönheit der Natur dargestellt. Es ist eine Frühlingsland-

schaft mit Nachtigallen und Pflaumenblüten oder das Heranwachsen von Reispflanzen. Im Westen sind in diesem verbotenen Raum Leichen oder der Ehemann, der Leichen ißt. Im Westen kommt man beim Übertreten ums Leben. In „Blaubart" sind es ehemalige Frauen, in „Räuberbräutigam" sind es zwei ältere Schwestern. Demgegenüber gibt es in Japan keine solche Strafe. Auch das endgültige Resultat weist Unterschiede auf: In Japan steht der Mann verlassen da wie vorher, und die Frau geht enttäuscht weg. Im Westen kommt ein anderer Mann der Frau zu Hilfe. Das ist je nachdem der Bruder, der Vater oder ein König. Der fürchterliche Mann wird durch einen starken Mann beseitigt. Als Schluß erfolgt meistens eine glückliche Heirat. Eine Ausnahme ist die Geschichte aus Kroatien.

In japanischen Märchen ist ein glückliches Ende mit einer Heirat relativ selten. Was ist der Grund für diesen Unterschied? Einen Hinweis dafür kann eine Episode vom russischen Märchenforscher Kiril Tchistov geben. Er las das bekannte Märchen „Urashimatarô" seinem Enkel vor. Bei der Beschreibung von der Schönheit des Drachenpalasts zeigte der Enkel überhaupt kein Interesse und schien etwas anderes zu erwarten. Auf die Frage, woran er denke, antwortete dieser: „Wann kämpft er denn mit dem?" Er erwartete, daß Urashimatarô mit dem Drachenkönig kämpft. Ein Kind in Rußland versteht offenbar nicht, warum der Held nicht mit dem Drachen kämpft und am Ende die Tochter des Drachenkönig nicht heiratet. Der deutsche Märchenforscher Röhrich kommt zum Schluß, daß in Japan „gerade diese Verbindung" abgebrochen wird und somit das Thema der Heirat eher selten ist. Im Gegensatz dazu erzählen europäische Märchen, wie der Held die Jungfrau zum Beispiel vom Zauber oder Unglück befreit und sie heiratet.

Als eine Begründung dafür wird gern der starke Einfluß des Konfuzianismus angegeben. Auch wenn es ursprünglich das Thema der Heirat gab, wurde es später, als man Kindern die Märchen erzählte, aus sittlichen Gründen weggelassen. Aber diese Begründung ist nicht eindeutig, weil es viele

Märchen mit Tagedieben und Schelmen gibt, die auch nicht der Moral entsprechen, aber trotzdem vorhanden sind. Es muß einen noch tieferen Grund für das Weglassen der Heirat geben. Er liegt in einem Bereich, der von der Kultur her bestimmt ist. Obwohl die Seele der Menschen im Ganzen gesehen nicht verschieden ist, gibt es doch in der äußeren Bewußtseinsstruktur Unterschiede. Daraus entstehen die Unterschiede einer Persönlichkeit oder einer Kultur. Menschen fassen die Dinge durch das Bewußtsein auf. Kommt ein Bewußtseinsinhalt in einer Geschichte zur Darstellung, ist es natürlich, daß je nach der Art des Bewußtseins im Ausdrücken einer Vorstellung Unterschiede entstehen, obwohl es in der Tiefe des Unbewußten aller Menschen eine allgemeingültige Schicht gibt.

3. Der Aufbau des Bewußtseins

Das Bewußtsein ist nicht nur auf das beschränkt, was bewußt ist, sondern es hat eine geistige Veranlagung, das Bewußtwerden wenn nötig zu ermöglichen. Seine Struktur hat einen gewissen Aufbau, und es besitzt einen Sinn zur Vervollständigung. Auch wenn es von außen beeinflußbar ist, hat es eine gewisse Autonomie, die das Verhalten bestimmt. Dieser Sinn nach Vervollständigung und Autonomie bildet die Persönlichkeit eines Menschen. Im Mittelpunkt des Bewußtseins ist das Ich. In der Geistesgeschichte des Abendlandes hat die Entwicklung des Ichs eine höchste Bedeutung. Das westliche Ich zeichnet sich aus durch einen unvergleichlichen hohen Sinn nach Autonomie und Vervollständigung und besitzt eine große Abwehrkraft gegen die Einflüsse des Unbewußten und der Außenwelt. Erich Neumann beschreibt höchst interessant den Entwicklungsprozeß des abendländischen Ichs in seinem bekannten Buch „Die Ursprungsgeschichte des Bewußtseins". Er geht dabei von Mythen aus und bringt dadurch in der Mythenforschung neue Aspekte. Seine Theorie ist auch für die

Märchenforschung äußerst nützlich. Aber für die Analyse von japanischen Märchen ist sie weniger geeignet. Japanische Märchen müssen mit einer eigenen Methode analysiert werden, die noch gefunden werden muß. Aber weil wir Japaner in der Wissenschaft von der Denkart und Methodik des Westens stark beeinflußt worden sind, ist ein Vergleich mit dem Entwicklungsprozeß des westlichen Ichs notwendig. Dieser Vergleich verhilft gleichzeitig dazu, das Wesen der japanischen Seele zu erkennen.

Vereinfacht sagt Neumann über die Entstehung des Bewußtseins folgendes: Das erste Stadium beginnt mit dem Chaos, wie das in vielen Schöpfungsmythen dargestellt wird. Darin sind das Bewußtsein und das Unbewußte noch ungetrennt. Ein Symbol für diesen Zustand ist die Schlange, die sich selbst in den Schwanz beißt und einen Kreis bildet. Dieses Symbol ist als „Uroboros" bekannt und ist in vielen Kulturen wie Afrika, Indien, China, Mexiko und Mesopotamien anzutreffen. „Es ist Mann und Frau, zeugend und empfangend, verschlingend und gebärend, aktiv und passiv, oben und unten zugleich." Im nächsten Stadium beginnt sich das Ich aus der Identität mit dem Uroboros herauszulösen. Das erwachende Ich erfährt sodann die Welt der „Großen Mutter". Die Gestalt der „Großen Mutter" spielt in den Mythen und Religionen eine bedeutende Rolle. Sie vertritt zwei Aspekte: In der „Venus von Willendorf" ist ihr physischer Aspekt betont, in der Jungfrau Maria ihr spiritueller. Die Große Mutter kann als bejahend oder verneinend betrachtet werden, je nachdem wie sie vom noch schwachen Ich erfahren wird. Als hegende Mutter wirkt sie positiv. Versucht sie aber, das sich entwickelnde Ich zu verschlingen und ins Chaos zurückzuführen, wirkt sie negativ. In Japan vertritt die Göttin der Barmherzigkeit (Kannnon) den positiven Aspekt der Großen Mutter. Sie ist gnädig und lebensbejahend. Der negative Aspekt wird in den japanischen Märchen als die alles verschlingende Yama-uba vorgestellt (siehe Kapitel II). In den japanischen Mythen kann die Göttin Izanami sowohl als eine bejahende als auch

verneinende Erscheinung der Großen Mutter angesehen werden. Sie ist die Göttin, die das Land Japan geboren hat, nach ihrem Tod (bei der Geburt des Feuergottes) wird sie aber die Göttin des Totenreichs.

Das in der Großen Mutter herangewachsene Ich erfährt im nächsten Stadium die Trennung der Gegensätze. In den Schöpfungsmythen wird das als Trennung von Himmel und Erde, Vater und Mutter, Tag und Nacht und als Licht, das in die Finsternis schien, dargestellt. Psychologisch gesagt, ist es die Trennung von Bewußtsein und dem Unbewußten.

Mit dem Heldenmythos beginnt eine neue Phase der Entwicklung. Das vom Unbewußten getrennte Bewußtsein erlangt die Selbständigkeit, und es kommt zur Bildung der menschlichen Gestalt und der Persönlichkeit. Das wird in den Mythen durch die Figur des Helden manifestiert. Sie erzählen von der ungewöhnlichen Geburt des Helden, dem Kampf mit dem Ungeheuer und vom Erlangen eines Schatzes.

Die außergewöhnliche Geburt des Helden weist auf seine Doppelnatur hin. In der griechischen Mythologie sind die Helden Kinder von Zeus und Menschentöchtern. Auch in Japan wird von solchen übernatürlichen Geburten berichtet, wie zum Beispiel „Momotarô", der aus einem Pfirsich geboren wurde. Die Helden sind keine alltäglichen Menschen und besitzen ungewöhnliche Eigenschaften. Sie besiegen Ungeheuer, wie zum Beispiel Drachen. Bei Freud wird das auf den Ödipuskomplex reduziert und als Mord am eigenen Vater ausgelegt. Jung hingegen sieht im Drachen das Symbol für den Vater- oder Mutterarchetyp. Der Kampf gilt also diesen Archetypen im Innern der Seele und nicht den leiblichen Eltern. Die Drachentötung bedeutet somit den Kampf gegen die Große Mutter, die das Ich verschlingen will. Das Ich wirkt der Kraft des Unbewußten entgegen und kämpft um seine Selbständigkeit. Die Vatertötung bedeutet einen Kampf gegen die Normen der Gesellschaft und Kultur. Volle und wirkliche Selbständigkeit erreicht das Ich nur, wenn es sich nicht nur vom Unbewuß-

ten, sondern auch von kulturbedingten allgemeinen Konzepten befreien kann. Das Ich erreicht sein Ziel erst, wenn es in diesen gefährlichen Kämpfen siegt.

Als Ergebnis gewinnt der Held einen Schatz. Meistens kommt es zur Heirat mit einer Jungfrau, die, wie in der Sage von Perseus, von einem Seeungeheuer gefangengehalten wird. Vereinfacht heißt das: Durch die symbolische Vater- und Muttertötung trennt sich das Ich von der Welt ab und erreicht die volle Selbständigkeit. Danach stellt es mittels einer Frau die Beziehung mit der Welt wieder her. Diese Beziehung ist keine chaotische Vereinigung wie im Uroboros, sondern das Ich stellt neue Beziehungen mit anderen Menschen her. Dieser kurze Umriß von Neumanns Theorie zeigt zwei wesentliche Punkte. Der erste ist, daß die männliche Figur das Ich repräsentiert. Der zweite ist, daß die Heirat ein wichtiges Ziel bedeutet. Zur männlichen Figur ist folgendes zu sagen: Neumann braucht die Begriffe von Mann und Frau als Symbole, und sie müssen von der realen Vorstellung von Mann und Frau unterschieden werden. Neumann sagt folgendes über das Bewußtsein beider Geschlechter: „Es ist ein Grundgesetz, daß das Bewußtsein auch bei der Frau dem Unbewußten gegenüber männlichen Charakter hat, so paradox das scheinen mag. Die Zuordnung von Bewußtsein-Licht-Tag und die von Unbewußtem-Dunkel-Nacht gilt unabhängig vom Geschlecht. Das Ichbewußtsein als solches hat männlichen Charakter, auch bei der Frau, ebenso wie das Unbewußte weiblichen Charakter hat beim Mann."

Für Neumann beziehen sich die Begriffe „Weiblich" und „Männlich" auf die Eigenschaften von Mann und Frau. Was er mit dem patriarchalen Bewußtsein meint, ist folgendes: Es hat sich vom Einfluß des Unbewußten befreit, ist von ihm deutlich abgetrennt und hat die Tendenz, es zu beherrschen. Beim matriarchalen Bewußtsein ist das Unbewußte stark und dominierend und das Bewußtsein nicht genug selbständig. Das ist aber nicht mit dem Patriarchat und dem Matriarchat als Gesellschaftssystem gleichzusetzen, obwohl

eine gewisse Verflechtung nicht ausgeschlossen werden kann. Vom westlichen Standpunkt aus verläuft die Entwicklung des Ichbewußtseins vom matriarchalen zum patriarchalen Bewußtsein. Aber dieses Schema läßt sich nicht unbedingt auf soziale Strukturen übertragen. Ein Ackerbauvolk mag wohl psychologisch gesehen vom matriarchalen Bewußtsein geprägt sein, aber gesellschaftlich betrachtet muß es noch lange kein Matriarchat sein. Oder ist ein Nomadenvolk patriarchal veranlagt, heißt das noch nicht, daß es ein Patriarchat ist. Die Struktur des Bewußtseins und die Struktur der Gesellschaft stimmen nicht unbedingt überein. In Japan zum Beispiel herrschte vor dem Krieg das matriarchale Bewußtsein vor, obwohl es von der Gesellschaft her ein patriarchales System war.

Kommen wir noch einmal auf das Thema der „verbotenen Kammer" zurück. In Tabelle 3 (S. 16) sind die Beziehungen der Personen, die verbieten und die das Verbot übertreten, dargestellt worden. Werden sie im Zusammenhang mit der Bedeutung des westlichen Ichs gesehen, lassen sich interessante Schlüsse ziehen. Die gewohnte Welt kann als die Bewußtseinsschicht verstanden werden. Hier stellt der Vater das Verbot auf. Das stimmt damit überein, daß das Bewußtsein des westlichen Menschen unter dem Einfluß des patriarchalen Prinzips steht. Zur Person, der das Verbot gilt, besteht eine leibliche Beziehung. In der ungewöhnlichen Welt, das heißt im Unbewußten, ist es die Gestalt der Großen Mutter, die das Verbot erteilt. Das Verbot gilt hier einem Kind, das unter dem Einfluß der Großen Mutter steht. Aber diese Beziehung geht über eine leibliche hinaus. In der Zwischenzone, also zwischen dem Bewußtsein und dem Unbewußten, steht die Beziehung von Ehefrau und Ehemann. Das ist keine Beziehung von oben und unten wie von Eltern und Kind, sondern eine waagrechte. Die Vereinigung von Mann und Frau bedeutet somit die Vereinigung von Bewußtsein und dem Unbewußten. In Tabelle 2 wird ersichtlich, daß der Schluß in westlichen Märchen eine glückliche Heirat darstellt. Damit wird die Struktur der

westlichen Seele zum Ausdruck gebracht. Aber warum ist dieses wichtige Thema in japanischen Märchen so selten? Um diese Frage zu klären, sei noch einmal auf die Bedeutung der „verbotenen Kammer" eingegangen.

4. Was geschah eigentlich?

Das Motiv der „verbotenen Kammer" hat einerseits einen allgemeingültigen Charakter, andrerseits ist der Verlauf der Geschichte von kulturellen Unterschieden beeinflußt. Was sind nun die besonderen Eigenschaften in der japanischen Version? Um das verständlich zu machen, sei ein Vergleich mit westlichen Geschichten gemacht.

Eine Geschichte, in der wie in „Das Land der japanischen Nachtigall" ein junger Mann das Verbot verletzt, ist das Grimms-Märchen „Der treue Johannes". Sie ist für das Verständnis der japanischen Geschichte sehr wichtig. In Skizze 2 (S. 26) ist der Verlauf der Geschichte schematisch dargestellt. Sie zeigt folgendes: Am Anfang besteht nur die Beziehung von einem alten König und einem Prinzen, also von Vater und Sohn. Es ist zuerst eine Welt ohne Frauen. Das zeugt vom Vorrang des patriarchalen Prinzips. Der sterbende König ist aber ein Zeichen dafür, daß dieses Prinzip an Lebenskraft verliert und der Reform bedarf. Der König befindet sich in einem Dilemma. Sein Bewußtsein erwartet von seinem Sohn, daß dieser sein Land nach dem gleichen patriarchalen Prinzip regieren werde. Aber in seinem Unbewußten hofft er, daß sein Land ein weibliches Prinzip bekommt, das heißt, daß sein Sohn das vollbringen kann, was er nicht vermochte. Doch er ist sich der Gefahr für seinen Sohn voll bewußt. Deshalb sieht er sich gezwungen, sich widersprüchlich zu verhalten. Absichtlich versteckt er das Bild in einem Zimmer und verbietet dem Sohn, es zu sehen. Auf diese Weise kann die psychologische Bedeutung der „verbotenen Kammer" gedeutet werden. Der Sohn, der das Verbot übertritt, wird von dem Bildnis der Prinzessin bezau-

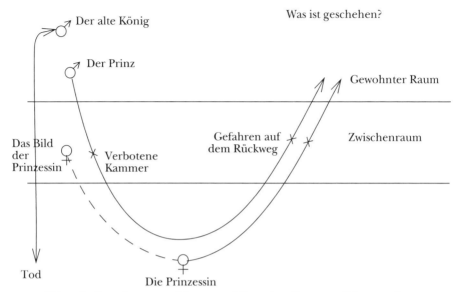

Skizze 2. Standorte von Mann und Frau in „Der treue Johannes"

bert und verliebt sich in sie. Der treue Johannes, sein Diener, übernimmt die Aufgabe, all die Hindernisse und Gefahren zu überwinden, damit der Prinz die Königstochter heiraten kann.

Diese Geschichte verläuft nicht ganz genau nach Neumanns Theorie. Aber auch in ihr zeigt sich der Entwicklungsprozeß des Ichbewußtseins in einer Kultur, die vom patriarchalen Prinzip beherrscht wird. Der Sohn stellt das Ich dar, welches das Verbot des Vaters bricht, die Gefahr besteht und eine Frau erwirbt. Bezieht man das auf die westliche Kultur, bekommt dieser Vorgang die Bedeutung, daß in dem vom männlichen Prinzip beherrschten europäischen Kulturbereich das weibliche Prinzip als Kompensation auftritt. Durch die Verbindung von Mann und Frau, von der gewohnten und der ungewohnten Welt, wird eine Verbindung erreicht, die auf einer höheren Stufe steht.

Damit ist die Bedeutung der „verbotenen Kammer" in westlichen Märchen klar geworden. Aber wie steht es mit

4. Was geschah eigentlich? 27

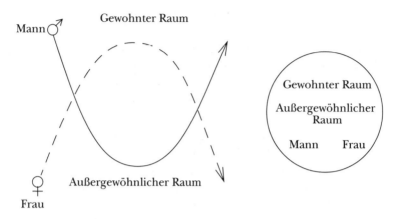

Skizze 3. Eingehen in einen Kreis

der japanischen Geschichte? Hier bekommt der Held wohl die Gelegenheit, eine außergewöhnliche Frau zu sehen, aber am Ende steht er verlassen im Feld und alles ist entschwunden. Was ist da eigentlich geschehen? Der bekannte Schweizer Märchenforscher Max Lüthi beschäftigte sich mit dem Thema der „verbotenen Kammer" in japanischen Märchen und sieht einen großen Unterschied. In europäischen Märchen wird der Held in Abenteuer verwickelt, wenn er ein Tabu bricht. Das fördert aber seine Entwicklung. In japanischen Märchen führt das Brechen eines Verbots zum „Nichts", das heißt, alles geht verloren, was in Europa nur noch in Sagen der Fall ist. Das ist das Urteil von Max Lüthi. Gewiß, wenn man das „Land der japanischen Nachtigall" mit der gleichen Methode analysiert wie die europäischen Märchen, kann man kaum etwas anderes sagen. Der Mann besteht keine Abenteuer, am Schluß ist alles verloren und wird „nichts". Es ist auch nicht befriedigend, sich auf Neumanns Theorie zu stützen und zu sagen, daß hier eine Rückkehr in den Zustand des Uroboros stattfinde und das Ich nicht genug entwickelt sei. Es ist nötig, einen anderen, das heißt passenden Standpunkt zu finden. Die japanischen Märchen müssen auf dem Hintergrund der japanischen

Kultur gesehen werden. Dann bekommen sie eine eigene tiefe Bedeutung.

Ist in der japanischen „verbotenen Kammer" wirklich nichts geschehen? Bewerten wir es als positiv, daß nichts geschehen ist, ändert sich die ganze Bedeutung. Es ist schon etwas geschehen, nämlich das Nichts. Diese Geschichte handelt vom Nichts. Lüthis Bemerkung, „es wird nichts", enthält eine negative Bedeutung. Aber es kann auch positiv gedeutet werden. Das Nichts ist jenseits von positiv oder negativ. So betrachtet, ziehen sich die beiden Parabeln in Skizze 1 (S. 13) zu einem Kreis zusammen wie in Skizze 3 (S. 27). Die Unterscheidung von gewohnt und ungewohnt, männlich und weiblich wird aufgehoben. Es bildet sich ein Kreis, der alles umschließt. Das ist sowohl Nichts als auch Sein.

Eine solche direkte Erfahrung mit dem Nichts läßt wohl den Menschen verstummen. Positiv und negativ, Objekt und Subjekt werden im Kreis objektiviert und stehen jenseits einer Beschreibung. Obwohl es nicht direkt in Worten auszudrücken ist, kann ein Teil der Erfahrung mit Worten gedeutet werden. Ein Märchen kann also als ein Deutung von einer Erfahrung mit dem Nichts angesehen werden. „Das Land der japanischen Nachtigall" ist eine vom japanischen Volk gegebene Deutung des ursprünglichen Nichts. Was ist ihr Inhalt? Die erste und letzte Szene sind identisch. Das heißt kurz gesagt: Nichts ist geschehen. Auch wenn etwas vorgeht, so sind der Anfang und das Ende an der gleichen Stelle irgendwo auf dem Kreis. Im Kreis ist die Leere, das Nichts. Doch wenn jemand weiter nach dem Nichts fragt, gibt ihm das Märchen die Antwort „Nachtigall und Pflaumenblüten", oder es wird das ganze Wachstum der für die Japaner überaus wichtigen Reispflanze gezeigt. Die Antwort bedeutet somit „das Ganze".

„Was ist geschehen?" – „Nichts." „Was ist Nichts?" – „Nachtigall mit Pflaumenblüten". Das erinnert an den Dialog der Zenbuddhisten. Der japanische Philosoph Ueda, der große Erfahrung mit dem Zenbuddhismus hat, stellt

fest, daß der Fragendialog im Zen Ausdruck ist für die Frage „Was ist das Selbst?" Das japanische Märchen hat zwar keine direkte Antwort dafür bereit, aber es bietet wenigstens eine Deutung vom Selbst an. Japanische Märchen sind sozusagen eine Deutung der ungeschriebenen Sutren über das Selbst. Diese Deutung beruht auf der Weisheit des Volkes. Weil sich der Mensch der Neuzeit von dieser Weisheit allzu entfernt hat, ist es nötig geworden, Märchen zu deuten, obwohl das eigentlich überflüssig ist. Auf japanisch nennt man das „Wasser in den Brunnen tragen".

Lesen wir die zwei Geschichten unvoreingenommen durch und lassen sie auf uns wirken, sind zwei verschiedene Eindrücke wahrzunehmen. „Der treue Johannes" wirkt in sich abgeschlossen. Diese vollständige Form wirkt eindrucksvoll. „Das Land der japanischen Nachtigall" wirkt hingegen unvollständig. Erst wenn die in der Geschichte erlebten Gefühle der Zuhörer miteinbezogen werden, wirkt sie vollständig. Diese Frau, die weggeht und ein Schweigen hinterläßt, erweckt in allen Japanern ein trauriges Mitgefühl, das als „aware" bezeichnet wird. Es ist nicht möglich, diese Geschichte zu verstehen, ohne dieses Mitgefühl zu berücksichtigen. Erst dann wird sie vollständig. Die europäische Geschichte hingegen kann gedeutet werden, ohne etwas hinzufügen zu müssen. Wird das japanische Märchen allein zum Gegenstand genommen und ohne die kulturellen Zusammenhänge analysiert, erweckt es Verlegenheit. Verlassen sich japanische Märchenforscher allein auf westliche Methoden, stoßen sie auf große Schwierigkeiten und kommen fälschlicherweise zum Schluß, daß japanische Märchen belanglos seien.

Das traurige Mitgefühl, das die weggehende Frau hervorruft, kann als ein ästhetisches Gefühl angesehen werden. Es wird dadurch hervorgerufen, daß es im Ablauf der Geschichte kurz vor der Vollendung plötzlich zu einer Unterbrechung kommt. Der junge Mann trifft eine junge Frau. Die Schönheit der Zimmer wird eins nach dem anderen beschrieben. Denkt man, die Vollendung sei in Griffweite

gelangt, zerbricht der Mann aus Versehen die Eier, und es kommt zur Tragödie. Die wegfliegende Nachtigall bringt den japanischen Schönheitssinn in Erfüllung.

5. Die Frau, die weggeht

In der japanischen Kultur ist es geradezu vorbestimmt, daß die Frau weggehen muß, damit das Mitgefühl geweckt wird und sich der Schönheitssinn erfüllt. Diese Frauengestalten treten in vielen Mythen, Legenden und Märchen auf. Die bekannteste Geschichte dieser Art ist wohl „Die Kranichfrau" die in Kapitel IV behandelt wird. Was für ein Pathos liegt in einer solchen Geschichte, in der die Frau einfach verschwindet, weil der Mann in den verbotenen Schrank blickt!

Weitere Beispiele von der „verbotenen Kammer" sind der Mythos von der Prinzessin „Toyotama" und das Nô-Spiel „Kurozuka" (das schwarze Grab). In diesen geht es mehr um die Verletzung des Ehrgefühles als um das Brechen eines Verbots. Die Scham, im Zimmer gesehen zu werden oder das Innere des Zimmers entdeckt zu wissen, spielt eine große Rolle. Es kommt einer Entblößung gleich. In „Das Land der japanischen Nachtigall" ist das Schamgefühl zwar nur unterschwellig vorhanden, aber vergleicht man dieses Märchen mit dem Märchen „Das Paradies der Kraniche", kann eine interessante Feststellung gemacht werden. Hier handelt es sich um das Verbot „Nicht hinausgehen". Ein Mann wird ins Paradies der Kraniche eingeladen. Als er heimkehren will, gibt ihm die Frau das Verbot, das Zimmer nicht zu verlassen. Er hält das Verbot und bekommt als Andenken einen wertvollen Stoff. Das Tabu „Nicht sehen" hängt eher mit der Scham einer jungen Frau zusammen. Das Verbot „Nicht weggehen" ist wohl der sehnliche Wunsch einer älteren Frau. Es geht beim Verbot vielmehr um die Gefühle einer Frau, die nicht verletzt werden dürfen.

Das Verletzen des Schamgefühls wird im Nô-Spiel „Kurozuka" bis zum äußersten Extrem beschrieben. Ein Wandermönch kommt in das Moor von Adachi und bittet im Haus einer Frau um Unterkunft. Die Frau geht im Wald Brennholz suchen und bittet den Mann, nicht in das Schlafzimmer zu sehen. Doch der Mönch hält sich nicht an das Verbot und blickt in die verbotene Kammer. Im Schlafzimmer sind bis zum Giebel verweste Leichen übereinander gelegt. Haut und Eingeweide bilden einen Knäuel, Blut und Eiter beginnen zu fließen und alles ist von Gestank erfüllt. Der Mönch flieht voller Grauen und Schrecken. Die Frau verwandelt sich in einen Oni (Dämon) und verfolgt ihn empört. Er beschwört sie mit seinen Gebeten, und sie verschwindet. Sie sagt dabei: „In Kurozuka lebte ich zurückgezogen. Nun ist Schande über mich gekommen. Oh weh, wie entehrt bin ich!" Obwohl zuerst ihre Empörung im Vordergrund stand, wird am Schluß ihr Schamgefühl hervorgehoben.

Auch wenn das grausige Schlafzimmer Fassungslosigkeit hervorruft, kann doch eine Ähnlichkeit mit der verbotenen Kammer in „Das Land der japanischen Nachtigall" festgestellt werden. Auf der einen Seite werden die Zimmer voller schönen Einrichtungen beschrieben, auf der anderen Seite sind sie mit Blut und Eiter besudelt. Das sind die zwei Seiten einer gleichen Sache. Es ist in beiden Fällen die Welt der Scham, die nicht gesehen werden darf. Von vorn gesehen ist sie unendlich schön, von der hinteren Seite ist sie schauderhaft. Die Frau lebt in dieser Welt der Scham; wird sie entdeckt, muß sie weggehen. Die Welt der Schande neigt eher dazu, sich von der häßlichen Seite zu zeigen. Aber die Weisheit des Volks zieht es vielmehr vor, sie von der schönen Seite darzustellen, wie das in den Märchen zum Ausdruck kommt. Die Schönheit von „aware" hat als Kehrseite die Schönheit von „urami". „Aware" ist ein Mitgefühl, „urami" ist eine Empörung, die sich in der Gestalt des Oni manifestiert. In ihrem Buch „Studien über den Oni" kommt Akiko Baba auch auf den Oni von Kurozuka zu sprechen.

Sie meint, daß die Frau nicht von Anfang an ein Oni war. Das hängt auch damit zusammen, daß im Nô der Oni mit einer Maske auftritt. Erst als die Frau zurückkommt und entdeckt, daß ihr geheimgehaltenes Zimmer ans Licht gekommen ist, wird sie zum Oni. Ihr Zimmer hält all ihre geopferten Gefühle, ihre nicht gelebten Möglichkeiten geheim. Der Mönch mißbraucht ihr Vertrauen und beschämt sie aufs äußerste. Sie wird vom Schamgefühl überwältigt und verwandelt sich in einen Oni. Ist das nicht geradezu auf schöne Weise menschlich? Auch die Empörung ist ein überaus menschliches Gefühl und gehört als Kehrseite des Mitgefühls zur Ästhetik der Japaner. Das traurige Mitgefühl wird durch das plötzliche Verschwinden hervorgerufen. Die Empörung wehrt sich gegen das Verschwinden und versucht die Entwicklung fortzusetzen. Diese Empörung ist ein Ausdruck für die Lebenskraft des japanischen Volkes. Die japanische Kultur ist vor allem vom Sinn des „Nichts" und des „traurigen Mitgefühls" geprägt. Aber um das zu verwirklichen, wurde die Frau zum Opfer gemacht. Diese Frauen, die weggehen müssen, wehren sich dagegen und zeigen ihre Empörung darüber. Im Fall von „Kurozuka" wurde diese Empörung durch die Macht der Lehre Buddhas zum Schweigen gebracht, weil das Nô-Spiel zur adeligen Schicht gehörte. Da aber japanische Märchen das Unbewußte des Volkes sichtbar machen, kann in ihnen diese Empörung nicht so leicht ausgelöscht werden. In den Märchen besteht die Hoffnung, daß diese Frau die Absicht hat, mit neuer Kraft in diese Welt zurückzukommen. Diese Frau ist ein Symbol für den Drang, in der bestehenden japanischen Kultur etwas Neues herbeizuführen. Es ist deshalb wichtig und notwendig, dieser traurig und empört fortgehenden Frau nachzugehen und zu sehen, wie sie wieder zurückkommt.

Nach Neumann symbolisiert der Held, der Ungeheuer besiegt, das moderne europäische Ich. In Japan ist es eine empört weggehende Frau, die unsere Aufmerksamkeit auf sich zieht und der wir nachgehen. Wie ist dieser Unter-

schied zu erklären? Neumann betrachtet die männliche Heldenfigur als das Symbol für das Ich des westlichen Menschen, ob Mann oder Frau. Was für eine Bedeutung haben das Männliche und das Weibliche in der Symbolik des Westens? Die Dualität der Geschlechter hat in der westlichen Symbolik eine lange Geschichte und wurde besonders in der Alchemie radikal entwickelt. C. G. Jung erklärt, daß in der Alchemie die Individuation, das heißt der Reifungsprozeß des Menschen, auf den Veränderungsprozeß der Stoffe projiziert und beschrieben wird. Darin hat die Verbindung von Mann und Frau eine große symbolische Bedeutung. Tabelle 5 ist dem Buch „Alchémie" von Serge Hutin entnommen. Sie führt verschiedene in der Welt in Erscheinung tretende Gegensätze auf, die dem fundamentalen Gegensatz von Mann und Frau zugeordnet sind. Die in der Alchemie wichtige Verbindung von Schwefel und Quecksilber ist nichts anderes als die Verbindung von Mann und Frau, aus der etwas Neues geboren wird.

Von japanischer Sicht weist Tabelle 5 große Unterschiede auf. In den japanischen Mythen ist die Sonne weiblich, der Mond männlich. Auch die Aufteilung von Rechts-Sonne-Bewußtsein und Links-Mond-Unbewußtem stimmt nicht überein. Symbole können einerseits wie die Archetypen

Tabelle 5. Männliche / weibliche Dualität in der Alchemie

Mann	Frau	Mann	Frau
Samen	Menstruation	Hitze / Trockenheit	Kälte / Feuchtheit
Aktivität	Passivität	Gold	Silber
Form	Materie	Sonne	Mond
Seele	Körper	Ferment	ungesäuerter Teig
Feuer	Wasser		

Aus: *L'Alchémie* von Serge Hutin

einen allgemeingültigen Charakter haben, andrerseits sind sie vom Einfluß der Kultur geprägt. Die Figur von Mann und Frau hat in jeder Kultur eine große symbolische Bedeutung. Doch diese Bedeutung verändert sich je nach Zeit und Kultur. Dieser Punkt muß bei japanischen Märchen berücksichtigt werden, sonst entsteht unfehlbar ein großer Irrtum. Urteilt man nach dem Schema von Neumann, macht man den Trugschluß, daß manche japanische Märchen auf einer unteren Entwicklungsstufe stehengeblieben sind.

Das Wesentliche in den japanischen Märchen kann besser mit den Augen der Frau gesehen werden. Aber diese Frau ist nicht wie in der Alchemie genau aufgeteilt. Eine solche Teilung beruht bereits auf dem männlichen Prinzip. Eine nach männlichem Prinzip eingeteilte Frau würde nur Ratlosigkeit hervorrufen, wollte man mit ihr japanische Märchen deuten. Mit den Augen der Frau gesehen, wird vielleicht eine andere Einteilung möglich, als sie in der Alchemie üblich ist.

Mit den Augen der Frau sehen bedeutet, daß es zutreffender ist, das Ich der Japaner als Frau darzustellen. Das patriarchale System, das bis nach dem 2. Weltkrieg in Japan herrschte, verhinderte es, daß diese psychologische Tatsache gesehen wurde. Die japanischen Märchen haben die Funktion, die öffentlichen Normen auf der Hinterseite zu kompensieren. Deshalb konnten sich die weiblichen Heldenfiguren frei entfalten. Sie vertreten die Japaner im Gesamten. Sie richten sich nicht nach der westlichen Zweiteilung und können im besten Fall auch Sonne werden. Es ist die Absicht dieses Buches, den Charakter dieser Frau zu betrachten, um ein Verständnis für die japanische Seele zu ermöglichen.

Kapitel II

Die Frau, die nichts ißt

In „Das Land der japanischen Nachtigall" ist uns eine Frau begegnet, die flüchtig erscheint und wieder verschwindet. Eine ganz im Gegensatz dazu stehende Frauengestalt ist in den japanischen Märchen die Yama-uba („Yama" bedeutet Berg, und „uba" bedeutet alte Frau). Gewöhnlich tritt sie als eine furchterregende Frau auf, die Menschen verschlingt. Aber so eindimensional, wie das klingt, ist sie nicht, wenn man genauer hinschaut. Das wird sich noch im Verlauf der Betrachtung zeigen. Geschichten dieser Yama-uba sind in ganz Japan verbreitet. Je nachdem wird sie Yama-haha (Mutter), Yama-onna (Frau), Yama-hime (noble Dame) genannt. Es ist immer dieselbe Gestalt damit gemeint. In seinem Buch „Geschichten aus Tônô" nennt Kunio Yanagita zwei typische Merkmale von japanischen Kindermärchen. Eines davon ist, daß sie mit „es war einmal" beginnen, und das andere ist, daß sie von der Yama-haha, alias Yama-uba erzählen, die junge Mädchen verschlingen kommt. Unter diesen vielen Geschichten von der Yama-uba kommt hier die Geschichte „Die Frau, die nichts ißt" zur Sprache.

1. Die Yama-uba

Das Märchen „Die Frau, die nichts ißt" ist weit verbreitet und hat viele Versionen. Eine Yama-uba, die sonst Menschen verschlingt, tritt zuerst als eine Frau auf, die nichts ißt. Dieses Thema hat wohl unsere Vorfahren besonders stark bewegt. In dem Gegensatz „Nichts essen / Alles essen" sind verschiedene Bedeutungen verborgen.

Der Mann in dieser Geschichte ist schon so lange unverheiratet, daß sich sein Freund Sorgen macht. Wie lange er allein war, ist nicht angegeben. Aber in einer Version aus der Präfektur Kumamoto wird sein Alter mit 45 oder 46 angegeben. Auf alle Fälle war er lange Junggeselle. Das ist ähnlich wie bei „Urashima Tarô", der bis 40 mit seiner Mutter lebte. Offensichtlich konnte er sich nur schwer entscheiden zu heiraten. Auf das Drängen des Freundes, endlich eine Frau zu nehmen, antwortet er: „Wenn es eine Frau gäbe, die nichts ißt, dann besorge mir eine!" In anderen Versionen gibt es dafür die Erklärung, daß er arm war oder geizig. In dieser Geschichte gibt es aber keine solche Erklärung. Vielleicht sagt er nur so etwas Undenkbares, weil er keine Lust hat zum Heiraten und dadurch hofft, daß ihn der Freund mit seinem Drängen nicht weiter belästigen wird. Doch man sollte beim Reden aufpassen, was man sagt. Das, was als undenkbar ausgesprochen wird, besteht wider Erwarten und erscheint in Wirklichkeit. Es geschieht, was der Mann unvorsichtig sagte. Eine Frau, die nichts ißt, kommt zu ihm. Darüberhinaus ist sie noch schön. Sie bittet um Unterkunft, aber er versucht, sie mit den Worten zurückzuweisen, er habe nichts zu essen. Doch sie sagt, daß sie nichts esse, und geht ins Haus hinein. Da sie viel arbeitet und nichts ißt, läßt sie der Mann bleiben. Erst nachträglich erfahren wir dann, daß die beiden verheiratet sind, weil es heißt, daß der Mann sie als die beste Ehefrau betrachtet. Das zeigt die passive und negative Haltung des Mannes gegenüber der Heirat. Diese unbestimmte Einstellung zur Heirat ist typisch für japanische Märchen. Das zeigt sich

auch darin, daß in anderen Versionen die Frau einen Heiratsantrag macht mit den Worten: „Ich esse nichts, also nimm mich zur Frau!" Das Thema, daß hier die Frau den Heiratsantrag macht, muß wiederum als ein besonderes Merkmal beachtet werden.

Der Mann, der sich damit gebrüstet hat, eine gute Frau gefunden zu haben, befolgt den Rat seines Freundes und blickt verstohlen auf ihre andere verborgene Seite. Das Thema vom Mann, der verstohlen hineinblickt, kommt in vielen Versionen vor. Es ist ein typisches Thema in japanischen Märchen. Sieht man es im Zusammenhang mit der Vielschichtigkeit der Wirklichkeit, kann es als ein Mittel gesehen werden, mit etwas Irrealem in Berührung zu kommen. Das indianische Märchen „Doppeltes Gesicht" hat verschiedene Ähnlichkeiten mit „Die Frau, die nichts ißt". Darin erblickt der Mann seine Frau, wie sie Ohren von Menschen aufißt. Doch das Erblicken von etwas Irrealem ereignet sich nicht nur in Märchen, sondern auch in der Gegenwart, und es kann zur Folge haben, daß sich die Lebensbahn eines Menschen abrupt ändert.

Die Wirklichkeit, die der Mann sieht, ist allerdings gräßlich. Die schöne Frau, die nichts ißt, hat am Kopf ein großes Maul, das dreiunddreißig Reisklöße und drei Makrelen verschlungen. Die Frau, die nichts ißt, ist in Wirklichkeit die Frau, die alles ißt. Ein Extrem kehrt sich ins Gegenteil. Gewöhnlich hat ein allzu extremer Wunsch das Gegenteil zur Folge. Der erschrockene Mann flüchtet zu seinem Freund. Die Frau liegt krank im Bett. Der Freund geht als Gesundbeter ans Krankenbett und sagt beschwörend: „Das ist die Strafe für dreiunddreißig Tassen Reis und drei Makrelen." Dabei muß er wohl ein Lachen unterdrücken. Eigentlich könnte hier alles als eine komische Geschichte enden. Es gibt unter den Versionen eine Geschichte mit einem komischen Ende. Auch außerhalb Japan werden komische Geschichten mit dem Thema „Die Frau, die nichts ißt" erzählt. In der Türkei zum Beispiel muß die Frau ihrem geizigen Mann versprechen, nichts zu essen. Als der Mann entdeckt, daß sie insge-

heim große Mengen vertilgt, endet es damit, daß er sie auslacht. In Korea wird ebenfalls von einem Mann berichtet, der eine Frau will, die nichts ißt. Da kommt eine kluge Frau zu ihm und betrügt ihn. Er wird von ihrer Klugheit beeindruckt und sieht seine falsche Einstellung ein. Er stellt sich darauf positiv gegenüber seiner Frau ein. Das ist eine sowohl belehrende als auch komische Geschichte.

Als der Freund zu lachen beginnt, verändert sich die Lage völlig. Die Frau entblößt ihre wahre Gestalt, stürzt sich auf ihn und verschlingt ihn kopfvoran. Man kann sich vorstellen, daß sein Lachen dabei erstarrt und sich sein Gesicht voller Entsetzen verzerrt. Lachen und Furcht sind wider Erwarten nahe beieinander. Sind wir vom Objekt angemessen entfernt, können wir lachen. Aber verschwindet dieser Abstand und kommt es zu einer Berührung, verwandelt sich die Empfindung in Furcht. Mit dieser plötzlichen Änderung erweitert sich die Geschichte um eine Dimension. Der Gegensatz „Nichts essen / alles essen" zeigt mehr als nur eine Belehrung oder eine komische Geschichte. Er weist auf eine tiefere Dimension. Wir stehen einer Frau gegenüber, die auch Menschen ißt. Es ist fehl am Platz, sich über sie lustig zu machen.

Der Ehemann versucht daraufhin aus Furcht zu fliehen, aber er wird sofort von ihr gepackt. Zur Not kann er sich am Ast eines Baumes festhalten und entkommt der Gefahr. Dazu steht im Text: „Der Oni, der die Frau, die nichts ißt, war, bemerkte das nicht..." Im Verlauf der Geschichte hat sich also die schöne Frau in einen Oni verwandelt. In anderen Versionen wird sie Yama-uba genannt. Oder sie wird als Yama-uba beschrieben, die zugleich ein Oni ist. Der Mann vernichtet den Oni, indem er ihr Schwertlilien und Beifuß nachwirft. Damit endet die Geschichte abrupt. Die Erklärung am Ende weist auf das Jahresfest im Monat Mai hin.

Was für eine Bedeutung haben der Oni und die Yamauba? Schauen wir noch weitere Geschichten an, in denen sie auftreten. Eines ist zu sagen: Ihre Kraft, alles zu verschlingen, ist ungeheuerlich. In der Geschichte „Der Och-

sentreiber und die Yama-uba" verschlingt sie nicht nur all die Fische, die er ihr zuwirft, sondern auch noch den Ochsen. Damit nicht genug, will sie auch noch den Ochsentreiber verschlingen. In vielen Versionen von „Die Frau, die nichts ißt" verwandelt sich die Frau in eine Spinne. Wird sie beim Essen ertappt, wird sie zu einer Spinne oder kommt später als Spinne den Mann auffressen. Viele Geschichten enden damit, daß die Spinne getötet wird. Es gibt einen überlieferten Ausspruch, der sagt: „Kommt in der Nacht eine Spinne, muß man sie töten, auch wenn sie den Eltern gleicht." Ein ähnlicher Ausspruch ist: „Ein Kind, das nicht den Eltern gleicht, ist ein Kind von einem Oni." Eine Spinne gilt als ein Oni und muß in jedem Fall getötet werden.

Das Grauen, das eine Spinne erweckt, wird im Märchen „Die Wasserspinne" eindrücklich erzählt. Ein Fischer fischt an einem Fluß. Eine Spinne kommt aus der Tiefe des Wassers und befestigt einen Faden nach dem anderen am Riemen seiner Strohsandalen. Zuletzt entsteht ein dickes Seil. Dem Fischer wird es unheimlich. Er löst das Seil und befestigt es an der Wurzel eines Baumes, der daneben steht. Die Spinne zieht am Seil, entwurzelt den Baum und zerrt ihn in den Fluß hinein. Erbleichend flieht der Fischer nach Hause. Die in die Tiefe zerrende Kraft der Spinne ist hier lebhaft dargestellt. Da die Spinne mit ihren Fäden Lebewesen einfangen kann, schreibt man ihr eine unheimliche Macht zu. Das Spannen von Fäden in der Luft ist aber auch ein Sinnbild für das Entwerfen von Phantasien. Eine solche Phantasie kann positiv oder auch negativ sein. Im negativen Fall kann es zu einer Wahnvorstellung kommen. Die Geschichte „Die Frau, die nichts ißt" beginnt mit dem Hirngespinst des Mannes, der eine Frau möchte, die nichts ißt. Er ist von Anfang an von den Fäden der Spinne eingenommen.

Die Spinne steht in Zusammenhang mit der Weberei. Im Deutschen hat das Verb „spinnen" die Bedeutung von Faden herstellen. Deshalb besteht eine Beziehung mit der Göttin, die das Schicksal webt. Die Yama-uba wird daher oft mit der Weberei zusammengebracht. Sie behext zum Bei-

spiel in der Gestalt von „Amanojaku" die Weberin Urihime. In einer anderen Geschichte sitzt sie spinnend auf einem Baum. Oder es wird von einem Knäuel Leinfaden erzählt, der von der Yama-uba stammt. Jemand liest ihn auf der Straße auf und wird wohlhabend, aber bekommt ein Kind eines Oni.

Auch in der griechischen Mythologie wird die Spinne mit dem Weben in Beziehung gebracht. Die Göttin Athene war ein hervorragende Weberin. Aber in der Stadt Kolophon lebte das Mädchen Arachne, das so gut webte, daß es hochmütig wurde und sagte, es könne besser weben als Athene. Diese erschien als alte Frau und mahnte sie zur Besinnung. Das Mädchen ließ sich nicht umstimmen, und Athene zeigte sich in ihrer wahren Gestalt. Es kam zum Wettkampf im Weben. Athene ließ sich aber nicht besiegen, und Arachne wurde von ihr gedemütigt. Als diese sich daraufhin erhängen wollte, wurde sie von Athene in eine Spinne verwandelt, die ja, um das gleiche Bild zu brauchen, auch in der Luft hängt. Die Spinne wird hier als die negative Seite einer Frau gesehen. Athene und Arachne haben das Weben gemeinsam. Man kann sagen, daß Arachne der Schattenseite der Göttin Athene entspricht. Zusammen stellen sie die positive und negative Seite der Frau dar.

Auch die Yama-uba zeigt sich von zwei Seiten: Zum Beispiel hat der erwähnte Knäuel von ihr eine sowohl positive wie auch negative Wirkung. Die Yama-uba ist nicht ausschließlich schrecklich. In den Märchen mit dem Motiv „Der Mantel der Yama-uba" erweist sie sich als hilfreich. Sie erzählen von einem Mädchen, das sich im Wald verirrt und ins Haus der Yama-uba kommt. Dort wird es abgewiesen, „weil hier Menschenfresser wohnen", aber es bekommt von der Yama-uba einen Mantel, mit dessen Hilfe es sich zum Schutz in eine alte Frau verwandeln kann. Das Mädchen kann sich damit vor Übergriffen retten und findet sein Glück. In der Legende „Kintarô" wird der Knabe Kintarô von der Yama-uba in den Bergen von Ashigara aufgezogen. In diesen Geschichten wird die Yama-uba als barmherzig

dargestellt und als eine Frau gezeigt, die nicht Kinder verschlingt, sondern sie aufzieht. Wie ist dieser doppelte Charakter der Yama-uba zu erklären?

2. Die Große Mutter

Aus Neumanns Betrachtungen geht hervor, daß das erwachende Ich die Welt der Großen Mutter erfährt. Die Ausführungen über die Yama-uba beschreiben Aspekte, die zur Großen Mutter gehören. Die Yama-uba ist im Zusammenhang mit der Spinne dargestellt worden. Die Spinne zeigt aber in Wirklichkeit die typisch negative Seite der Großen Mutter. Diese Gestalt, die mit dem gespannten Netz Insekten fängt und tötet, entspricht genau der Großen Mutter, die das kleine Ich festhält und es am Größerwerden hindert. Zur Yama-uba gehört die Eigenschaft, daß sie alles verschlingt. Das ist aber auch eine Eigenschaft der Großen Mutter.

In der Zuwendung und im Hegen der Kinder zeigt sich die positive Seite der Großen Mutter. Vom Knäuel der Yama-uba wird erzählt, daß sein Faden nie ausgeht, soviel man auch von ihm nimmt. Das ist ein Ausdruck dafür, daß das Wesen der Yama-uba etwas Unbegrenztes in sich hat. Die völlige Hingabe einer Mutter ist nur um Haaresbreite von negativen Folgen entfernt. Im Märchen „Die Heiratsvermittlerin" wird von einer Großmutter erzählt, die ihr Enkelkind beim Liebkosen aufißt und ein Oni wird. Das macht sichtbar, wie ein Übermaß an Zuwendung lebensbedrohend werden kann. In den Geschichten von der Yama-uba wird mehr erzählt als nur von der gewöhnlichen Beziehung von Mutter und Kind. Kinder empfinden die Liebe der Mutter als grenzenlos. Aber diese Liebe hat in Wirklichkeit ihre Grenzen, weil die Mutter ja eben auch nur ein Mensch ist. In der Seele des Menschen gibt es jedoch eine allgemeine Vorstellung von der Mutter. Es ist der Mutter-Archetyp, der als die Vorstellung von der Großen Mutter im

Bewußtsein vorhanden ist. Alles wird aus ihr geboren, alles geht nach dem Tod wieder zu ihr zurück. Sie ist der Ort, wo Tod und Wiedergeburt stattfinden. Sie spielt vor allem bei Ackerbauvölkern eine wichtige Rolle und wird bei ihnen zum Gegenstand der religiösen Verehrung. Das gleiche gilt auch von der Yama-uba. Sie ist eine Erscheinung der Großen Mutter, von der gesagt werden kann, daß sie die Gottheit, die ihr Gemahl wird, zuerst als Sohn aufzieht und beschützt.

Obwohl die Yama-uba eine positive wie auch eine negative Seite hat, wird sie in den Märchen häufig als negativ dargestellt. Das läßt sich damit erklären, daß in Japan die Mutterschaft als sehr wichtig angesehen wird. Die Märchen haben die Funktion, diesen Trend zu kompensieren. Es galt als ein Tabu, die Mutter zu verachten. Im Gegensatz dazu wird in den Märchen ihre verschlingende Kraft anschaulich gemacht. Im Märchen „Die doppelte Göttin der Barmherzigkeit" nimmt die Yama-uba die Gestalt der Göttin der Barmherzigkeit an, weil sie verfolgt wird. Sie wird aber erkannt und besiegt. Diese Geschichte ist besonders bemerkenswert, wenn man bedenkt, daß hier die Yama-uba als die Schattenseite der Göttin der Barmherzigkeit auftritt. Die Göttin der Barmherzigkeit stellt einerseits die positive Seite der Großen Mutter dar, andrerseits kann in der Yama-uba auch ihre Schattenseite gesehen werden.

Was für ein Zusammenhang besteht zwischen „Essen" und der Großen Mutter im Märchen „Die Frau, die nichts ißt"? Die Aufnahme von Nahrung hat für die Menschen eine seltsame Bedeutung. Bevor sie aufgenommen wird, ist die Nahrung für den Menschen fremd. Nachdem sie aber aufgenommen worden ist, wird sie zu einem Teil im menschlichen Körper. „Essen" ist im Grunde genommen ein Sinnbild für Identifikation oder Assimilation. Die Großmutter, die aus lauter Liebe ihren Enkel aufißt, veranschaulicht diesen Wunsch nach Identifikation. Zwischen der Großen Mutter und der Nahrung besteht somit eine enge Beziehung. Das wird mit dem Lebkuchenhaus in „Hänsel und

Gretel" und dem Brot und den Äpfeln in „Frau Holle" veranschaulicht. Die Große Mutter nimmt auf der einen Seite Menschen als Nahrung zu sich, andrerseits erscheint sie als die Göttin der Fruchtbarkeit, die den Menschen Nahrung spendet.

Essen kann als Einverleiben verstanden werden. Zudem bedeutet es auch eine Umwandlung. Die Nahrung wird im Körper in Fleisch und Blut verwandelt. Sie erhält nicht nur am Leben, sondern sie dient auch dem Wachstum. Sie ist also an der Entwicklung und an der Veränderung beteiligt. Kinder entwickeln sich zu Erwachsenen, Mädchen sich zu Müttern. Das ist eine qualitative Veränderung, die für die Entwicklung eines Menschen von großer Wichtigkeit ist. Wenn nicht jeden Tag eine Entwicklung im Menschen vor sich geht, würde das für ihn den Tod bedeuten. Die Entwicklung zur Mutterschaft steht in engem Zusammenhang mit der Nahrungsaufnahme und kann vom Körperlichen nicht getrennt werden, wie das bei der Schwangerschaft und Geburt der Fall ist. Die Entwicklung im Mann ist zum Teil allzu spirituell und hat die Tendenz, vom Körper getrennt zu werden. Sie kann als ein Höhenflug bezeichnet werden, bei dem immer die Gefahr des Absturzes besteht. Im Gegensatz dazu betont die Existenz der Yama-uba den Körper. Es wird erzählt, wie sie einen Ochsen mit Haut und Haar aufißt oder wie beim Lösen der Haare ein großes Maul am Kopf sichtbar wird. Kinder, die das hören, schütteln sich dabei vor Schrecken. Sie nehmen somit die Empfindungen auch körperlich wahr. Die Große Mutter muß über den Körper erfahren werden. Die Entwicklung der weiblichen Seele ist immer mit einer körperlichen Veränderung verbunden.

Nichts zu essen bedeutet demzufolge das Verweigern der Entwicklung. Es ist der Versuch, den Entwicklungsprozeß im Zusammenhang mit der Großen Mutter zu verhindern. Im Extremfall führt das zum Verlust der Lebenskraft und zum Tod. Ein anschauliches Beispiel dafür ist die Magersucht. Es ist eine neurotische Erkrankung, die Mädchen in der Pubertät betrifft. Sie verweigern hartnäckig die Nah-

rung und magern ab. In ernsten Fällen und wenn keine therapeutische Hilfe möglich ist, kann das zum Hungertod führen. In reichen Ländern ist die Zahl der Erkrankten besonders hoch und auch in Japan nimmt sie in letzter Zeit zu. Diese Mädchen sind erbarmenserweckend. Sie sehen aus wie ein mit Haut bedecktes Skelett, wo sie doch frisch und jugendlich sein sollten. Die psychologischen Hintergründe sind nicht einfach zu nennen. Aber es liegt auf der Hand, daß hinter dieser Erkrankung die Weigerung steht, erwachsen zu werden oder eine Frau zu werden. Diese negative Einstellung zum Erwachsenwerden drückt sich hier auf der körperlichen Ebene aus. Die Gründe dafür sind in einer problematischen Ehe oder in der gestörten Beziehung mit der Mutter zu suchen. Erlebt die Tochter die Ehe der Eltern von der negativen Seite, so entsteht in ihr der Wunsch, nicht auch so zu werden. Das äußert sich darin, daß sie nicht erwachsen werden will. Aber es geht um mehr als nur um die schlechte Erfahrung auf der menschlichen Ebene. Auch wenn äußerlich keine problematischen Verhältnisse vorhanden sind, kann es zu einer Störung kommen. Das ist ein Zeichen dafür, daß die negative Kraft der Großen Mutter am Werk ist. Das äußert sich zum Beispiel darin, daß eine Mutter ihr Sein als Frau und Mutter nicht annimmt. Die Tochter bekommt die negative Wirkung der Großen Mutter zu spüren und wehrt sich ihrerseits dagegen, Frau und Mutter zu werden. So kommt es dazu, daß sie das Essen verweigert. Das läßt sich daraus erklären, daß die Große Mutter mit der Nahrungsaufnahme eine innere Beziehung hat.

Magersucht kann sich aber auch in Eßsucht umschlagen. Das davon betroffene Mädchen kann nicht mehr aufhören zu essen. Auch diese Störung kann zum Tod führen. In beiden Fällen ist der Einfluß der Todesgöttin zu spüren. Das gilt auch für das Märchen „Die Frau, die nichts ißt". Es ist mehr als eine komische Geschichte. Sie bringt eine tiefe Schicht der Seele näher. Sie erzählt von einer Frau, die nichts ißt aber dann auf einmal 33 Reisklöße verschlingt.

Diese Geschichte ist nicht irreal und komisch sondern mit einer tatsächlichen Tragödie verbunden und besitzt eine weite allgemeingültige Bedeutung.

Die Große Mutter kann mit einem Gefäß symbolisiert werden. Sie schließt alles ein, und der Umwandlungsprozeß erfolgt in ihrem Inneren. Es gibt Töpfe, die mit Augen, Mund und Nase bemalt sind und als Große Mutter verehrt werden. In einer Version von „Die Frau, die nichts ißt" steckt die Yama-uba den Mann in ein Faß und trägt ihn in die Berge. Das ist ein Sinnbild dafür, daß der Mann in ihrem Selbst eingeschlossen ist. Bei der Flucht ergreift der Mann einen Ast, der über ihm hängt. Auch das ist symbolisch. Dadurch, daß er nach oben greift, kann er den Banden der Großen Mutter entfliehen, wenn auch in diesem Fall nur für einen kurzen Moment. Er wird bald von der Yama-uba entdeckt. Er wirft ihr Schwertlilien und Beifuß nach, und sie wird vernichtet.

3. Der gefräßige Flaschenkürbis

Das Motiv von den Gegensätzen „Essen" und „Nicht essen" erscheint in anderen Ländern in komischen Geschichten. Abgesehen davon ist das Motiv von der verschlingenden Großen Mutter in Märchen und Mythen der ganzen Welt verbreitet. Ein Beispiel dafür ist „Kissimo" in Indien, die kleine Kinder mitnimmt und aufißt. Nachdem sie die Lehre Buddhas angenommen hat, wird sie als „Kaliteimo" zum Schutzgott für kleine Kinder. Sie stellt die positive und negative Seite der Großen Mutter dar. Eine besonders schreckliche Geschichte ist „Der gefräßige Flaschenkürbis" aus Afrika.

Es ist die Geschichte von einem Mädchen und einem Flaschenkürbis. Eine Nebenfrau eines reichen Mannes hat eine Tochter namens Fraila. Eines Tages erblickt das Mädchen, das auf dem Rücken der Mutter getragen wird, einen kleinen Flaschenkürbis, der allein an einem Stammkürbis

steckt. Es möchte ihn haben, aber die Mutter läßt es nicht zu, weil er noch der einzige ist. Der Vater jedoch erlaubt es, und das Mädchen bekommt ihn. Von da an geht der Kürbis mit dem Mädchen und sagt unablässig: „Fraila, ich möchte Fleisch essen." Er beginnt, alles aufzuessen: 150 Ziegen, 700 Schafe, Kühe, Kamele, Hühner, Sklaven und Menschen. Am Schluß flüchtet Fraila zu ihrem Vater. Dieser stellt sich als Opfer hin, um seine Tochter zu retten, und wird auch vom Kürbis verschlungen. Fraila begibt sich zuletzt in den Schutz des Opferwidders, der im Haus gehalten wurde. Dieser sticht mit seinen Hörnern gegen den nahenden Kürbis. Dadurch platzt er, und alles, was er verschlungen hatte, kommt wieder heraus, und die Geschichte endet.

Die verschlingende Kraft des Kürbis erstaunt jedermann. Die Yama-uba ist da kein Vergleich dagegen. Die Größenordnung in dieser Geschichte ist diejenige eines Mythos, und es gibt auch tatsächlich einen afrikanischen Schöpfungsmythos von einem Flaschenkürbis, in dem alles verschlungen und wiedergeboren wird. Bemerkenswert an dieser Geschichte ist, daß sie von der Beziehung von Mutter und Tochter ausgeht. Die Mutter ist eine Nebenfrau. Das bedeutet, daß die Familie in erster Linie aus Mutter und Tochter besteht und der Vater im Hintergrund steht. In früheren Zeiten war nur die Bedeutung der Frau als Gebärende bewußt, der Anteil des Vaters an der Fortpflanzung war aber nicht bekannt. Daher hatte die Mutter eine wichtige Stellung und die Beziehung von Mutter und Tochter stand im Mittelpunkt. Männer befanden sich an der Peripherie. Die Verehrung der Großen Mutter und die starke Bindung von Mutter und Tochter kennzeichnen den Anfang der menschlichen Kultur. Der Ursprung der Kultur liegt bei der Großen Mutter. Und die Bindung von Mutter und Tochter kann als das natürlichste Verhältnis angesehen werden.

Im Moment, als das Mädchen den Kürbis bekommt, wird die Mutter nicht mehr erwähnt. Es wird erzählt, daß der Kürbis den Vater aufißt, aber die Mutter wird vom ganzen

Geschehen herausgehalten. Die Vermutung liegt nahe, daß die Mutter und der Kürbis eine Beziehung haben. Der Kürbis hat die Übermacht, und der Vater erscheint so schwach, daß er nur sagen kann: „Nimm auch mich, wenn du magst!" Danach wird er schlicht aufgefressen. In Afrika hat der Flaschenkürbis die Bedeutung von Frau. In verschiedenen afrikanischen Sprachen ist „Geplatzter Kürbis" ein slangartiger Ausdruck für den Verlust der Jungfräulichkeit. Im Stamme Grumanche in Haute Volta hat der Flaschenkürbis die Bedeutung von Gebärmutter.

Wenn es scheint, der Kürbis habe alles verschlungen, tritt der Opferwidder auf und spaltet ihn mit den Hörnern. Dieser Widder ist ein Symbol für den Vaterarchetyp. Er leistet Widerstand gegen die Große Mutter. Der Vater von Fraila wurde vom Kürbis verschlungen, ihre Mutter ist im Laufe der Geschichte verschwunden. Es geht nicht mehr um die persönliche Beziehung von Vater und Mutter. Es ist ein Zusammenstoß des Mutterprinzips mit dem Vaterprinzip. Daraus entsteht eine neue Welt.

Das Spalten des Flaschenkürbis erinnert an die Muttertötung. Doch es geht vielmehr um die Trennung von Himmel (Vater) und Erde (Mutter) als um einen Helden, der, wie es Neumann beschreibt, die Mutter tötet. Es handelt sich vielmehr um die Schöpfung der Welt. In einem Mythos aus dem Stamm der Mossi wird erzählt, daß nach dem Spalten des Kürbis auf der einen Seite das Meer, auf der anderen Seite das Land entsteht.

Der Gegensatz „Essen/Nicht essen" ist ebenfalls in einem afrikanischen Mythos aus dem Stamm Pete vorhanden. Eine Mutter kommt mit ihrem Sohn in die Nähe eines Kürbis, der schon vieles verschlungen hat. Unverzüglich wird auch der Sohn verschlungen. Voller Trauer geht die Mutter zu einer alten Frau und bittet um Hilfe. Diese hat Erbarmen mit ihr und lehrt sie, eine gewisse Suppe zu kochen. Sie rät ihr, die Suppe auf einen Felsen im Westen auszugießen. Damit werde sich der Felsen öffnen, und sie könne hineingehen und den Widdergott um Hilfe bitten. Aber sie dürfe

ja nicht beim Zubereiten die Suppe probieren. Sogleich macht sich die Mutter daran, die Suppe zu kochen. Aber aus lauter Gewohnheit probiert sie. Die Suppe schmeckt so gut, daß sie alles aufißt. Sie geht noch einmal zur alten Frau mit der Begründung, die Suppe sei trotz allen Bemühungen mißlungen. Ohne gerügt zu werden, darf sie unter der Aufsicht der alten Frau die Suppe kochen. Auf diese Weise gelingt es der Mutter, in die Welt unter dem Felsen zu kommen. Dort gibt es weder Gras noch Bäume, obwohl Wasser fließt. Es ist eine Welt der Mineralien. Dort lebt ein kräftiger weißer Widder mit prächtigen Hörnern. Er geht mit der Mutter zum Kürbis und sticht ihn auf. Unter Blitz und Donner platzt er auf, und Blut strömt aus ihm auf die Erde. Aus dem Inneren kommen Menschen heraus.

An dieser Geschichte sind zwei Punkte bemerkenswert: Die Güte der alten Frau und das Motiv „Die Suppe essen oder nicht essen". Als Gegenstück zur negativen Rolle des Kürbis manifestiert die gütige alte Frau die positive Seite der Großen Mutter. Ihre Güte wird damit bewiesen, daß sie der Mutter das Verstoßen gegen das Verbot verzeiht und sie nochmals unter ihrer Aufsicht die Suppe kochen läßt. Diese Tendenz, nicht zu strafen, ist ebenfalls in japanischen Märchen vorhanden. Diese Übereinstimmung ist bemerkenswert, auch wenn die Bedingungen anders sind. Gerade die Größe dieser alten Frau ermöglicht es, dem Verderben zu entrinnen. Doch die alte Frau tritt nicht selber in den Kampf, sondern läßt den Widder als Gegner auftreten. In diesem Fall ist es notwendig, daß eine sich aufbäumende Vaterrolle Widerstand leistet.

Um jedoch die Hilfe des Widders zu bekommen, muß die Mutter eine harte Probe bestehen. Sie muß ihren Drang zu essen bezwingen und muß fasten, bis sie in der Unterwelt zum Widder kommen kann. Diese Welt der Mineralien ohne Vegetation kann auch als Gebärmutter der Großen Mutter gedeutet werden. Diese Welt ist ein Gegensatz zur Gier des Kürbis. Die Erfahrung dieser Askese ermöglicht es der Mutter, zum Widder zu kommen. Nur das väterliche

Prinzip, das vom Widder repräsentiert wird, kann den verschlingenden Kürbis besiegen.

Diese drastische Geschichte mag von einem Drama handeln, das sich in der Seele einer Mutter abspielt. Oder sie will zeigen, wie wichtig die Askese ist, um dem negativen Einfluß der Großen Mutter zu entgehen, und wie es darum geht, die kühle Welt der Mineralien zu erfahren, um gegen sie kämpfen zu können. So gesehen erweckt diese Geschichte auch den Eindruck von der schrecklichen Welt, die von einer jungen Frau mit Magersucht erlebt wird.

Der Stich eines Horns von einem Widder bringt den Kürbis zum Platzen. Wie bewältigen Japaner die schreckliche Yama-uba, das heißt die negative Seite der großen Mutter?

4. Die Vernichtung der Yama-uba

Wie verhalten sich Japaner gegen die fürchterliche Yama-uba? In „Die Frau, die nichts ißt" nimmt der Mann Zuflucht in einem Dickicht von Schwertlilien und Beifuß, in dem die Yama-uba am Gift der Pflanzen erliegt, die der Mann ihr nachwirft. Diese Art von Tötung macht etwas perplex. Es gibt jedoch viele Versionen, in denen die Yama-uba vor den giftigen Pflanzen zurückschrickt und flieht. Obwohl es vorkommt, daß sie vernichtet wird, ist es bedeutsam, daß sie oft einfach fortgejagt wird. Diese Tendenz zeigt sich auch in den Dämonenbeschwörungen und Vertreibungsriten, die in Japan bei Veranstaltungen und Festen praktiziert werden. Dahinter liegt die Absicht, möglichst unbeschadet davonzukommen, weil es als schwierig befunden wird, das Böse auszurotten. Solange man auf der Hut ist, kann man der Gefahr entgehen. Aber das Böse ist nicht verschwunden und man kann es auch nicht zum Verschwinden bringen. Das hängt auch mit dem Thema der friedlichen Koexistenz mit der Yama-uba zusammen, was noch zur Sprache kom-

men wird. Hier zeigt sich ein ganz besonderes Merkmal in japanischen Märchen.

Natürlich gibt es auch viele Geschichten, in denen die Yama-uba getötet wird. In Varianten von „Die Frau, die nichts ißt" wird sie getötet, wenn sie sich als Spinne zeigt. In anderen Geschichten wird sie als Dachs oder Schlange getötet. Kommt die negative Seite der Großen Mutter als Tier zum Vorschein, wird das als eine Regression auf eine triebhafte Stufe angesehen und kann nicht mehr toleriert werden. Als Tier ist sie nicht mehr zu billigen.

Es gibt auch den Fall, daß die Yama-uba von ihrem Spiegelbild im Wasser getäuscht wird, ins Wasser springt und sich somit selbst vernichtet. Das gleicht der Hexe in „Hänsel und Gretel", die selbst den Kopf in den Ofen steckt und von Gretel hineingestoßen wird, wo sie jämmerlich verbrennt. Darin zeigt sich, daß die Große Mutter eine furchterregende Existenz ist, aber zu einem gewissen Zeitpunkt selbst den Weg der Vernichtung geht. Kommt es zu einem Zusammentreffen mit der negativen Großen Mutter, ist es besser, eine bestimmte Zeit ruhig zu warten, als ein zappelndes Opfer zu werden. Wenn die Zeit kommt, verschwindet die Große Mutter von selbst.

Die Geschichte „Akuto-tarô" handelt deutlich von der Vernichtung der Yama-uba. Sie erzählt vom jungen Ehepaar Gon-no-suke und Okaku. Der Mann will Neujahrseinkäufe machen gehen. Weil er befürchtet, die Yama-uba könne kommen und seiner Frau ein Leid antun, hängt er Okaku in einer Holztruhe in der Höhe auf. Sie ist im siebten Monat schwanger. Trotz den Vorsichtsmaßnahmen wird sie von der Yama-uba gefunden und aufgegessen. Nur ihre Fersen bleiben übrig, weil sie zu hart sind. Bei seiner Rückkehr entdeckt der Mann das Unheil, und er hängt die Fersen in einem Papiersack auf. Jeden Tag betet er vor ihnen zu Buddha. Eines Tages springt die Ferse auf, und ein Knabe wird geboren. Der Mann freut sich sehr, er nennt ihn „Akuto-tarô" (Fersenknabe) und zieht ihn voller Liebe auf. Mit 20 Jahren geht der junge Mann die Yama-uba vernich-

4. Die Vernichtung der Yama-uba

ten. Er gibt ihr Steine zu essen, die er für Reiskuchen ausgibt. Dann gießt er heißes Öl über sie. Da sie immer noch lebt, bindet er ein Seil um ihren Hals und stößt sie in einen vereisten Fluß. So gelingt es ihm, sie zu töten.

Das ist die Geschichte von einem Helden, der ein Ungeheuer besiegt. Aber es gibt nur eine einzige Variante davon aus der Präfektur Iwate. Diese ist aber stilistisch so ausgeschmückt, daß sie als neu angesehen werden muß. Die Vernichtung der Yama-uba durch einen Helden entspricht kaum dem Wesen der Japaner. Auch das Thema von der Fersengeburt ist seltsam und hat keine Parallelen.

Hingegen ist das Motiv von den Steinen bemerkenswert. Es kommt speziell in der Geschichte „Die Yama-uba und die steinernen Reiskuchen" vor. Davon gibt es viele Versionen. In allen wird die Yama-uba dadurch getötet, daß ihr entweder Steine nachgeworfen werden oder daß man ihr Steine, die sie für Kuchen hält, zu essen gibt. Das erinnert an „Der Wolf und die sieben Geißlein" oder „Rotkäppchen". Im Osten wie im Westen werden also Geschöpfe, welche die negative Große Mutter darstellen, dadurch vernichtet, daß man Steine in ihren Bauch tut. Die Steine stehen hier im Zusammenhang mit der Unfruchtbarkeit. In Japan bedeutet eine „Stein-Frau" eine unfruchtbare Frau. Überwiegt die negative Seite der Großen Mutter, geht die Fruchtbarkeit verloren. Die Seite des Todes herrscht vor, und die Möglichkeit der Wiedergeburt schwindet. Durch die Steine im Bauch wird der Tod, der ein Zeichen für die Unfruchtbarkeit ist, herbeigeführt.

Aber es muß festgehalten werden, daß in Japan gegen das Vernichten der Yama-uba Bedenken vorhanden sind. Das zeigt sich in Geschichten, in denen die Yama-uba vor dem Sterben den Fluch ausspricht, daß alle Reiskuchen am Neujahr zu Steinen werden. Aus Furcht vor der Strafe macht man im betreffenden Haus keine Reiskuchen mehr. Oder man erstellt als Schutz vor ihrem Fluch einen Schrein und verehrt sie als Schutzgott.

Nach dem Tod wird die Yama-uba wieder zu einer positiven Gestalt. Das gleicht der Wandlung von der indischen Kinderfresserin in die Fruchtbarkeitsgöttin. Es ist falsch, die Yama-uba einseitig als Ungeheuer zu betrachten. Die Japaner sahen in ihr die positive und die negative Seite zusammen und nahmen eine ambivalente Haltung ihr gegenüber ein. So kommt es, daß sie, nachdem sie getötet wurde, als Schutzgott verehrt wird. Diese Tatsache gibt einen wesentlichen Einblick in die japanische Seele. Die Geschichte „Die Yama-uba als Heiratsvermittlerin" beschreibt das wie folgt: Eine alte Frau lebte mit ihrem Sohn. Dieser möchte gern heiraten, aber da er so arm ist, hat er keine Möglichkeiten. An einem stürmischen Abend am letzten Tag des Jahres kommt eine alte Frau, wärmt sich bei ihnen am Feuer und führt ein Gespräch mit ihnen. Bevor sie geht, verspricht sie dem jungen Mann eine Frau. Wenig später hören sie in der Nacht einen Lärm vor dem Haus, als sei etwas fallengelassen worden. Sie finden vor der Türe einen Tragkorb mit einer schönen jungen Frau, die aber wie tot erscheint. Sie pflegen sie und vernehmen, daß sie aus Osaka komme und unterwegs zur Hochzeit entführt worden sei. Eines Tages kommt die alte Frau wieder und gibt sich als Heiratsvermittlerin zu erkennen. Sie macht die junge Frau zur Braut und warnt sie, daß sie aufgefressen werde, wenn sie flüchte. Das junge Paar heiratet. In Osaka wird aber nach dem entführten Mädchen gesucht, und eines Tages wird sie gefunden und aufgesucht. Sie besteht aber auf der jetzigen Heirat, und ihre Eltern willigen ein. Sie bauen für die beiden ein Haus mit Speicher, und das junge Ehepaar lebt glücklich zusammen.

Diese Geschichte findet ein gutes Ende. Auffallend darin ist die überwältigende Fürsorglichkeit der Yama-uba, die mehr als nur eine Laune ist. Aber bei einem falschen Schritt kann alles zu einer Tragödie werden. Obwohl die Familie und ihre Tochter eine Entführung erlitten, willigen sie in die Heirat ein. Die Tochter sagt sogar, dies sei der beste Mann für sie und sie wolle keinen anderen. In westlichen Märchen würde das nicht so ohne weiteres vor sich gehen.

4. Die Vernichtung der Yama-uba

Es müßten verschiedene Aufgaben gelöst werden, um das Glück zu erreichen. Aber in dieser Geschichte gibt es keinen Konflikt. Es kommt zu einer konfliktlosen harmonischen Lösung. Das ist eine typisch japanische Lösung. Das Vorhandensein eines Konflikts ist die Voraussetzung für das Bewußtwerden. Bei der Bewältigung eines Konflikts werden wir mit einem Inhalt des Unbewußten konfrontiert und machen ihn uns dadurch bewußt. Wird kein Konflikt durchgemacht, zeigt sich alles in einem harmonischen Zustand, und der Unterschied von bewußt und unbewußt bleibt unklar. Das beschreibt den Zustand des „Nichts", der ziemlich stabil und ausgeglichen erscheint. Die glückliche Heirat in dieser Geschichte ist wiederum ein Ausdruck für den Zustand des Nichts und unterscheidet sich damit von einer westlichen Heirat, die Neumann als die letzte Stufe der Bewußtseinsentwicklung bezeichnet.

Die von der Yama-uba arrangierte Heirat ist eine schicksalhafte Wendung, die den Willen der beiden übergeht. Es wird nicht erklärt, warum die Yama-uba sich einschaltete. Es kam alles völlig unerwartet. Doch der Mensch hat das Bedürfnis, ein Ereignis zu erklären und bewußt zu machen. Deshalb gibt es viele Versionen, in denen eine Erklärung für die Vermittlung gegeben wird. Zum Beispiel trägt der Mann die Yama-uba auf dem Rücken nach Hause, um sie freundlich zu stimmen und nicht gefressen zu werden. Oder er erweist ihr sonst eine Gefälligkeit. Auch ein Mann, der gut ist zu seiner Mutter, wird belohnt. Die Vermittlung der Yama-uba wird also als eine Vergeltung einer guten Tat erklärt. Doch die Vermutung liegt nahe, daß diese Erklärungen später hinzugefügt worden sind. In der ursprünglichen Form sind keine notwendig. Je tiefer es ist, um so weniger kann das Wirken des Unbewußten mit dem Bewußtsein erklärt werden. Deshalb erzählen die Märchen das Wirken des Unbewußten unverändert und ohne bewußtes Ausfeilen.

Diese Koexistenz mit der Yama-uba ist wahrhaft symbolisch. Einerseits vernichtet sie Leben, andrerseits vermittelt

sie eine glückliche Heirat. Das ist wiederum eine typisch japanische Haltung, die in diesen Märchen zum Ausdruck kommt. Japaner kennen die schreckliche Seite des Unbewußten, doch sie weisen das Unbewußte an und für sich nicht zurück. Auch wenn es ab und zu vertrieben wird, bleibt die Möglichkeit einer Koexistenz offen.

Mit dieser Einsicht von der Doppelnatur der Yama-uba erscheint sie in „Die Frau, die nichts ißt" in einem anderen Licht. Ist sie als schönes Mädchen erschienen, um den Mann aufzuessen? Diese Frage wird von Akiko Baba, einer Schriftstellerin der Gegenwart, sinnvoll beantwortet: „Wahrscheinlich erscheint sie als Braut in der Hoffnung, mit Menschen in Kontakt zu kommen, und nimmt die grausame Bedingung auf sich, nichts zu essen. Der bizarre Einfall, daß sie am Kopf ein Maul hat, ist in der Art der Märchen eine Anspielung darauf, daß sie aus einer anderen Welt kommt und mit gewöhnlichen Menschen nicht verkehren kann. Wenn man bedenkt, was für eine Anstrengung sie unternahm, um mit Menschen zusammenzukommen, entsteht ein trauriges Mitgefühl."

Das Bild von der Yama-uba erweitert sich zum Bild von der Frau, die als Nachtigall davonfliegt. Es entstehen folgende Assoziationen: Die Frau in „Das Land der japanischen Nachtigall" versucht, mit den Menschen eine Verbindung aufzunehmen. Aber der Holzfäller bricht sein Versprechen und blickt in die verbotene Kammer. Deshalb muß sie diese Welt traurig verlassen und fliegt als Nachtigall davon. Aber sie gibt die Hoffnung auf eine Gemeinschaft mit den Menschen nicht auf und kommt zurück, auch wenn sie diesmal die Bedingung auf sich nehmen muß, nichts zu essen. Aber das heimliche Hineinblicken des Mannes bringt ans Licht, daß sie kein Wesen von dieser Welt ist. Ihre Empörung erreicht den Höhepunkt. Heimlich gesehen zu werden, ist für sie die höchste Verletzung. Durch den wiederholt zugefügten Schaden bleibt ihr nichts anderes übrig, als den Mann zu vernichten. Aber wiederum muß sie diese Welt

verlassen, weil sie gegen die Klugheit des Menschen nicht aufkommen kann.

Bei dieser Assoziation entsteht wieder das Gefühl des Erbarmens. Die Geschichte von „Die Frau, die nichts ißt" ist also nicht einfach eine Geschichte von einer Yama-uba, welche die Gestalt eines Mädchens oder eines Oni annahm. Die gleiche Gestalt kann als Mädchen oder alte Frau, die Menschen verschlingt, erscheinen, je nachdem von welcher Seite man sich ihr nähert. Auch der glücklich verheiratete Mann in „Die Yama-uba als Heiratsvermittlerin" müßte seine Frau als ein ganz anderes Wesen erblicken, wenn er das Verbot hineinzublicken übertreten würde. Blicken wir die Gestalt als schönes Mädchen an, empfinden wir Erbarmen, wenn sie uns verläßt. Erblicken wir aber die Seite der Yama-uba, entsteht ein Gefühl der Furcht. Wenn wir eine angemessene Distanz von beiden Seiten einnehmen, entsteht Lachen. Im nächsten Kapitel werden wir ein ausgelassenes Lachen hören, welches dieses Dreieck von Empfindungen zum Stürzen bringen wird.

Kapitel III

Das Lachen der Oni

Die Yama-uba wird oft mit dem Oni gleichgesetzt. Auch der Oni verschlingt Menschen. Ein Unterschied zum Teufel aus dem Westen liegt darin, daß seine Bedeutung vielfältiger ist. In diesem Kapitel kommt der Oni zur Sprache, der sich im Märchen „Das Lachen der Oni" zeigt. Das Lachen in dieser Geschichte ist allerdings ein wahrhaft typisch japanisches Lachen, auch wenn es zum Teil mit kollektiven Schichten in Zusammenhang gesehen werden kann. Es ist wohl kaum möglich, Märchen ähnlicher Art in anderen Ländern zu finden.

1. Das Zurückgewinnen der schönen Frau

Dieses Märchen ist eine Variante von „Oni-Kind Kozuna". Es ist eine Gruppe von Märchen, in denen eine entführte schöne Frau mit verschiedenen Maßnahmen zurückgewonnen wird. Kunio Yanagita nennt diese Gruppe „Das Zurückgewinnen der schönen Frau". Eine schöne Tochter wird unvermutet von einem Oni, von Wegelagerern oder sonst einem unheilbringenden Wesen entführt. Entweder wird sie von ihrem Bräutigam, von ihrer Mutter oder von einer ihr nahestehenden Person gesucht. Unter großen Anstrengungen gelingt es, sie zurückzugewinnen.

1. Das Zurückgewinnen der schönen Frau

Was wird in dieser Geschichte erzählt? Die einzige Tochter eines reichen Mannes wird unterwegs zu ihrer Hochzeit von einem unbekannten Wesen entführt. Der Bräutigam tritt in dieser Geschichte nicht in Erscheinung. Deshalb steht hier die Beziehung von Mutter und Tochter im Mittelpunkt. Die Mutter geht die Tochter suchen. Sie übernachtet unterwegs in einem kleinen Tempel und trifft dort eine Nonne. Diese sagt ihr, daß die Tochter im Haus eines Oni gefangen sei, und erklärt ihr, wie sie dorthin gehen könne. Auf der Achse von Mutter und Tochter erscheint in dieser Nonne noch eine dritte Gestalt. Sie ist sanftmütig und weise und stellt ein Wesen dar, das wohl mit der Großen Mutter im Zusammenhang steht.

Die Mutter befolgt den Ratschlag der Nonne, und es gelingt ihr, zum Haus des Oni zu gelangen. Dort trifft sie die Tochter beim Weben. Das weist auf einen Zusammenhang mit der Yama-uba hin. Der Oni ist zwar ein Mann, doch die verschlingende Kraft, mit der er am Ende der Geschichte das Wasser des Flusses austrinkt, ist ebenfalls ein Merkmal der Großen Mutter. Als eine Variante von „Oni-Kind Kozuna" wird „Hänsel und Gretel" angesehen. Die Hexe hat eine ähnliche Rolle wie der Oni im japanischen Märchen. Was in der westlichen Geschichte als Frau verkörpert wird, erscheint in Japan als Mann. Das Motiv „Entfliehen aus der Gefangenschaft bei einem ungewöhnlichen Wesen" kann einerseits für beide Märchen gelten, es ist ein universales Motiv. Geht man jedoch auf die Einzelheiten ein, zeigen sich Unterschiede, die kulturell bedingt sind, und die Ähnlichkeit stimmt nicht mehr.

Die Tochter freut sich über den Besuch der Mutter und macht ihr das Abendessen. Diese Szene illustriert die starke Bindung der beiden. Aber sie können sich nur in der Abwesenheit des Oni sehen. Bevor er nach Hause kommt, muß die Mutter sich in einer Steintruhe verstecken. Der scharfsinnige Oni riecht die Anwesenheit eines Menschen, und die dritte Wunderblume im Garten bestätigt seinen Verdacht. Die Tochter kann ihn dadurch beschwichtigen,

daß sie vorgibt, schwanger zu sein und die dritte Blume ein Kind bedeute. Darüber gerät der Oni in große Freude und ruft nach Reiswein und Trommeln. Er befiehlt sogar, die Wachhunde zu töten. Wenn ein Mann aus Freude Alkohol trinkt, verliert er leicht seine Kontrolle. Daß der Oni so weit geht und seine Hunde nicht mehr zu brauchen glaubt, zeigt, wie gutmütig er ist. An dieser Stelle wird eindrücklich dargestellt, wie menschlich dieser Oni ist, obwohl er sich von Menschen unterscheidet.

Während der betrunkene Oni schläft, flüchten Mutter und Tochter. Die Nonne, die zum wichtigen Zeitpunkt erscheint, gibt ihnen den Ratschlag, mit dem Schiff zu fliehen. Doch der Oni erwacht, bricht die von Mutter und Tochter verschlossene Truhe auf und geht mit seinem Gefolge der geflüchteten Frau nach. Um das Schiff zurückzuholen, beginnen der Oni und sein Gefolge, das Wasser des Flusses auszutrinken. Die verschlingende Kraft des Oni ist so groß, daß das Wasser schwindet und das Schiff in die Reichweite des Oni zurückkommt.

Es gibt auch im Westen Geschichten, in denen Wasser ausgetrunken wird, um Flüchtende zu fangen. Ein Beispiel dafür ist Grimms Märchen „Fundevogel". Von der Hexe verfolgt, wird der Junge zu einem Teich, das Mädchen zu einer Ente (wie in „Hänsel und Gretel" werden auch hier zwei Kinder verfolgt). Die Hexe will das Wasser des Teiches austrinken, aber die Ente faßt mit dem Schnabel die Hexe beim Kopf, zieht sie ins Wasser, und sie ertrinkt.

Wie verhält man sich gegenüber Wesen, die Wasser austrinken? Die Lösung im japanischen Märchen unterscheidet sich ganz von Grimms Märchen. Es kommt zu einem unerwarteten Schluß. Als sich Mutter und Tochter in größter Lebensgefahr befinden, erscheint wieder die Nonne und sagt: „Macht schnell. Hebt die Röcke. Zeigt euch den Oni!" Zu dritt nehmen sie ihre Gewänder auf und entblößen sich. Als die Oni das sehen, brechen sie in Gelächter aus. Dabei speien sie all das Wasser wieder aus. Auf diese Weise können Mutter und Tochter ihr Leben retten und

1. Das Zurückgewinnen der schönen Frau

wieder in diese Welt zurückkehren. Das Thema „Entblößen ruft Lachen hervor" ist außergewöhnlich. Es ist wohl kaum in Märchen anderer Länder zu finden. Die Lösung, daß ein furchterregendes Wesen wie ein Oni in Lachen ausbricht und dabei einen Fehlschlag erleidet, mag wohl als typisch japanisch bezeichnet werden. Um die Oni zum Lachen zu bringen, entblößen sich die Frauen. Es gibt stellvertretende Handlungen dafür. Das geschieht zum Beispiel damit, daß mit einem Spachtel auf das Hinterteil geschlagen wird. Es gibt auch eine Geschichte, in der eine Frau den Oni mit einem Furz zum Lachen bringen kann. In japanischen Märchen wird das Furzen erwähnt, um die Zuhörer zum Lachen zu bringen. Dieses Thema ist in westlichen Märchen nicht anzutreffen. Es wird wohl als unanständig betrachtet und gibt keinen Anlaß zum Lachen (jedoch kommen Varianten von „Die Frau, die einen Furz fahren läßt" in Korea vor).

Die vom Oni entführte Tochter ist also mit Hilfe der Nonne gerettet worden. Es gibt auch Geschichten, in denen bei der Rettungsaktion der Oni oder die Wegelagerer getötet werden. Aber meistens werden die Oni nicht getötet. In dieser Geschichte wird am Ende das Gleichgewicht wieder hergestellt: Die Oni leben in ihrer anderen Welt weiter, und die Menschen bleiben in dieser Welt. Es gibt auch Varianten, in denen diese Aufteilung in zwei Lebensräume durchbrochen wird: Die Frau bekommt ein Kind, das den Oni zum Vater hat. Es wird „Katako" (auf der einen Seite ein Menschenkind) oder auch „Kozuna" genannt. Daraus wird die Bezeichnung für die Gruppe dieser Geschichten abgeleitet. Dieses Kind, halb Oni, halb Mensch, hat eine große Sympathie für Menschen und setzt sich für deren Rettung ein. Es übt eine Rolle aus, die mit derjenigen der Nonne ähnlich ist. Für dieses Kind endet jedoch die Geschichte unglücklich. Weil es halb Oni ist, kann es nicht in der Welt der Menschen bleiben. Es verschwindet oder geht zum Vater zurück. Oder es bittet darum, getötet zu werden. Das Kind „Kozuna" zum Beispiel macht sich eine Hütte und

verbrennt sich darin. Das Kind, das Menschen gerettet hat, wird ins Unglück getrieben. Das stimmt nachdenklich. Wo bleibt da der Dank? Eine Deutung ist nicht einfach und soll an einer anderen Stelle geschehen.

2. Japanische und griechische Götter

Das Motiv „Entblößen ruft Lachen hervor" ist in einem japanischen Mythos von zentraler Bedeutung. Es ist der Mythos von der Sonnengöttin Amaterasu in der Felsenhöhle. Empört über die Gewalttat ihres Bruders Susano-o verbirgt sich die als höchste Gottheit verehrte Amaterasu in der Felsenhöhle. Was ist da geschehen? In der Mythensammlung „Kojiki" wird darüber berichtet: Als die große Göttin Amaterasu in der himmlischen Webstube war, warf ihr Bruder Susano-o ein Pferd, dem er das Fell abgezogen hatte, zum Dach hinein. Die himmlische Weberin schreckte auf, das Webeschiff stieß dabei in ihre Schamteile und sie starb. Als Amaterasu das sah, verschloß sie sich aus Schrecken in der himmlischen Felsenhöhle. Als Folge davon wurde es im Himmel und auf der Erde finstere Nacht. Es kam viel Unheil über die Welt. Die Götter versammelten sich vor der Felsenhöhle und versuchten, die Göttin zu besänftigen und herauszulocken. Als eine von verschiedenen Maßnahmen führte die Göttin Amenouzume einen Tanz auf. Dabei entblößte sie ihre Brüste und zog ihr Rockband hinunter. Die 8 Millionen Götter, die das sahen, brachen in Lachen aus, daß davon Himmel und Erde bebten. Amaterasu wurde darauf neugierig und kam aus dem Versteck heraus. Hier ist das wichtige Motiv aus „Das Lachen der Oni" wieder zu erkennen: Eine tanzende Göttin entblößt sich, und die Götter lachen. Untersucht man genauer, kommen noch weitere Ähnlichkeiten mit dem Mythos zum Vorschein. Das zeigt, daß dieses Märchen eine tiefere Bedeutung hat. Um das zu verdeutlichen, sollen der japanische Mythos und das Märchen „Das Lachen der Oni" mit dem griechischen My-

thos der Demeter verglichen werden (siehe Tabelle 6, S. 63).

Viele Mythenforscher wiesen schon auf die große Ähnlichkeit der beiden Mythen hin. Im griechischen Mythos entblößt sich eine Frau namens Baubo und bringt damit die trauernde Göttin Demeter zum Lächeln. Nicht allein das Thema „Entblößen bringt die Götter zum Lachen" haben die beiden Mythen gemeinsam, sondern auch ihre Grundstruktur ist ziemlich ähnlich: Wegen der Gewalttat eines Gottes verbirgt sich die Göttin, und die Welt wird unfruchtbar. Die anderen Götter versuchen auf verschiedene Art, sie zu besänftigen, und die Fruchtbarkeit kehrt in die Welt zurück.

Im griechischen Mythos entführt Hades Persephone, die Tochter von Demeter. Seine Tat richtet sich also gegen die Tochter. Aber in einer Variante aus Arkadien wird Demeter selbst von Poseidon behelligt, als sie ihre geliebte Tochter besuchen geht. Um ihn zu täuschen, verwandelt sich die Göttin in ein Pferd, Poseidon aber durchschaut ihre List verwandelt sich selbst in ein Pferd, und sie kann ihm nicht mehr entgehen. Hier wird also die Göttin selbst Opfer einer Gewalttat.

Auch im japanischen Mythos liegt die Vermutung nahe, daß Amaterasu selbst Opfer der Gewalttat wurde. Das Pferd, das ihr Bruder hineinwirft, läßt an das Pferd von Poseidon denken. Da es heißt, daß „das Webeschiff gegen die Schamteile stieß", liegt der Verdacht von einer sexuellen Gewalttat nahe. In der Chronik wird es vermieden, Amaterasu direkt als Opfer zu nennen. Doch es ist mit Sicherheit anzunehmen, daß sie den Tod erlitten hat. Ihre darauf folgende Wiedergeburt wird in der Geschichte symbolisch so dargestellt, daß sie zuerst in der Felsenhöhle eingeschlossen ist und danach wieder erscheint. Die himmlische Weberin, die in der Chronik „Kojiki" als Opfer erwähnt wird, kann als das andere Ich von Amaterasu angesehen werden.

Diese Folgerung wird in einer Beschreibung einer anderen Chronik bestätigt. In „Nihonshoki" wird berichtet, daß

Amaterasu selbst verletzt worden ist. Aus einer anderen Quelle kann entnommen werden, daß ihre Tochter verletzt wurde und starb. Auch hier kann die Tochter als das andere Ich der Göttin angesehen werden.

Das führt zum Schluß, daß es besser ist, Mutter und Tochter als eine Einheit zu sehen, als zu entscheiden, ob nun die Mutter oder die Tochter das Opfer sei. Es ist von ein und derselben Frau die Rede. Je nachdem, welche Seite von ihr betont wird, erscheint sie als Mutter oder Tochter. Im japanischen Mythos ist der Unterschied von Mutter und Tochter undeutlich. Die Sonnengöttin verkörpert beide Seiten in sich. Im Märchen hingegen wird der Unterschied dadurch deutlich gemacht, daß Mutter und Tochter getrennt dargestellt werden: Die Tochter gerät in Gefangenschaft des Oni, und die Mutter geht sie suchen. Es ist deshalb dem Mythos von Demeter ähnlich. Das Verbergen von Amaterasu resp. Demeter zeigt im japanischen wie auch im griechischen Mythos die gleichen Folgen: Über die Welt kommt Unfruchtbarkeit. Aber ein großer Unterschied in den beiden Mythen liegt darin, daß im griechischen Mythos Zeus der höchste Gott ist und alles regelt und anordnet. Im japanischen Mythos ist es Amaterasu selbst, die als höchste Göttin leiden und klagen muß und von anderen Göttern besänftigt wird.

Durch den Einbruch des Männlichen wird die Verbindung von Mutter und Tochter durchbrochen. Das Lachen, das durch das Entblößen hervorgerufen wird, trägt ausschlaggebend zur Lösung der Situation bei. Dieser Punkt ist allen drei Geschichten gemeinsam. Aber in den Details zeigen sich teilweise Unterschiede. Zwar tritt in allen drei Geschichten ein männlicher Eindringling auf. Im japanischen Märchen und im griechischen Mythos ist es die Tochter, die überfallen wird, und die Mutter, die sie suchen geht. Amaterasu hingegen ist zugleich Mutter und Tochter, Demeter und Persephone. Kommt es zum Lachen, unterscheiden sich alle drei Geschichten. Im japanischen Märchen lachen die Oni, im japanischen Mythos die Götter und im

2. Japanische und griechische Götter 63

Tabelle 6. Ein Vergleich von einem japanischen Märchen, einem japanischen Mythos und einem griechischen Mythos

	japanisches Märchen	japanischer Mythos	griechischer Mythos
Überfallende	Oni	Susano-o (Pferd)	Hades, Poseidon (Pferd)
Opfer Überfallene	Tochter	Amaterasu (Göttin) Wakahirume (Tochter)	Persephone (Tochter) Demeter (Mutter)
Suchende	Mutter	Götter	Demeter (Mutter)
sich Entblößende	Mutter, Tochter, Nonne	Amenouzume	Baubo
Lachende	Oni (Gefolge)	Götter	Demeter

griechischen Mythos die Göttin Demeter. Betrachtet man, wer das Lachen veranlaßt, erkennt man ebenfalls Unterschiede. Baubo (Iambe) und Amenouzume mögen vielleicht eine gewisse Ähnlichkeit haben. Aber im Märchen sind es Mutter, Tochter und sogar die Nonne (die interessanterweise die Initiantin ist), die durch das Entblößen das Lachen veranlassen.

Was bedeuten nun der Oni, das Entblößen und das Lachen in unserem Märchen? Darüber kann neben weiteren Betrachtungen der Vergleich mit den beiden Mythen Aufschluß geben.

3. Wer dringt in die Einheit von Mutter und Tochter ein?

Wer ist eigentlich dieser Oni, der in „Das Lachen der Oni" auftritt? In ihrem Buch „Studien über den Oni" meint Akiko Baba dazu: „Je mehr man forscht, wird eine Deutung des Oni schwieriger. Auch in der Volkskunde ist über den Oni noch lange nicht alles abgeklärt worden." Der Oni, den sich die heutigen Japaner vorstellen, ist ein heruntergekommener Oni. Er erscheint als eine groteske Gestalt mit Hörnern und einem Schurz aus Tigerfell. Er ergreift sogleich die Flucht, wenn Kinder am Tag vor Beginn des Frühlings Bohnen nach ihm werfen. Aber wollte man den Oni allein im Zusammenhang mit den Märchen betrachten, würde es den Rahmen dieses Buches sprengen. Deshalb ist es nur möglich, sich auf den Oni zu beschränken, der in „Das Lachen der Oni" auftritt. Dabei ist aber zu bedenken, daß der Oni ein Bewohner der inneren Seelenwelt der Japaner ist. Einen wichtigen Hinweis gibt uns die Tatsache, daß das Märchen, in dem der Oni auftritt, Ähnlichkeiten mit einem Mythos hat. In den Mythen sind es Götter wie Hades, Poseidon oder Susano-o, die in die Welt der Frau eindringen. Das läßt auf die Tatsache schließen, daß der Oni die Stelle eines Gottes einnimmt. Es gibt sogar eine bekannte These, daß „Oni" ein Synonym für „Kami", das heißt Gott ist.

3. Wer dringt in die Einheit von Mutter und Tochter ein? 65

Die Beziehung von Mutter und Tochter im Märchen ist ähnlich wie diejenige von Demeter und Persephone. Diese enge Beziehung von Mutter und Tochter wird psychologisch als „uroborisch" bezeichnet (Erich Neumann). In der Zeit des Uranfangs (auch Uroboros genannt) war die Mutter ein absolutes Wesen, das Kinder gebiert. Die Rolle des Mannes war noch nicht bewußt. Die Mutter ist wie die Erde, auf der im ewigen Kreislauf Pflanzen wachsen und sterben. In der Wiederholung von Tod und Wiedergeburt erscheint die Mutter als ein immerwährendes Dasein.

In den eleusischen Mysterien waren Tod und Wiedergeburt die wichtigsten Themen. Über die besondere Bedeutung dieser Wiedergeburt schreibt Akira Hisano: „Wenn die Jagd die Grundlage der menschlichen Existenz ist, fängt der Mann Tiere, tötet und ißt sie. Gibt es keine Beute mehr in der Gegend, geht er auf die Suche nach neuen Jagdplätzen. Dabei ist die Erde ein Schauplatz für den Lebenskampf. Ist aber der Ackerbau die Grundlage der Existenz, gilt das Bewahren der Samen als die wichtigste Vorkehrung. Die bewahrten Samen werden ausgesät, und es entsteht neues Leben. Das Weizenkorn, das in die Erde fällt und erstirbt, trägt vielfältige Frucht."

Das erstorbene und das wiedergeborene Weizenkorn sind das Gleiche. Im Gegensatz dazu ist zu beachten, daß das Tier, das vom Menschen gegessen wird, nicht das Gleiche ist, auch wenn man das Einverleiben als eine Wiedergeburt ansehen kann. Bei den Pflanzen ist es aber die Wiedergeburt des Gleichen, da aus den Samen wieder Samen entstehen. Auch Mutter und Tochter sind das Gleiche. Die Tochter wird mit dem Alter zur Mutter. Stirbt sie, wird sie als Tochter wiedergeboren. Mutter und Tochter zeigen zwei Aspekte des gleichen Daseins.

In einer Welt, in der die ursprüngliche Einheit von Mutter und Tochter vorherrscht, wiederholt sich andauernd das Gleiche. Eine grundlegende Änderung gibt es nicht. Das Eindringen des Mannes zerstört diese fortwährende Wiederholung. Er muß aber überaus stark sein, sonst wird er

von der Macht der Mutter-Tochter-Bindung daran gehindert. Diese überwältigende Stärke zeigt sich im Bild von Hades, der mit einer Kutsche aus der gespaltenen Erde emporkommt. Auch Susano-o wird als ungestümer Gott dargestellt. Mit beiden Göttern werden Pferde in Verbindung gebracht. Das ist ein Zeichen für ihre treibende Kraft. Im japanischen Mythos ist die Macht der Mutter so groß, daß nur die höchste Göttin vorherrscht und von keiner Einheit von Mutter und Tochter die Rede ist.

Die eindringenden Männer stehen aber in enger Beziehung zur Mutter. Hades zum Beispiel ist der König der Unterwelt. Er kommt aus der Tiefe der Erde heraus. Erde und Mutter haben eine enge Beziehung. Die Art, wie er Persephone in das Erdinnere mitreißt, kann mit der verschlingenden Kraft der Großen Mutter in Beziehung gebracht werden. Auch Susano-o hat eine starke Beziehung zur Mutter. Als ihm sein Vater befiehlt, über das Meer zu herrschen, weint er und möchte in das Land seiner Mutter gehen. Schließlich lebt er in der Unterwelt und hat somit eine Ähnlichkeit sowohl mit Poseidon als auch mit Hades.

Auch im Märchen ist der Oni ein Mann, doch mit seiner verschlingenden Kraft zeigt er ebenfalls eine Beziehung mit der Großen Mutter. Er ist wie Hades und Susano-o eine Erscheinung des uroborischen Vaters. Das ist eine primitive Form, in der Vater und Mutter ungetrennt sind. Dabei ist allerdings das Männliche stärker betont. Er ist wohl ein Vater, aber er hat nicht den Glanz von Zeus. Er ist düster und ungeheuerlich. Er ist stark, aber arm an Würde. Manchmal wirkt er wie eine Karikatur. Obwohl seine mit Zugpferden zu vergleichende Treibkraft erstaunlich ist, hat er nicht die Fähigkeit, die Richtung zu bestimmen. Ein treffendes Beispiel für diesen uroborischen Vater sind die japanischen Soldaten im letzten Weltkrieg: Sie wiederholten einfach die tödlichen Angriffe, ohne der Situation Rechnung zu tragen. Der uroborische Vater kann gewiß weder als gut noch als böse bezeichnet werden. Wegen seiner zerstörerischen Wirkung und seinem Mangel an Führung wird er leicht als böse

betrachtet. Doch er hat die notwendige Rolle, die Mutter-Tochter-Bindung zu durchbrechen.

Das durch das Eindringen des uroborischen Vaters getrennte Mutter-Tochter-Paar neigt dazu, den ursprünglichen Zustand wiederzuerlangen. Das Auffinden der Tochter durch die Mutter entspricht dem Ritual einer Wiedergeburt. Aber gleichzeitig wird dadurch das Eindringen zunichte gemacht. Deshalb endet eigentlich das Märchen, als sei nichts geschehen. Sowohl der Oni als auch die Tochter kehren in ihre eigene Welt zurück. Die Nonne gibt zu erkennen, daß sie eine Steinpagode ist, und bittet die beiden, ihr jedes Jahr eine neue Pagode zu erstellen. Aus Dank errichten Mutter und Tochter eine Steinpagode nach der anderen. Ob die Tochter heiratet, erfahren wir nicht. Dieser Schluß gibt zu denken. Diese anwachsenden Steinpagoden sind ein Bild für die immerwährende Wiederholung des Gleichen, für den Frieden und die Dankbarkeit von Mutter und Tochter. Aber nichts geschieht. Dieser Frieden, diese Sicherheit wird in Japan „buji" genannt, was mit „es gibt nichts" übersetzt werden kann. In diesem Märchen werden wir wieder daran erinnert, wie stark die Wirkung des „Nichts" im japanischen Bewußtsein ist.

Zu dieser Folgerung kommen wir vom kulturellen Gesichtspunkt aus. Was bedeutet es, wenn man es auf das Persönliche bezieht? Von Geburt an lebt die Frau in der Verbindung von Mutter und Tochter. Verbleibt sie ungestört in dieser Welt, verläuft der Kreislauf von Heirat, Geburt und Aufziehen der Kinder, Alter und Tod von Natur aus im Schoß der Großen Mutter. In einer solchen Welt nimmt der Mann die Rolle als Mann kaum wahr, oder er übernimmt die Rolle eines Dieners der Großen Mutter. Es gibt auch heute noch Japaner, die psychologisch gesehen in diesen Verhältnissen leben. Wenn die Frau das Dasein des uroborischen Vaters akzeptiert, wechselt sie von der Mutter-Tochter-Beziehung zur Bindung von Vater und Tochter über. Um sich von dieser Vater-Tochter-Bindung zu lösen, muß die Frau noch einen anderen Mann akzeptieren.

Durch das erneute Eindringen eines Mannes wird die Vater-Tochter-Bindung durchbrochen. Kann eine Frau diese Stufe des Bewußtseins nicht erreichen, bleibt sie auf der Stufe des Inzests stehen. Auch wenn man das Leben von verschiedenen Gesichtspunkten her betrachten kann, so lebt die Mehrheit der Japaner wahrscheinlich noch auf dieser Stufe. Auch der Mann, der die Bindung von Vater und Tochter durchbricht, erscheint zuerst als ein Ungeheuer oder eben auch als Oni. In der ganzen Welt sind viele Geschichten dieser Art verbreitet. Sie sind als „Die Schöne und das wilde Tier" bekannt. Auch die Geschichte „Der Mann mit drei Augen" ist ein Beispiel dafür. Der Mann, der darin die Bindung von Vater und Tochter durchbricht, erscheint als ein Ungeheuer mit drei Augen. Er wird getötet, und die Frau heiratet einen Prinzen. In „Die Schöne und das wilde Tier" verwandelt sich das wilde Tier in einen Prinzen, was aber an der Struktur nichts ändert. Erst wenn der Mann als wildes Tier angenommen wird, verwandelt er sich in einen Prinzen.

Als ein Übergang zu dieser Stufe der Vater-Tochter-Bindung kann das Märchen „Der Oni-Bräutigam" angesehen werden (diesem steht die Geschichte „Der Affen-Bräutigam nahe"). Es fällt auf, daß „Der Oni-Bräutigam" nur wenige Varianten hat. Das hängt wohl damit zusammen, daß dieses Märchen eine Übergangsstufe darstellt. Die Geschichte stammt von der Insel Amami-Oshima in der Präfektur Kagoshima. Zusammengefaßt erzählt sie: Eine Witwe hat drei Töchter. Eines Tages muß sie einen Fluß mit Hochwasser überqueren. Da erscheint ein Oni und bietet seine Hilfe an. Dafür muß sie ihm aber eine ihrer Töchter versprechen. Die erste und die zweite Tochter weigern sich, den Oni zu heiraten. Die jüngste Tochter aber willigt ein. Voll Freude trägt der Oni seine Braut davon. Aber beim Überqueren eines flutenden Flusses strauchelt er. Die Tochter erreicht das rettende Ufer, der Oni aber ertrinkt in den Fluten. Danach begegnet die Tochter einem Edelmann und verheiratet sich mit ihm. Die älteste Schwester vernimmt das und

3. Wer dringt in die Einheit von Mutter und Tochter ein?

wird neidisch. Sie stößt ihre Schwester, als diese zu Besuch kommt, in den Brunnen. Sie geht als ihre jüngste Schwester verkleidet ins Schloß. Am anderen Tag, als sie Wasser holen will, ist ein Aal im Brunnen. Er schlägt wild um sich, und das Wasser wird so trüb, daß sie kein Wasser schöpfen kann. Dieser Aal ist aber die jüngste Schwester. Der Edelmann geht den Aal fangen und läßt ihn kochen. Als er ihn essen will, ist er nicht gar und hat keinen Geschmack. Als er sich darüber beklagt, beginnt der Kopf des Aals zu sprechen und sagt: „Warum kannst du merken, daß der Aal keinen Geschmack hat, wenn du nicht einmal merken kannst, was aus deiner Frau geworden ist?" So vernimmt der Mann die Wahrheit und fällt in Trauer. Die ältere Schwester aber weiß sich nicht zu helfen und wird zu einem Wurm.

In dieser Geschichte wird die Bindung von Mutter und Tochter zuerst vom Oni durchbrochen. Er bekommt die Tochter als Gegenleistung für seine Hilfe. Somit kommt es zu einer Vater-Tochter-Bindung. Nach dem Tod des Oni erscheint der Edelmann. Das kann als eine Verwandlung des Mannes und als ein Durchbrechen der Vater-Tochter-Bindung gesehen werden. Die glückliche Heirat beschwört aber den Neid der älteren Schwester herauf. Bis dahin deckt sich die Geschichte mit dem Schema in „Die Schöne und das wilde Tier". Am Ende aber ändert sich alles auf japanische Art. Die glückliche Schwester wird aus Neid umgebracht. So stark ist die Bindung von Mutter und Tochter. Die Macht der Großen Mutter läßt nichts anders zu. Der Tod der Tochter hinterläßt wohl ein trauriges Mitgefühl, das den Schönheitssinn der Japaner erfüllt. Diese Frauen geben ihr Leben dahin, damit sie dem Schönheitsideal entsprechen. Sie verharren aber nicht auf diesem Punkt. Wir werden ihre Bahn in den weiteren Kapiteln verfolgen. Doch vorerst soll noch die Bedeutung der Entblößung abgeklärt werden.

4. Die Bedeutung der Entblößung

In Märchen anderer Länder ist dieses Motiv nicht bekannt. Es wird im Thompson-Motivindex nicht aufgeführt. Aber vielleicht bringt die weitere Forschung solche Märchen noch zutage. In den Mythen der Welt jedoch erscheint dieses Motiv recht häufig und das weist auf die wichtige Bedeutung hin. Im griechischen Mythos von Demeter wird das am Beispiel von Baubo gezeigt. In den japanischen Mythen gibt es noch ein Beispiel, daß sich Amenouzume entblößt. Es geschieht, als Amaterasu ihren Enkel nach Japan schickt, um dort über das Land zu herrschen. Ein Vorbote wird geschickt. Er kommt aber mit der Meldung zurück, daß ein furchterregender Gott im Weg stehe. Er sei riesenhaft, mit einer langen Nase, einem riesigen Maul und rot leuchtenden Augen (diese Beschreibung paßt auch für den Oni). Keiner der Götter wagt zu fragen, warum er dort steht. Schließlich wird die Göttin Amenouzume zu ihm geschickt. Sie entblößt ihre Brüste, zieht den Rock nach unten und lacht den unheimlichen Gott an. Da öffnet dieser den Mund, beginnt zu sprechen und sagt, er sei gekommen, um den Enkel willkommen zu heißen.

Was bedeutet diesmal die Handlung von Amenouzume? Vor der Felsenhöhle hatte sie eine Ähnlichkeit mit Baubo. Aber diesmal vor dem unheimlichen Gott kann dadurch eine Situation geklärt werden. Sie bewirkt damit eine Öffnung. Amenouzume öffnet durch ihre Handlung verschlossene Eingänge, verschlossene Münder und Wege. Das Entblößen ermöglicht also ein Öffnen. Vor der Felsenhöhle öffnen sich die Münder der lachenden Götter. Dadurch öffnen sich die Felsenhöhle und der von Gram verschlossene Mund der Sonnengöttin. Auf gleiche Weise wird der Mund des unheimlichen Gottes am Weg geöffnet.

Amenouzume bringt das Licht in die Welt zurück. Sie kann als Göttin der Morgendämmerung gedacht werden wie die indische Göttin Uscha. Im Rigweda wird Uscha als die Göttin dargestellt, die lacht, tanzt und sich entblößt. Es

4. Die Bedeutung der Entblößung

gibt auch eine Ainu-Sage, in der ein Zusammenhang von Morgendämmerung und Entblößen festzustellen ist. Sie beginnt mit den eindrücklichen Worten: „Der Frühling ist die weibliche Jahreszeit. Im Frühling erblühen die Gräser, und die Äste der Bäume treiben Knospen. Der Winter ist die männliche Jahreszeit. Im Winter liegen die Gräser auf der Erde und werden kahl. Weißer Schnee bedeckt das Land."

„Die weibliche Jahreszeit" läßt an die eleusischen Mysterien denken, die einen Frühlingsritus darstellen und im Zusammenhang mit dem Tod und der Wiedergeburt in der Natur stehen. Die Ainu-Geschichte erzählt von einem Gott der Hungersnot. Er geht in ein Dorf mit der Absicht, dort die Hungersnot zu bringen. Er bittet einen jungen Mann, der vorbeikommt, um Mithilfe. Dieser gilt aber bei den Ainu als ein Held. Er versucht, den bösen Gott von seinem Vorhaben abzubringen. Er will ihm Reiswein anbieten, der aber mit den Worten zurückgewiesen wird: „Das trinken nur gute Götter." Da erscheint die Schwester des Helden vor den beiden und entblößt sich. In dem Augenblick wird es im Osten hell. Das bewegt den bösen Gott dazu, den Reiswein zu trinken. Da dieser aber Gift enthält, stirbt er.

Auch in dieser Geschichte ist eine Beziehung mit der Göttin der Morgendämmerung zu erkennen: Es wird hell im Osten. Das bewirkt, daß der böse Gott seinen Sinn ändert. Die Vermutung liegt nahe, daß ihn die Schwester zum Lächeln gebracht hat, obwohl das nicht klar aus dem Text hervorgeht. Das Lächeln vermag seinen Zorn und seine Wildheit zu besänftigen. Er wird von seiner Besessenheit abgebracht. Das Lächeln bewirkt eine Lösung in einem gespannten Zustand, es bewirkt eine Art Öffnung. Im griechischen und japanischen Mythos hat das Entblößen den Zweck, das Schweigen der Göttinnen zu brechen. In der Ainu-Sage hingegen wird es angewandt, um die Spannung zu lösen, die der böse Gott herbeigebracht hat. Dieser Gott kann mit dem Oni gleichgesetzt werden. Somit steht diese Ainu-Sage dem Märchen „Das Lachen der Oni" nahe.

Eine Geschichte aus dem Oset Epos weist ebenfalls das Motiv der Entblößung auf. Sie erzählt vom Helden Pshi-Padinoko. Er wird in einem Dorf in Nalt geboren, von seiner Mutter ins Meer ausgesetzt und wächst in der Fremde auf. Ein Ritter geworden, geht er eines Tages nach Nalt, um mit dem starken Krieger Soslan zu kämpfen. Seine Mutter aber erfährt von seinem Vorhaben und versucht, ihn davon abzubringen, weil sie Soslan eine Niederlage ersparen möchte. Sie gibt ihren Mägden den Auftrag, mit viel Wein, Fleisch und schönen Frauen den Ritter in ihr Haus zu locken. Dieser lehnt aber ab. Er ist fest entschlossen, einen Freund zu suchen, der mit ihm kämpfe. Da versucht ihn seine Mutter zu verführen. Als alle Worte nichts nützen, entblößt sie sich nach und nach. Doch es gelingt ihr nicht, den Krieger umzustimmen. Er reitet weiter zum Kampf und schließt mit seinem Gegner Freundschaft. Die Entblößung der Mutter hat hier keine zauberische Wirkung. Es handelt sich hier hauptsächlich um eine sexuelle Verführung des männlichen Helden. Der hat aber nur Kampf und Freundschaft im Sinn und läßt sich nicht verführen.

Unter den keltischen Sagen gibt es ein weiteres Beispiel, es berichtet vom Krieger Kufrain, einem Neffen des Königs von Alster. Er ist ein Halbgott und schlägt nacheinander die Feinde von Alster. Als er in die Hauptstadt zurückkommt, glüht sein Körper von der Hitze des Krieges. Da der König um die Sicherheit der Stadt bangt, befiehlt er der Königin, sich mit 150 Frauen nackt vor das Schloß zu begeben und sich vor Kufrain zu entblößen. Dieser wendet mit aller Kraft sein Gesicht ab, um dies nicht zu sehen. Das ermöglicht den Leuten, seinen glühenden Körper hintereinander in drei Kübel kaltes Wasser zu stellen und abzukühlen. Danach läßt ihn der König ins Schloß kommen und gibt ihm die Ehre. Hier wird das Entblößen angewandt, um die Energie des weißglühenden Ritters zu dämpfen. Die Zauberkraft der Entblößung zeigt sich darin, daß der Krieger sein Gesicht abwendet. Es ist nicht eindeutig, ob die Entblößung den Zweck hat, den Helden zu überwältigen oder zu beruhigen.

Eine alte Sage aus Okinawa bringt zum Ausdruck, was für eine Macht die Entblößung besitzt. Sie berichtet von einem Oni, der Menschen frißt und den Leuten einer Gegend schwer zu schaffen macht. Der Oni hat jedoch eine Schwester. Sie wird von den Leuten gebeten, den Oni umzustimmen und von ihnen abzusehen. Die Schwester ißt mit dem Oni zusammen Reiskuchen und entblößt sich dabei. Der Oni, der ihre Schamteile sieht, fragt, wozu dieser Mund sei. Sie antwortet ihm, daß der obere Mund da sei, um Reiskuchen zu essen, der untere Mund aber, um Oni zu essen. Vor lauter Schrecken über diese Enthüllung stürzt der Oni einen Abhang hinunter.

Mit dem Entblößen sind zauberische Kräfte verbunden, und es wird zur Lösung einer schwierigen Situation angewandt. Im Märchen „Das Lachen der Oni" steht das Entblößen im Zusammenhang mit Lachen. Was bedeutet nun das Lachen der Oni?

5. Das Lachen der Oni

Über das Lachen gibt es so viele Studien, daß es unmöglich ist, sie alle zu berücksichtigen. Von Hobbes und vielen anderen wird das Lachen als ein Gefühl der Überlegenheit betrachtet. Das Lachen der Oni bringt keine Erheiterung, sondern macht uns Angst, denn der Oni erweckt Furcht und Schrecken. Ein Beispiel dafür ist der lachende Oni, der im Höllenbuch abgebildet ist. Lachend quält er die Opfer und zeigt dadurch seine absolute Überlegenheit.

Dieses Lachen des Oni erinnert auch an das Lachen von „Tengu" (Tengu ist ein Kobold mit einer langen Nase). Darüber schreibt Kunio Yanagita in seinem Buch „Das Lachen in der Literatur": „Aus der Tiefe des Waldes erschallt plötzlich ein dröhnendes Gelächter, das durch Himmel und Erde widerhallt: das Lachen von Tengu. Das läßt die Leute mehr zusammenfahren, als wenn ihnen jemand sagen würde 'Ich will dich packen und fressen.'" Und weiter

heißt es: „Lachen ist eine Angriffsmethode. Es ist eine gegen andere gerichtete Tätlichkeit, ohne die Hände brauchen zu müssen. Besser noch kann es als eine Verfolgungsmethode bezeichnet werden. Es wird gegen diejenigen gerichtet, die schwach sind und unterworfen werden sollen. Es ist also das Vorrecht des angehenden Siegers." Diese Betrachtung zeigt, daß überraschenderweise sowohl Wut als auch die dazugehörende Angst mit dem Lachen in Verbindung stehen, obwohl diese als Gegensätze gelten.

Wie steht es nun mit dem Lachen der Oni im Märchen? Hier erscheint die Überlegenheit des Oni beinahe absolut. Er nimmt Menschen gefangen und er kann sie auch packen und auffressen. Er verschlingt das Wasser des Flusses, auf dem Menschen in einem Boot mit letzten Kräften versuchen, vor ihm zu entfliehen. Jedoch wird es ihm in diesem Märchen nicht erlaubt, über Schwache und Unterworfene zu lachen. Darin zeigt sich die Besonderheit an diesem Märchen. Im Moment, wo sich die Oni vor Lachen am Boden wälzen, fällt ihre Überlegenheit dahin. Durch ihr Lachen kehrt sich die Stellung der Überlegenen und der Unterlegenen um. So gesehen, ist das Lachen der Oni alles andere als einfach zu nehmen. Es hat eine andere Bedeutung als das Lachen der Oni im Höllenbuch oder das Lachen des Teufels in westlichen Geschichten. Es handelt sich hier um ein Lachen, das etwas mit dem Lachen der Götter zu tun hat, was im Vergleich mit den zwei Mythen deutlich geworden ist. Allen drei ist gemeinsam, daß die Entblößung Lachen auslöst. Die Lachenden aber sind verschieden: Die Oni, die Götter oder Demeter. Auch die Art des Lachens ist verschieden: Bei Demeter ist es eher ein gezwungenes Lächeln, bei den Oni und den Göttern ein tobendes Lachen. Bei den Oni kann man es auch als ein ausgelassenes Lachen bezeichnen.

Hinter dem Lächeln von Demeter stehen Wut und Trauer. Sie verharrt in Schweigen und hält ihren Mund verschlossen aus Wut und Trauer über den Raub ihrer Tochter oder über ihre eigene erlittene Schmach, wie es in einer

anderen Version heißt. Baubos unerwartete Handlung bringt sie ungewollt zum Lächeln. Das hat sowohl die Bedeutung von „sich öffnen" als auch das Ende der Klagezeit. Es gleicht dem Morgen, der auf die Nacht folgt, oder dem Frühling, der den Winter ablöst. Es gibt verschiedene Märchen von der Prinzessin, die nicht lacht. Das ist wohl eine Frau, die spät zum Blühen kommt. Nur ein Mann, der sie zum Blühen, das heißt zum Lachen bringt, kann sie heiraten. Ein Beispiel dafür ist Grimms Märchen „Die goldene Gans". Der Dummling, der mit der goldenen Gans die Prinzessin zum Lachen bringt, bekommt sie zur Frau und wird König.

Das Lachen der japanischen Götter vor der Felsenhöhle hat eine ähnliche Bedeutung wie das Lachen von Demeter. Es ist anzunehmen, daß auch Amaterasu gelächelt hat. Weil sie aber die höchste Gottheit ist, wird aus Ehrfurcht vermieden, direkt über sie zu sprechen. Um ihre Würde zu bewahren, wird zum Beispiel beim Überfall von Susano-o ihre Tochter als eine andere Art Selbst eingeschaltet. Es sind die Götter, die vor der Felsenhöhle lachen. Als sie von Amaterasu gefragt werden, warum sie lachten, geben sie die bedeutsame Antwort: „Hier ist eine Gottheit, die höher ist als du. Darüber freuen wir uns und lachen." Das will sagen, daß ein Gott, der lacht, höher steht. Darauf verläßt Amaterasu die Felsenhöhle und geht zu den lachenden Göttern. Symbolisch gesehen bedeutet das, daß sie sich zu einer Gottheit wandelt, die lacht. Dadurch, daß die höchste Gottheit lacht, kommt sie den anderen Göttern und somit auch den Menschen näher. Das führt letzten Endes dazu, daß sie noch höher zu stehen kommt als zuvor. Somit entsteht das Paradox, daß eine Gottheit, die sich erniedrigt, eigentlich erhöht wird. Das Lachen holt einerseits die Götter auf die menschliche Ebene herunter, andrerseits bringt es unmenschliche Wesen den Menschen näher. Das Lachen macht andersartige Wesen menschlich. Das Lachen führt zu einer Relativierung.

Wie schon gesagt, ist es schwierig, in anderen Ländern Varianten von „Das Lachen der Oni" zu finden. Aber es gibt eine Überlieferung aus einer Südseeinsel, die zum Teil ähnlich ist. Sie berichtet von einem Frosch, der alles Wasser in der Welt bis auf den letzten Tropfen verschlang. Da versuchten viele weise Männer, den Frosch zum Lachen zu bringen. Der preßte das Maul fest zusammen. Schließlich hielt er es nicht mehr aus. Er brach in Lachen aus, und das Wasser kam wieder auf die Erde zurück. So konnten die Menschen vor der Dürre bewahrt werden. Dieser Frosch, der das Wasser für sich allein monopolisiert hatte, mußte es wieder allen zurückgeben. Er muß seine Eigenmacht hergeben. Sein Monopol wird ins Gegenteil gekehrt. Das ist auch beim Lachen der Oni der Fall. Auch da fließt das angesammelte Wasser in den Fluß zurück und gewinnt die ursprüngliche Form wieder.

Bei der Geschichte vom Frosch ist die Absicht klar, warum dieser zum Lachen gebracht werden muß, und der Zuhörer kann es verstehen. Aber in „Das Lachen der Oni" ereignet sich sowohl das Entblößen als auch das Lachen unerwartet. Nicht nur für den Zuhörer, sondern auch für die drei Frauen ist es ein unvermutetes Ende. Im Oset-Epos und in der keltischen Sage steht hinter dem Entblößen die Absicht, andere Wesen zu besänftigen oder auch zu verführen. Auch die Frauen, die sich im Märchen vor dem Oni entblößten, hatten das vielleicht im Sinn. Aber dadurch, daß die Oni in Lachen ausbrechen, ändert sich alles. Diese Wendung macht das Märchen einzigartig. Sie führt zu einer Relativierung, zu einer gänzlichen Umkehrung der Werte. Die Frauen entblößen, was sie sonst verborgen halten, und die Oni lassen heraus, was sie sich angeeignet haben. Somit kommen sie auf die gleiche Ebene zu stehen. Es ist als werde eine Gemeinsamkeit von Oni und Frau hergestellt. Es gibt eine bekannte Novelle aus dem Mittelalter, die Geschichte von der „Prinzessin, die Insekten liebt". Darin steht der Satz: „Frauen und Oni sollen ihr Geheimes verborgen halten."

5. Das Lachen der Oni

Im Märchen zeigen die Frauen den Oni, was sie verborgen halten, und dadurch kommt es zu einer Angleichung. Die Funktion von Amanouzume ist, wie schon gesagt, „zu öffnen". Mit dieser Öffnung ist auch eine religiöse Bedeutung gemeint, wie es im Wort „Offenbarung" enthalten ist. Wir Menschen halten den für uns beschränkten Lebensraum für die einzige Welt. Doch unvermittelt machen wir die Erfahrung vom Dasein der anderen Welt. Das erfahren wir als Offenbarung. Nicht nur Lachen, sondern auch Zorn stehen im Zusammenhang mit der Offenbarung. Das bringt die Gedanken auf den Zorn Gottes im Judentum. Der zornige Gott bleibt immer in einer vertikalen Beziehung zu den Menschen. Es kommt zu keiner Relativierung, wie das durch das Lachen der griechischen und japanischen Götter geschieht. Der Grund für diesen Unterschied liegt im jüdischen Monotheismus. Demgegenüber ist die höchste Gottheit in Griechenland und in Japan nicht die absolut einzige und hat horizontale Beziehungen zu anderen Göttern. Im Judentum ist der Unterschied von Gott und Mensch absolut. Das ausgelassene Lachen der Oni relativiert jedoch alles. Im Judentum kommt es durch den Zorn Gottes zu einer Öffnung in vertikaler Richtung. In Japan kommt es durch das Lachen der Götter oder der Oni zu einer Öffnung in horizontaler Richtung. Heißt das, daß es in Japan keine Übersinnlichkeit gibt? Zwei japanische Philosophen haben über dieses Thema diskutiert und sich folgendermaßen geäußert: Miyakawa: „Das Fehlen eines absoluten übersinnlichen Wesens in Japan heißt also nicht, daß es keine Übersinnlichkeit gibt..." Sakaba: „Es gibt verschiedene Arten von Übersinnlichkeit. Es gibt wohl eine Übersinnlichkeit, und zwar in der horizontalen Richtung im Gegensatz zur vertikalen im Westen. Die Auffassung, daß es in Japan weder eine Übersinnlichkeit noch eine eigene Wissenschaft gegeben hat, erweist sich als einseitig. Es ist wichtig, zu berücksichtigen, daß es in Japan immer verschiedene Formen von Übersinnlichkeit und wissenschaftlichem Denken gegeben hat."

Sowohl die griechischen als auch die japanischen Götter sind nicht monotheistisch. Ein Unterschied zwischen den beiden Kulturen besteht darin, daß der höchste Gott in Griechenland ein Mann, in Japan eine Frau ist. Der Eingriff von Zeus betrifft die Mutter-Tochter-Bindung von Demeter und Persephone. Das Lächeln von Demeter ist ein Zeichen für die Bereitschaft, eine Öffnung zuzulassen. In Japan mußte die höchste Gottheit selbst diesen Prozeß durchmachen. Das ist ein Zeichen dafür, wie weit diese Relativierung geht. Diese zeigt sich am Ende des Märchens in einer besonders extremen Form: Jedes Jahr wird eine Pagode gebaut, als ob nichts geschehen wäre. Darin wird die relativierende Stärke des absoluten Nichts ersichtlich. In diesem Zusammenhang kann über das Lachen in Japan (und in Asien überhaupt) folgendes gesagt werden: In Asien ist das Lachen in seiner höchsten Form der Ausdruck für das absolut relative Sein, das dem absoluten Nichts gegenübersteht. Das steht im Unterschied zu Jean Pauls Beschreibung, wonach das Lachen ein Ausdruck dafür ist, daß die begrenzte Wirklichkeit der unbegrenzten Idee gegenübersteht.

In Varianten von „Oni-Kind Kozuna" schlagen Frauen mit dem Spachtel auf das Hinterteil oder „lassen einen Furz fahren", um die Oni zum Lachen zu bringen. Das erscheint als „niedrig", aber nur deshalb, weil das Geistige als hochstehend und das Körperliche als niedrig eingestuft wird. Die Offenbarung einer anderen Welt geschieht sowohl durch die Seele als auch durch den Körper. Die Offenbarung von oben verbindet sich mit dem Geistigen. Die Offenbarung aus der horizontalen Richtung oder von unten geschieht durch den Körper. Es ist bezeichnend, daß in Europa keine Geschichten von der Art, wie „Die Frau, die einen fahren läßt", bekannt sind. Doch in Japan und Korea rufen diese Art Geschichten ein wahrhaft ausgelassenes Lachen hervor.

Kapitel IV

Der Tod der Schwester

Die Geschichte, in welcher der Oni die Mutter-Tochter-Bindung durchbricht und die jedoch mit dem Lachen der Oni endet, hinterläßt einen positiven Eindruck. Aber alles wird wieder wie zuvor, und die Stärke des Nichts kommt wie im ersten Kapitel schmerzlich zum Ausdruck. Im Beispiel von „Der Oni-Bräutigam" findet der Oni den Tod. Weder eine glückliche Heirat noch eine Erlösung sind möglich. Wie schon im ersten Kapitel erwähnt, ist eine Heirat mit andersartigen Wesen in Japan selten. Zu diesem Schluß kam auch der deutsche Märchenforscher Röhrich, nachdem er einige von Toshio Ozawa ins Deutsche übersetzte Märchen untersucht hatte. Westliche Märchen berichten häufig vom Erfolg der Brautwerbung und vom Überstehen der damit verbundenen Abenteuer. In japanischen Märchen fehlt aber oft das Thema der Heirat. Röhrich schreibt: „Das Motiv der Verwandlung kommt wohl vor, aber das erstrebte Niveau ist anders als in deutschen Märchen. Doch es gibt weder ein Wort noch einen Begriff von Erlösung in Ozawas Märchensammlung." Diese Folgerung stimmt, obwohl damit noch nicht alles gesagt ist. Das Faszinierende an Märchen ist, daß es ganz bestimmt Ausnahmen gibt, die solche allgemeine Regeln brechen. Werden solche Ausnahmen untersucht, wird auch die Bedeutung des allgemeinen Prinzips deutlich. Um das zu zeigen, soll nun eine Geschichte

behandelt werden, die das Thema von Heirat und Erlösung enthält.

1. Die Schwester, der weiße Vogel

Was für einen Eindruck hinterläßt diese Geschichte nach dem Lesen (siehe S. 250)? Weil in japanischen Märchen Heirat und Erlösung so selten sind, erscheint sie irgendwie unjapanisch. Das kann damit erklärt werden, daß sie aus einer südlichen Insel stammt. Doch diese Schwester, die hier als tapfere, aber bedauernswerte Gestalt dargestellt wird, macht einen typisch japanischen Eindruck. Sie gab den Ausschlag für die Wahl dieser Geschichte. Sie erinnert an die Frauengestalt im Märchen „Anju und Zushio", das in Japan vielen vertraut ist. Sehen wir uns diese Geschichte einmal an. Sie erzählt von einem Fürsten von Sashu. Er hat zwei Kinder, ein Mädchen und einen Knaben. Die Mutter starb, als die Kinder noch klein waren. Viele japanische Märchen sind wie Sagen. Es treten selten Fürsten oder Prinzen auf. Deshalb erweckt der Beginn dieser Geschichte den Eindruck von einem westlichen Märchen. Aber ein bedeutender Unterschied zu „Aschenputtel" zeigt sich hier im Verlauf der Geschichte in der Rolle des Bruders, die einen ganz japanischen Charakter hat. Auch die Tatsache, daß der Fürst zehn Jahre wartet, bis er sich eine andere Frau nimmt, ist außergewöhnlich. Das weist auf eine besonders feste Bindung von Vater und Kindern hin und unterscheidet sich von den üblichen Geschichten mit Stiefmüttern.

In vielen Märchen, in denen der Vater wieder heiratet, bringt die Stiefmutter ihr eigenes Kind mit, das sie bevorzugt. Das Stiefkind hingegen wird beseitigt. Nach diesem Muster verläuft auch diese Geschichte. Was bedeutet die Gestalt der Stiefmutter? Das Wesen der Mutter hat zwei Seiten. Die Stiefmutter, die in „Hänsel und Gretel" oder in „Schneewittchen" auftritt, ist in Wirklichkeit die eigene Mutter. Auch wenn die Mutter keine Stiefmutter ist, kann

1. Die Schwester, der weiße Vogel

ihre negative Seite die Kinder töten. Weil die Tendenz stark ist, die positive Seite der Mutter hervorzuheben und als Wesen der Mutterschaft anzusehen, wird die negative Seite ins Unbewußte verdrängt. Von dieser Seite im Unbewußten her gesehen, ist es nicht verwunderlich, daß sie ihre Kinder tötet oder aussetzt. Durch die im Bewußtsein der Gesellschaft vertretene Sicht wird die Mutter als absolut positives Wesen angesehen. Ihre negativen Seiten werden jedoch im Bild der Stiefmutter manifestiert. Deshalb zeigt die Stiefmutter in den Märchen viel negativere Seiten, als sie in Wirklichkeit verkörpert.

Mit einer einzigen Ausnahme haben alle gesammelten japanischen Stiefkindermärchen die Beziehung von Mutter und Tochter zum Thema. Die Ausnahme ist „Der Aschenjunge", eine außergewöhnliche Geschichte, die später noch in Betracht gezogen wird. Warum ist das Thema von Stiefmutter und Stieftochter in japanischen Märchen so wichtig? Es geht eigentlich weniger um die Stiefmutter als um die negative Seite der Mutterschaft. Wird sich die Tochter der negativen Seiten der Mutter bewußt, entsteht die Beziehung von Stiefmutter und Stieftochter. Damit kommt symbolisch zum Ausdruck, daß die Einheit von Mutter und Tochter nicht mehr vorhanden ist.

Will sich ein Mensch von der Bindung mit einem anderen Menschen lösen, muß er sich der negativen Seiten des anderen bewußt werden. Das zeigt sich in der Tatsache, daß viele Mädchen in der Pubertät plötzlich die Mutter kritisieren, sie verachten oder gar hassen. Sie gehen so weit, daß sie bezweifeln, ob die Mutter wirklich die eigene sei. Nur wenn eine Frau dieses Stadium durchmacht, kann sie von der Mutter selbständig werden. Das ist der Grund, warum viele Stiefmuttergeschichten mit einer glücklichen Heirat der Tochter ausgehen. Ein typisches Beispiel dafür ist das Märchen „Das Mädchen ohne Hände", das im Kapitel VII behandelt wird. Ein männlicher Held, der verschiedene Aufgaben wie den Kampf mit dem Drachen bewältigen muß, um heiraten zu können, ist in japanischen Geschichten

selten. Eine Heldin aber, welche die Verfolgung der Stiefmutter überwindet und heiratet, ist relativ häufig. Das wird in Kapitel VII auch zur Sprache kommen. Dies weist darauf hin, daß die Beziehung von Stiefmutter und Stieftochter in japanischen Märchen eine wichtige Stellung und eine große Bedeutung hat.

In „Aschenputtel" wird die schlechte Beziehung zur Stiefmutter unmittelbar dargestellt. In der japanischen Geschichte hingegen ist es anders. Die Tochter wird bis zu ihrer Verlobung nicht verfolgt, und der Bräutigam wird ohne Hindernisse gefunden. In der Zeit vor der Verheiratung der Tochter nimmt alles seinen gewohnten Lauf. Der Grund dafür liegt darin, daß die Beziehung von Bruder und Schwester das Hauptthema dieser Geschichte ist. Es geht weniger um die Verbindung von Mann und Frau als um diejenige von Bruder und Schwester. Am Schluß wird eigentlich nicht das glückliche Eheleben der Schwester betont, sondern es wird auch die Heirat des Bruders erwähnt und darauf hingewiesen, daß sich Schwester und Bruder weiterhin beistehen. Das deckt sich auch mit der Geschichte „Schwester und Bruder", die später noch behandelt wird. Das wichtigste Ziel ist es also, daß sich Bruder und Schwester weiter beistehen und beide ein glückliches Leben führen.

Was bedeutet die Stelle, bei der die Stiefmutter die Tochter ins heiße Wasser eines Kessels versenkt und damit tötet? In anderen Versionen kommt eine Reispfanne oder ein Bad vor. In allen Fällen ist es ein großer Behälter. Symbolisch bedeutet das eine Rückkehr in den Bauch der Mutter. Auch in Einweihungsriten für erwachsenwerdende Frauen tritt dieses Symbol in Erscheinung. Die Jungfrau, die zu einer verheirateten Frau wird, muß innerlich den Tod erleben.

Die Schwester Chu stirbt, und der Stiefmutter gelingt es, ihre eigene Tochter Kana zu verheiraten. Das kann als eine Intrige der Stiefmutter angesehen werden. Symbolisch gesagt heißt das folgendes: Erst durch das Bewußtwerden der negativen Seite der Mutterschaft wird die Tochter selbständig und kann heiraten. Aber nach der Heirat ist sie noch auf

1. Die Schwester, der weiße Vogel

ein positives Verhältnis zur Mutter angewiesen, denn sie bekommt von ihrem Mann noch nicht genügend Schutz. Erst wenn sie von der Liebe des Mannes überzeugt wird, kann sich die Frau ganz von der Mutter-Tochter-Bindung lösen und sich mit dem Mann verbinden. Das wird in der Geschichte mit dem Wechsel von Chu zu Kana, von Kana zu Chu dargestellt. In diesem Wechsel der zwei Frauengestalten zeigt sich der Verlauf von der Verlobung, die durch den Tod symbolisiert ist, bis zur glücklichen Heirat, die durch die Wiedergeburt symbolisiert wird. Wenn eine Frau heiratet, kann sie nicht einfach die Bindung mit ihrer Familie abbrechen und damit rechnen, daß sie von der ehelichen Bindung beschützt wird. Ihr Körper lebt im Haus des Mannes, aber ihre Seele muß immer noch von ihrem Elternhaus beschützt werden. Das kommt in der Geschichte dadurch zum Ausdruck, daß anstelle von Chu ihre Stiefschwester Kana heiratet und ihr Bruder Kaniharu als Vertreter der familiären Beziehung ins Haus des Mannes geht.

Auch wenn es psychologisch zu verstehen ist, erscheint es ungewöhnlich, daß ein jüngerer Bruder der Braut nachfolgt. Das weist wieder darauf hin, daß der Brennpunkt der Geschichte auf der Schwester-Bruder-Bindung liegt. Es gehört zur inneren Entwicklung der Seele, daß auf die Stufe des Mutter-Kind-Inzests die Stufe des Geschwisterinzests folgt, wobei hier der Inzest eine symbolische Bedeutung hat. Diese zweite Entwicklungsstufe wird in der starken Bindung von Chu und Kaniharu widerspiegelt. Auffallend ist dabei die Passivität des Bruders. Europäische Geschichten erzählen hauptsächlich von der Beziehung des älteren Bruders und der jüngeren Schwester, wobei der ältere Bruder die stärkere Rolle hat. In Japan wird vielmehr die Beziehung des jüngeren Bruders und der älteren Schwester dargestellt, wobei der jüngere Bruder eine passive Rolle hat. Das ist eine typisch japanische Erscheinung. Kaniharu befolgt den Befehl der Stiefmutter, als Diener im Haus der Schwester zu leben. Gegen die Ermordung der Schwester vermag er nichts auszurichten, und er kann niemandem

etwas davon sagen. Aber gerade durch diesen Mann wird es Chu möglich, ihre Bindung zu ihrem Mann zu festigen.

Nachdem der Fürst die Wahrheit erfährt, kommt es zu einer für japanische Märchen seltenen Erlösung. Aber es hätte auch anders kommen können. Obwohl er es nicht dürfte, berührt der Fürst den Vogel und hält an seiner Stelle drei Fliegen in der Hand. Das erweckt den Verdacht, daß es hier ursprünglich zu einem abrupten Ende kam wie bei der japanischen Nachtigall. In Geschichten mit einem ähnlichen Motiv ist selten von einer Heirat der Schwester die Rede. Oder es ist der Bruder, der stirbt und wiedergeboren wird, was einen Einfluß auf den Ausgang dieser Geschichte gehabt haben könnte.

Der weitere Verlauf widersteht der Macht, die alles zum Nichts zurückführt, und bringt ein glückliches Ende herbei. Die Schwester taucht ins Wasser und wird erlöst. Das bedeutet eine Wassertaufe und steht im Gegensatz zum Versinken ins heiße Wasser. Bei Einweihungsriten wird oft eine Wassertaufe durchgeführt. Das Eintauchen in heißes und kaltes Wasser symbolisiert Tod und Wiedergeburt und die damit verbundene Qual und Freude. Der Gegensatz von Hitze und Kälte erinnert an Feuer und Wasser, das in Einweihungsriten gebraucht wird als Mittel der Prüfung und Reinigung. Es gibt eine Version, in welcher der Vogel den Fürsten bittet, Feuer im Ofen zu machen und Wasser in ein Becken zu füllen. Der Vogel geht durchs Feuer, taucht ins Wasser und wandelt sich zur Frau.

Chu heiratet mit dem Fürsten, die falsche Frau wird getötet, und auch die Stiefmutter stirbt. Damit kommt es zu einer gänzlichen Trennung von der Mutter-Tochter-Bindung, und Chu verbindet sich mit dem Mann, zu dem sie dank ihrem Bruder finden konnte. Aber der Brennpunkt der Geschichte liegt auf der Beziehung von Bruder und Schwester, deshalb wird am Schluß das gute Einverständnis der beiden betont.

2. Bruder und Schwester

Bruder und Schwester sind blutsverwandt. In früheren Zeiten galt die Vater-Kind-Beziehung als nicht blutsverwandt. Deshalb wurde die Beziehung von Mutter und Tochter als ursprüngliche Blutsverwandtschaft angesehen. Die Beziehung der zweigeschlechtigen Geschwister ist die nächste Stufe. Die Verbindung der zwei Geschlechter zeigt sich in der Heirat. Beim Entwicklungsprozeß des Ichs wird nach der westlichen Lehre die Einheit von Mutter und Kind durchbrochen, worauf dann die Verbindung mit dem anderen Geschlecht erfolgt. Das heißt, die Bindung durchs Blut wechselt zu einer Bindung der zwei Geschlechter, oder besser gesagt zu einer vertraglichen Bindung. Die Verbindung von Bruder und Schwester hat dabei eine Übergangsstellung. Sie enthält beide Beziehungen, die blutsverwandte und die geschlechtliche. Somit kann die Heirat von Geschwistern symbolisch als ein Übergang oder als eine besonders hohe Stufe angesehen werden. Im alten Ägypten mußten der König und die Königin Geschwister sein. Damit wollte man andeuten, daß sie eine heilige Verbindung symbolisieren.

Daraus läßt sich erklären, warum eine Heirat von Geschwistern in den Mythen der Welt häufig ist. Sie gilt als höchst heilige Verbindung und entspricht in ihrer Bedeutung dem Weltenanfang. Diese Mythen stehen auf der Zwischenstufe von einer anbrechenden väterlichen Kultur, welche in die Kultur der Einheit von Mutter und Tochter eindringt. Auch die beiden japanischen Götter Izanagi und Izanami, die das Land Japan erschufen, sind ein Geschwisterehepaar. Amaterasu und Susano-o sind Geschwister. Eine Heirat der beiden ist nicht ausdrücklich erwähnt, aber ein Abkömmling von ihnen ist symbolisch zum ersten Vorfahren des japanischen Kaisers geworden. Die Heirat der Geschwister Izanagi und Izanami symbolisiert den Weltenanfang. Die Heirat der Geschwister Amaterasu und Susano-o symbolisiert die Stufe, bei der die Mutter-Kind-Einheit

durchbrochen worden ist. Auch Poseidon und Demeter sind Geschwister. Von der Bedeutung ihrer Beziehung läßt sich gleiches sagen wie von Amaterasu und Susano-o.

Das, was nach dem Zeitalter der japanischen Götter geschah, ist in den alten Chroniken „Kojiki" und „Nihonshoki" aufgeführt. Darin sind viele Geschichten, welche bezeugen, wie wichtig die Geschwisterbeziehung in Japan genommen worden ist. Historiker sind sich nicht einig, ob in der Frühgeschichte Japans die Heirat von Geschwistern tatsächlich vorkam oder nicht. Psychologisch gesehen entsprach die Heirat von Geschwistern der allgemeinen Situation jener Zeit. Die beiden Chroniken vermischen oft die innere und die äußere Wirklichkeit, deshalb ist es schwierig zu beweisen, ob eine Geschwisterheirat wirklich üblich war oder nicht. Im Zusammenhang mit der Deutung japanischer Märchen spielt jedoch ausschließlich die psychologische Bedeutung eine Rolle.

Aus diesen Chroniken geht auch hervor, daß der Rolle der Schwester ein bedeutender Wirkungskreis zugeschrieben worden ist. In seinem Buch „Die Macht der Frau" macht Kunio Yanagita deutlich, was für eine wichtige Rolle die Frauen seit jeher in der japanischen Familie ausübten. Er zeigt, wie in Okinawa der „Geist der Schwester" verehrt worden ist (Onarigami genannt). Auch weist er auf ein Götterpaar in den Ainu-Mythen hin, das aus Schwester und Bruder besteht. Weiter schreibt er: „Ursprünglich waren die Frauen für die wichtigsten religiösen Handlungen voll zuständig. In der Regel waren die Geisterbeschwörer in Japan Frauen." Er hält fest, daß in Japan von alters her die Frauen als die Trägerinnen von spirituellen Kräften betrachtet worden sind. Als „Onarigami" galt die Schwester als der Schutzgeist für den Bruder. Yanagita bezieht sich auf die japanische Kultur. Doch in der ganzen Welt kann von der Rolle der Frau ähnliches gesagt werden. Überall dort, wo in den Märchen der Welt die Schwester auftritt, ist das zu erkennen.

2. Bruder und Schwester

Es gibt eine Gattung von Märchen, in denen die Schwester den Bruder erlöst. Beispiele davon sind die Grimms-Märchen „Die sieben Raben", „Die zwölf Brüder" und „Die sechs Schwäne". Die in Schwäne oder Raben verwandelten Brüder werden von der Schwester gesucht und erlöst. Jedoch ist die Geburt der Schwester direkt oder indirekt die Ursache für die Verwandlung der Brüder in Raben oder Schwäne. Als zum Beispiel die Königin in „Die zwölf Brüder" das dreizehnte Kind erwartet, läßt der König zwölf Särge bereit machen für den Fall, daß ein Mädchen geboren wird, damit es ein großes Erbe bekommen kann. Die Schwester geht nachher die Brüder erlösen, ohne zu wissen, daß ihre Geburt das Leben der Brüder bedroht hat. Die spirituelle Kraft der Schwester kann sich folglich sowohl positiv als auch negativ auswirken.

Diese Tatsache kommt auch in japanischen Märchen zum Ausdruck. Zum Beispiel im Märchen „Die Wette mit dem Oni" ist es die Schwester, die mit ihrer Klugheit dem Bruder hilft, die Wette mit dem Oni zu gewinnen. Im Märchen „Die sieben Schwäne" zieht die Schwester aus, um die in Schwäne verwandelten Brüder zu erlösen. Dieses Märchen verläuft genau gleich wie das Grimms-Märchen „Die sechs Schwäne". Es ist auf zwei südlichen Inseln entstanden, und die Frage einer Übermittlung ist noch nicht abgeklärt. Doch die Schwester ist nicht in jedem Fall eine Erlöserin. Sie kann auch als eine schreckliche Gestalt auftreten, wie sie im Märchen „Die Schwester, die ein Oni war" dargestellt wird. Darin verschlingt die Schwester die Eltern und muß schließlich von ihrem Bruder mit der Hilfe eines Tigers überwältigt werden. In diesem Märchen überwiegt die negative Seite der spirituellen Kraft der Schwester. Um es jedoch nochmals mit den Worten Yanagitas zusammenzufassen: „Die Stellung der Schwester hat in der ganzen Geschichte Japans eine besondere Bedeutung."

Besitzt die Schwester diese Art Kräfte und wird ihre Bindung zum Bruder zu stark, bleibt die Entwicklung der Seele auf der Stufe der Geschwisterbindung stehen. Zum Auflö-

sen der Mutter-Tochter-Bindung ist das Eindringen eines starken Mannes nötig. Ähnlich ist es bei einer Geschwisterbindung: Für den Bruder muß eine andere Frau, für die Schwester ein anderer Mann mit noch größerer Anziehungskraft herbeikommen. Die Beziehung der Geschwister ist eine Übergangsstufe von der Blutsverwandtschaft zur Verbindung der zwei Geschlechter. Geht vom anderen Geschlecht eine genügend große Anziehungskraft aus, um sich von der Geschwisterbindung lösen zu können, wird eine Entwicklung auf einer höheren Stufe möglich. Das heißt in der Sprache der Märchen, daß dieser Mann oder diese Frau magische Kräfte besitzen müssen.

In seinem Werk „Die Psychologie der Übertragung" stellt C. G. Jung ein russisches Märchen vor, in dem sich die Beziehung der Geschwister zu einer Beziehung mit anderen Partnern entwickelt. Es heißt „Fürst Daniel hat's befohlen" und erzählt von einem Fürstensohn, der von einer Hexe ein glückbringendes Ringlein erhält. Der Zauber wirkt aber erst, wenn er die Frau heiratet, welcher der Ring genau an den Finger paßt. Er geht auf die Brautsuche, aber keiner will der Ring passen. Seine Schwester hört von seinem Mißerfolg und steckt sich den Ring an den Finger. Er sitzt wie angegossen. Der Bruder will sie heiraten, aber sie hält das für Sünde und geht weinend vors Haus. Dort trifft sie Bettler, die ihr den Rat geben, vier Puppen zu machen und sie in den vier Ecken des Schlafgemachs aufzustellen. Die Puppen bewirken nach der Trauung mit ihrem Lied, daß der Boden des Schlafgemachs sich öffnet und die Schwester in der Erde verschwindet. Sie kommt zur Hütte der Babayaga und wird von deren Tochter freundlich aufgenommen. Sie entkommen gemeinsam der Verfolgung durch die Hexe und kehren zum Bruder zurück. Das magische Ringlein paßt auch an den Finger der Hexentochter und der Fürst heiratet sie. Seine Schwester gibt er einem passenden Mann zur Frau.

Jung stellt diese Geschichte in einem Schema dar, wie es in Skizze 4 dargestellt ist. Eine Frau, die Zauberkraft besitzt,

erscheint und durchbricht die Inzestbeziehung. Der Bruder heiratet sie, und die Schwester findet einen anderen Partner. Beim Märchen „Die Schwester, der weiße Vogel" ergibt sich ein Schema wie in Skizze 5:

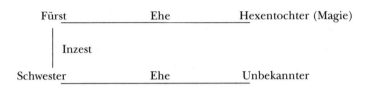

Skizze 4. Beziehungen im russischen Märchen

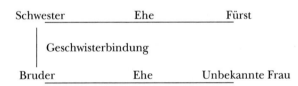

Skizze 5. Beziehungen in „Die Schwester, der weiße Vogel"

Am Anfang steht die Beziehung der Geschwister, am Schluß erfolgt die Hochzeit mit anderen Partnern. Doch im russischen Märchen dreht sich der Verlauf der Geschichte um die Heirat des Fürsten. Demgegenüber ist im japanischen Märchen die Hochzeit der Schwester im Mittelpunkt. Im russischen Märchen wird die Inzestbeziehung deutlich gemacht, im japanischen Märchen bleibt sie bis zum Schluß undeutlich. Im russischen Märchen muß eine andere Frau mit Zauberkraft erscheinen, um die Geschwisterbindung aufzulösen. Im japanischen Märchen ist es die Schwester selbst, die magische Kräfte besitzt. Ihr Bräutigam hat wohl eine gehobene Stellung, aber magische Kräfte besitzt er direkt nicht. Nach der Auflösung der Geschwisterbindung

bekommt die Frau im russischen Märchen eine passive Rolle als jüngere Schwester. Im japanischen Märchen spielt die Frau als ältere Schwester eine zentrale Rolle. Das steht im Zusammenhang damit, daß in den japanischen Mythen die weibliche Gottheit Amaterasu die höchste Stellung einnimmt.

Vergleicht man das japanische Märchen „Die Schwester, der weiße Vogel" mit den entsprechenden westlichen Märchen, so verläuft die Entwicklung teilweise gleich, aber nicht ganz. Ein Grund dafür ist, daß im japanischen Märchen die ältere Schwester die helfende Rolle spielt, während dies im westlichen Märchen die jüngere Schwester ist. Was für eine Bedeutung hat die Rolle der älteren Schwester in japanischen Märchen?

3. Die ältere Schwester und der jüngere Bruder

Yanagita stellt im Buch „Die Macht der Frau" die wichtige Bedeutung der Frau in der Familie dar. Mit der Frau meint er sowohl die Schwester als auch die Ehefrau. Der Entwicklungsprozeß des Ichs zeigt sich darin, daß es zu einer starken Ablehnung der blutsverwandten Beziehungen kommt, was symbolisch durch die Tötung der Mutter dargestellt wird. Danach wird die Stufe der Verbindung der zwei Geschlechter erreicht. Auch auf dieser Stufe hat die Frau eine wichtige Rolle als Führerin in der spirituellen Welt. Auf jeden Fall ist die Macht der Frau groß, auch wenn die Rolle der Mutter und die Rolle der Ehefrau verschieden ist. Die Schwester vertritt eine Rolle zwischendrin, sie ist sowohl blutsverwandt als auch eine Vertreterin des anderen Geschlechts. Die ältere Schwester steht der Rolle der Mutter näher und die jüngere Schwester der Rolle als das andere Geschlecht. Im Vergleich zu Märchen im Westen tritt die ältere Schwester in japanischen Märchen häufiger auf. Auch die Rolle der jüngeren Schwester kommt dann und

3. Die ältere Schwester und der jüngere Bruder

wann vor. Aber da in Japan die Macht der Mutterschaft so stark ist, wird die ältere Schwester bevorzugt.

Das Märchen „Die Schwester, der weiße Vogel" hat einen großen Zusammenhang mit einem anderen Märchen aus der selben Insel. Es heißt „Die ältere Schwester und der jüngere Bruder" und eignet sich gut, um die besonderen Merkmale besser zu verstehen. Die Geschichte verläuft wie folgt: Der Knabe Ijo verliert mit drei Jahren seine Mutter, nach weiteren drei Jahren seinen Vater. Die ältere Schwester zieht ihn allein auf. Sie läßt ihn eine Tempelschule besuchen. Da er dort die besten Noten hat, werden die Kameraden neidisch. Sie fordern ihn zu einem Fächerwettbewerb auf. Jeder muß einen Fächer mitbringen. Die Schwester will einen Fächer kaufen gehen. Sie trifft einen alten Mann mit weißen Haaren und bekommt von ihm einen Fächer. Mit diesem gewinnt der Bruder den Wettbewerb. Darauf folgen ein Schiffs- und ein Bogenwettbewerb. Auch diese gewinnt der Bruder mit Hilfe des alten Mannes. Danach laden ihn die Kameraden zu einem Fest ein. Im Traum vernimmt die Schwester von ihren Eltern, daß die Kameraden den Bruder vergiften wollen. Sie gibt ihm den Ratschlag, am Fest nichts zu essen und mit dem Pferd nach Hause zu fliehen. Er weigert sich zu essen, aber es wird ihm gewaltsam in den Mund gestopft. Er flieht mit dem Pferd, doch unterwegs stirbt er, und das Pferd kommt mit seiner Leiche nach Hause. Die Schwester legt Ijo in ein Faß, zieht seine Kleider an und beginnt zu singen. Als die Kameraden das sehen, meinen sie, das Essen sei nicht vergiftet und nehmen davon. Sie sterben alle. Die Schwester geht als Mann verkleidet zum nahen Schloß. Dort wird sie als Bräutigam umworben. Sie nimmt es mit der Bedingung an, daß sie die Blume des Lebens pflücken dürfe. Mit dieser Blume erweckt sie zu Hause den Bruder wieder zum Leben. Sie führt ihn als Bräutigam im Schloß ein, und er lebt dort in guten Verhältnissen. Sie helfen sich aber weiter gegenseitig aus. Jedes bringt dem anderen, was es nötig hat. So geht es ihnen gut bis an den heutigen Tag.

Auch hier steht die Rolle der älteren Schwester im Mittelpunkt. Doch sie tut es vielmehr für das Wohlergehen ihres Bruders als für sich selbst. Auch bei „Die Schwester, der weiße Vogel" ist zum Teil diese Tendenz zu spüren, doch in diesem Märchen ist sie noch deutlicher. Die ältere Schwester sorgt für Ijo an Eltern statt. Sie läßt ihn in die Schule gehen. Als der Konflikt mit den Kameraden ausbricht, verhilft sie ihm zum Sieg durch die Hilfe eines alten Mannes (die Bedeutung des alten Mannes wird in Kapitel VIII behandelt). Im Traum erfährt sie von der Todesgefahr ihres Bruders, aber sie kann ihn davor nicht retten. Um sich von ihrer Bindung zum Bruder zu lösen, mußte sie wohl diese Trennung erfahren. In „Die Schwester, der weiße Vogel" kommt es durch den Tod der älteren Schwester zur Trennung der Geschwister, und danach folgt ihre Wiedergeburt. In dieser Geschichte handelt es sich um den Tod und die Wiedergeburt des jüngeren Bruders. Aber in beiden Fällen hat der Bruder eine passive Rolle, und die ältere Schwester nimmt alles an die Hand.

Nach dem Tod des Bruders verkleidet sich die Schwester in einen Mann. Dadurch erreicht sie drei Ziele: Sie rächt sich an den Kameraden, findet einen Platz für ihren Bruder als Bräutigam und bekommt die Blume des Lebens, mit der sie den Toten erweckt. Die Schwester verkleidet sich als Mann und wird als Bräutigam umworben. Das kann als eine homosexuelle Tendenz gesehen werden. Zwischen der Mutterbindung und der Vereinigung mit dem anderen Geschlecht liegt die Geschwisterbindung. Darauf folgt nach den Erkenntnissen von C. G. Jung die Stufe der Homosexualität. Wer sich von der blutsverwandten Beziehung entfernt, aber die Verbindung mit dem anderen Geschlecht noch nicht erlangt hat, richtet sich nach einer gleichgeschlechtlichen Beziehung aus. Im Mittelpunkt dieser Geschichte steht zwar die Frau, aber da sie nach dem Tod ihrer Eltern deren Rolle selber innehat und die vereinigende Beziehung beibehält, kommt es zur Stufe der Homosexualität. Weil die Eltern früh starben, gibt es hier kein Stiefmut-

3. Die ältere Schwester und der jüngere Bruder 93

termotiv. Es folgte unmittelbar die Geschwisterbeziehung. Diese wird aber auf eindrückliche Weise durchbrochen. Der Bruder wird gewaltsam von seinen Klassenkameraden vergiftet. Sie haben nicht das schreckliche Aussehen eines Hades, der aus der Unterwelt heraufbricht. Es sind gewöhnliche Männer dieser Welt. Aber sie handeln nicht als eine einzelne Person, sondern als eine Gruppe von unpersönlichen Wesen. Sie lassen es nicht zu, daß sich Ijo als bester Schüler auszeichnet. In der Gruppe wirken uroborische Kräfte, und sie duldet keine individuelle Eigenart. Sie hat die Tendenz, alles was andersartig ist, zu zerschlagen und dem Durchschnitt anzugleichen. Wie bei der Mutter-Tochter-Bindung ist also auch bei der Geschwisterbindung der Eingriff eines uroborischen Wesens nötig. Es ist wie beim Durchbrechen der Mutter-Tochter-Bindung: Ist der vom Angriff Betroffene schwach, kommt er in Todesgefahr. Ist er stark, kommt es zur Wiedergeburt und zu einer Entwicklung auf einer höheren Stufe.

Das Verkleiden der Schwester als Mann steht in einem Zusammenhang mit Einweihungsriten für erwachsenwerdende Frauen, in denen die Novizin eine Zeitlang isoliert lebt und weder Mann noch Frau ist. In diesem Stadium der Einweihung ist die Frau zweigeschlechtig und geschlechtslos. Auf dieser Stufe stehend, gelingt es der Schwester, ihren Bruder zu verheiraten. Doch von einer eigenen Heirat wird nichts berichtet, und die Geschichte endet damit, daß die gute Beziehung der beiden hervorgehoben wird. Das war auch in „Die Schwester, der weiße Vogel" der Fall, obwohl es dort zur Heirat der Schwester kam. Somit eignen sich diese Geschichten noch nicht, die Verbindung der zwei Geschlechter als Thema zu behandeln. Das kann erst in den folgenden Kapitel geschehen.

Die letztere Geschichte kann noch von einem anderen Blickwinkel aus angesehen werden. Um ihrem Bruder zu helfen, ergreift die Schwester verschiedene Mittel. Sie kann sich auf einmal verkleiden und die Leute verführen. Sie läßt die Kameraden denken, Ijo sei noch am Leben. Sie trifft

Vorbereitungen für eine Hochzeit, als ob es für sie wäre, die aber für den Bruder bestimmt sind. Das gleicht der Rolle von Johannes im Märchen „Der treue Johannes". Er spielt darin die typische Rolle des Tricksters. Das ist ein Schelm, der in Mythen und Legenden vorkommt. Er hintergeht die Menschen, treibt Unfug und bringt Himmel und Hölle durcheinander. Einerseits ist er ein niedriges Wesen. Aber er kann auch die Rolle des Erlösers annehmen, wie es beim treuen Johannes der Fall ist und wie es auch in der Gestalt dieser Schwester zum Ausdruck kommt. Diese Schwester hat die gleiche Rolle wie der Onarigeist, der als Geist der Schwester der Schutzgott der Familie ist. Der Trickster wird zwar als männliche Figur dargestellt, obwohl er zweigeschlechtig und geschlechtslos ist. Diese Schwester kann als weibliche Figur des Tricksters angesehen werden. So gesehen gewinnt ihre Gestalt an Bedeutung. Das kann damit erklärt werden, daß in der japanischen Kultur eine weibliche Gottheit am höchsten steht. Deshalb kommt hier die als Erlöser auftretende Gestalt des Tricksters als Frau zum Ausdruck.

Mit dieser Rolle als Trickster schafft die Schwester eine heitere Atmosphäre. In Japan sind jedoch Geschichten mit tragischem Ende beliebt. So besteht die Tendenz, daß solche Geschichten in die Wirklichkeit verlegt werden, in der es keine Wiedergeburt gibt und in der die Schwester die Rolle einer selbstaufopfernden Mutter hat. Ein Muster dafür ist die Erzählung „Sanshô-daiu", die am Ende des Mittelalters entstanden ist. Sie ist kein Märchen, sondern eine Geschichte, die der Ermahnung diente. Sie widerspiegelt auf eindrückliche Weise das Bewußtsein der damaligen Bevölkerung und enthält den Hinweis, daß trotz erlittener Ungerechtigkeit die Hoffnung nicht aufgegeben werden soll. Im Gegensatz dazu enthalten Märchen vielmehr unbewußte Elemente. Obwohl sie kein Märchen ist, hat diese Erzählung einen Zusammenhang mit dem Thema „Bruder und Schwester" und gibt interessante Aufschlüsse. Sie wurde vom bekannten Schriftsteller Ogai Mori bearbeitet. Eine

ältere Fassung bringt aber das Bewußtsein der damaligen Zeit besser zum Ausdruck. Sie erzählt von den Geschwistern Anju und Zushio. Ihr Vater ist Oberhaupt einer Sippe auf dem Land, aber er wird zu Unrecht angeklagt und zur Strafe auf eine entlegene Insel geschickt. Die Mutter reist mit den Kindern nach Kyoto, um einen Prozeß zu führen. Unterwegs werden sie von Räubern gefangen, und die Geschwister werden an Sanshô-daiu verkauft, der das Oberhaupt einer anderen Sippe ist und sie mit seinem Sohn zusammen auf grausame Weise mißhandelt, so daß sie sich zur Flucht entschließen. Dem Bruder Zushio gelingt es knapp, zu entkommen, aber die Schwester Anju opfert ihr Leben, um ihm zu helfen. Zushio kommt in Kyoto zu hohen Ehren. Auf einer weiten Reise trifft er seine Mutter wieder, die aber ganz erblindet ist und dafür angestellt worden ist, Spatzen von den Feldern zu jagen. Am Schluß nimmt Zushio bittere Rache an Sanshô-daiu. Sanshô-daiu stellt ganz und gar die negative Seite des uroborischen Vaters dar. Weil in der japanischen Kultur die Mutterrolle vorherrscht, ist es fast unmöglich, eine Vaterfigur mit einem männlichen Gott als Hintergrund zu finden. Diese uroborische Vaterfigur kann da und dort in der realen Welt und in der Literatur angetroffen werden. Ihre Stärke und Schrecklichkeit erweckt wohl den Eindruck einer vaterähnlichen Gestalt, aber mit ihrer Habgier und ihrer Düsterkeit zeigt sie das negative mütterliche Element. Was sie tut, steht außerhalb von Gerechtigkeit und Vernunft. Sie ist einzig und allein eine furchterregende Existenz und bringt vielen den Tod. In „Hänsel und Gretel" überwinden die Kinder die Todesgefahr, in die sie von einem solch fürchterlichen Wesen gebracht worden sind. Mit der japanischen Erzählung verglichen, zeigt sich deutlich ein Unterschied. Die Hexe in „Hänsel und Gretel" ist das Wesen der Großen Mutter, die ihre Kinder verschlingen will. Ihr Gegenstück in der japanischen Erzählung ist der uroborische Vater, der sinnlos die Kinder verfolgt und sie der Todesgefahr aussetzt. In „Hänsel und Gretel" gelingt es der jüngeren Schwe-

ster, die Hexe zu beseitigen und den Bruder zu befreien. In der japanischen Erzählung gelingt nur dem Bruder die Flucht, die ältere Schwester muß dazu ihr Leben opfern. Die Rache erfolgt erst viel später. Zushio muß noch weiter viele Schwierigkeiten überwinden und kommt später zu hohem Ansehen. Der Kern der Erzählung ist aber das ergreifende Wiedersehen mit der erblindeten Mutter und die Rache an Sanshô-daiu. Als Strafe befiehlt Zushio dessen Sohn, drei Tage lang den Hals seines Vaters mit einer Bambussäge abzuschneiden. Diese grausame Szene wird in der neuen Bearbeitung von Ogai Mori weggelassen. Doch gerade darin liegt die Essenz der Geschichte. Damit werden unterdrückte Gefühle des Volkes sichtbar gemacht. Die Strafe, die Sanshô-daiu erteilt wird, ist von äußerst uroborischer Art: Sie erstreckt sich langsam über eine lange Zeit. Es ist kein klares Abtrennen, wie es nach dem väterlichen Prinzip geschehen würde. Der in dieser langsam ausgeführten Strafe ausgedrückte Groll sitzt tief. Darin zeigt sich, wenn auch negativ, die Vitalität des damaligen Volkes.

Mit dem Tod von Anju verbindet sich ein trauriges Mitgefühl. Stellvertretend für seine Schwester hegt Zushio einen tiefen Groll. Dieses traurige Mitgefühl und dieser Groll sind die zwei tragenden Säulen dieser Geschichte. Es sind wie schon erwähnt die zwei wichtigsten Elemente der japanischen Literatur. Gerade dieser Groll ist ein Ausdruck der Lebenskraft des Volkes und in dieser Erzählung wird das beispielhaft dargestellt. Gerade in dieser übertriebenen Form fand sie vor dem Publikum Gefallen. Das entsprach jedoch nicht mehr dem ästhetischen Empfinden von Ogai Mori. Was läßt sich sagen, wenn man diese Erzählung mit den zwei Märchen vergleicht? Die Märchen enthalten etwas, das noch tiefer geht als das Bewußtsein des Volkes in der mittelalterlichen Erzählung.

Die Schwester Anju wird mit Feuer und Wasser gefoltert und erleidet einen qualvollen Tod. Diese Grausamkeit schürt das Mitgefühl des Volkes. Aber in „Die Schwester, der

3. Die ältere Schwester und der jüngere Bruder

weiße Vogel" ist mit Feuer und Wasser ein Einweihungsritus gemeint und wird als ein Mysterium der Wiedergeburt angesehen. In „Die ältere Schwester und der jüngere Bruder" treiben uroborische Machenschaften einer männlichen Gruppe den Bruder in den Tod. Nach der Erweckung durch die Schwester sagt er beim Aufstehen: „Ich weiß nicht, ob ich am Morgen oder am Abend geschlafen habe." Da erklärt ihm die Schwester: „Du hast weder am Morgen noch am Abend geschlafen, sondern du bist vergiftet worden." Dieser feine Humor ruft unwillkürlich ein leises Lächeln hervor. Dieses Lächeln hat auch eine Beziehung mit dem ausgelassenen Lachen der Oni. Geschichten, die von Verfolgung und Tod erzählen, liegt unterschwellig ein Lächeln zugrunde, das von einer Lebensbejahung zeugt. Diese ist es, welche die innerliche Lebenskraft des japanischen Volkes ausmacht und im Groll bemerkbar wird. Die Gestalt der Schwester, die sich für das Glück ihres Bruders opfert und stirbt, paßt einerseits in die japanische Kultur, in der die Mutterrolle den Vorrang hat. Die Lebenskraft in der Seele des japanischen Volkes zeigt sich aber vielmehr in der Gestalt der Frau, die sich positiv verhält, auch wenn sie auf der Stufe der Geschwisterbindung steht. Das heitere Wesen dieser Frau unterscheidet sich wohltuend von den Tragödien, die in der für Japan so typischen Art Klage führen. Diese Frau steht in Beziehung mit der „Frau mit Willen", die im letzten Kapitel zur Sprache kommen wird.

Kapitel V

Die zwei Gestalten der Frau

Die selbstaufopfernde Gestalt der Schwester ist eine typisch japanische Erscheinung. Eine Heirat wird wohl erwähnt, aber psychologisch gesehen handelt die Geschichte von einer Geschwisterbeziehung. Erst nach dieser Stufe kann die Verbindung der zwei Geschlechter erfolgen. Aber wie gesagt sind in Japan Märchen mit einer glücklichen Heirat selten. Im bekannten Märchen „Urashima Tarô" trifft der Mann wohl die schöne Otohime, aber er heiratet sie nicht und kehrt wieder heim. Wie steht es in japanischen Märchen um die Beziehung der Frau mit der Heirat? Oder was für einen Zusammenhang hat das Bild der Frau, das die Japaner in ihrem Herzen tragen, mit der Heirat? Die Geschichte von Urashima Tarô eignet sich vorzüglich, das zu untersuchen. Es gibt sie in vielen Varianten, und es ist erstaunlicherweise kaum bekannt, daß es auch Geschichten von der Heirat mit Otohime gibt. Einmal heiratet die Frau, das andere Mal nicht. Vergleicht man die zwei Gestalten von Frauen miteinander, kann die Frage beantwortet werden, was für eine Bedeutung die Frau in den Herzen der Japaner hat.

1. *Urashima Tarô*

Es gibt wohl kaum Japaner, die „Urashima Tarô" nicht kennen. Die heute allgemein bekannte Form ist diese:

1. Urashima Tarô

Urashima Tarô rettet eine Schildkröte und wird zum Dank von ihr in den Drachenpalast im Meer geführt. Dort lebt er als Gast bei der schönen Otohime. Aber mit der Zeit bekommt er Heimweh und kehrt in seine Heimat zurück. Otohime gibt ihm einen Schmuckkasten und sagt ihm, daß er ihn nicht öffnen dürfe. In den drei Jahren, die er im Drachenpalast verbracht hatte, sind auf der Welt inzwischen 300 Jahre verstrichen. Weil er sich verlassen fühlt, öffnet er das Kästchen und wird ein Greis.

Diese Geschichte war ursprünglich eine Sage und wurde in der Nara-Zeit aufgeschrieben. Sie kommt zum ersten Mal in der Gedichtsammlung „Tango no Kuni Fudoki" und in der Chronik „Nihonshiki" vor. Im neunten Band der Gedichtsammlung „Manyôshû" ist ein Gedicht, das den Namen „Urashima" enthält. Im Laufe der Jahrhunderte kam es zu Veränderungen, und es entstand mit der Zeit die heute allgemein bekannte Form. Im Anhang ist aber eine Variante aufgeführt, die sich auffallend davon unterscheidet. Da diese Geschichte in Japan sehr beliebt ist, gibt es auch viele Untersuchungen darüber, und viele Werke von Schriftstellern der neueren Zeit haben Urashima Tarô zum Gegenstand. Ein Gesamtüberblick ist fast unmöglich. Aber von den bekanntesten Versionen sind folgende zu nennen: Chronologisch aufgeführt kommen zuerst die drei erwähnten Aufzeichnungen aus der Nara-Zeit (710–784 n. Ch.). In der Heian-Zeit (794–1200) entstanden die Dokumente „Urashima Ko den" 1 und 2 sowie „Mizukagami". Aus der Kamakura-Zeit (1200–1392) stammen „Mumei sho", „Kojidan" und „Uji Shûi Monogatari". In der Muromachi-Zeit (1392–1573) wird „Urashima Tarô" in „Otogi zôshi" (Märchenbuch) aufgeführt, und auch in Nô Gesängen kommt „Urashima" vor. Die heute in Japan bekannte Form stammt aus der Sammlung „Otogi zôshi". In der Edo-Zeit (1600–1867) entstanden unter anderem die Spiele „Urashima Ichi-daiki" und „Urashima Shu Shussei Ki". Das Werk „Urashima Nendai Ki" von Monzaemon Chikamatsu,

ebenfalls aus der Edo-Zeit, basiert eindeutig auf der Sage von Urashima.

Die Geschichte von Urashima Tarô spricht wohl die Seele der Japaner in hohem Maße an. In der neueren Literatur handeln viele Werke von der Urashima-Sage. Beispiele dafür sind: „Shin Urashima" von Rohan Koda, das Gedicht „Urashima" von Tôson Shimazaki und „Tamakushige Futari Urashima" von Ogai Mori. Über diese Werke hat Fujimoto in seinem Buch „Die Legende von Urashima und die neuzeitliche Literatur" ausführlich geschrieben. Einige bemerkenswerte Beispiele werden noch zur Sprache kommen.

Im Zusammenhang mit der Geschichte von Urashima Tarô gibt es ausführliche Forschungen auf dem Gebiet der Volkskunde, Menschenkunde und Literatur. Die Veränderung der Geschichte im Laufe der Zeit ist in den Werken „Studien über die Urashima-Sage" von Tamotsu Sakaguchi und „Die antike Gesellschaft und die Urashima-Sage" von Yu Nizuno beschrieben. Sakaguchi behandelt Werke von modernen Schriftstellern, die von Urashima ausgehen. Mizuno zeigt den geschichtlichen Veränderungsprozeß der Urashima-Sage und bestätigt meine eigenen Gedanken zu diesem Thema. Kurz zusammengefaßt läßt sich darüber folgendes sagen: Die Sage von Urashima aus der Nara-Zeit zeigt noch die ursprüngliche Form einer alten Sage, in der die Heirat von Göttern zur Sprache kam. In der Heian-Zeit kommen in der Geschichte taoistische Gedanken zum Ausdruck, und es zeigen sich Themen wie „langes Leben" und „Unsterblichkeit". In der Muromachi-Zeit erhält die Geschichte einen volkstümlichen Charakter und legt das Gewicht spezifisch auf die Vergeltung von Wohltaten.

Auf dem Gebiet der Mythen- und Sagenforschung besteht schon seit längerem das Werk von Toshio Takagi. Darin untersucht er Varianten in Ost und West und vergleicht sie mit dem Hauptmotiv von „Urashima". Und in seinem Buch „Studien über chinesische Mythen und Sagen" behandelt Ideishi Varianten in China. Er weist darauf hin, daß auch in chinesischen Sagen das Motiv vom anderen

1. Urashima Tarô

Zeitverlauf vorkommt. Allein diese bedeutenden Forschungen auf diesem Gebiet zeigen, wie sehr Urashima das Interesse der Forscher erweckt. Aber auch die Märchenforschung hat sich Urashima ausführlich angenommen. In der Sammlung japanischer Märchen von Keigo Seki sind viele Geschichten von Urashima Tarô aus allen Gegenden Japans aufgeführt. Von Kunio Yanagita gibt es ausschließlich über Urashima Tarô keinen Aufsatz. Vielleicht ist es aus Absicht, denn er schreibt von dieser Geschichte: „Der Inhalt ist zu einfach und der Schluß mangelhaft. Außer dem Motiv von der anders verlaufenen Zeit hat sie als Märchen keinen allgemeingültigen Wert." Oder es kommt daher, daß bereits so viele Studien über das Thema Urashima bestehen. Aber in vielen seiner Aufsätze behandelt er Urashima, so zum Beispiel in seinem berühmten Aufsatz „Über den Meerespalast". In seinem Buch über Taoismus nimmt Sekiyo Shimode die Geschichte von Urashima als Beispiel für die Ausbreitung des Taoismus in Japan und untersucht das Bild von taoistischen Feen. Diese haben offensichtlich eine Ähnlichkeit mit der Otohime in „Urashima", mit der himmlischen Frau in der Sage „Hagoromo" und der Kaguyahime in „Der Bambusfäller". Darüber hat auch Nakata in seinem Buch „Urashima und Hagoromo" geschrieben. In der Art verschieden ist der Literaturvergleich von Mitsutomo Doi, in dem er die Ähnlichkeit des schottischen Volkslieds „Thomas, der Versemacher" mit der Sage von Urashima untersucht. Zudem seien die neueren Nachforschungen von Hisako Kimishima erwähnt, in denen zum Ausdruck kommt, daß eine große Ähnlichkeit besteht zwischen Urashima und einer chinesischen Legende von der „Drachenprinzessin vom Tung-Ting-See". Diese Tatsache wird für die vergleichende Forschung der chinesischen und japanischen Kultur von großer Bedeutung sein.

Allein die von mir gemachten Forschungen sind zahlreich. Aber da ich vom tiefenpsychologischen Standpunkt ausgehe, will ich „Urashima" bewußt vom Blickwinkel der Frau aus betrachten. Dabei werde ich jedoch die im Laufe

der Zeit entstandenen Veränderungen der Geschichte berücksichtigen, da sie aufschlußreich sind.

Die hier in Frage kommende Geschichte von „Urashima Tarô" ist aus der Präfektur Kagawa (Insel Shikoku) und hat viele Versionen. Doch allen ist ein Hauptschema gemeinsam: Die Hauptperson, ein junger Mann, geht in eine andere Welt zum Drachenpalast und wird von der Otohime empfangen. Aber als er wieder heimkehrt, muß er zu seinem Schrecken erfahren, daß die Zeit auf der Welt anders verlaufen ist. Er öffnet den Schmuckkasten, wird ein Greis und stirbt. Es gibt nur eine Version, in der von der Heirat mit der Otohime erzählt wird. Sie ist aus Okinawa, und in ihr heißt es: „Er bekommt von seiner Frau im Drachenpalast zwei Schmuckkästchen und kehrt heim." In einer Version aus der Präfektur Saga (Insel Kyushu) macht die Otohime einen Antrag. Es heißt: „Er wurde von Otohime gebeten, sie zu heiraten, aber er sagte, daß er heimgehen wolle." In den meisten Fällen wird er zum Dank, daß er die Schildkröte gerettet hat, in den Drachenpalast eingeladen. Die Schildkröte und die Otohime können als identisch in Erscheinung treten. In der Präfektur Fukui wird erzählt, daß Otohime einmal in hundert Jahren in der Gestalt einer Schildkröte zum Sumiyoshi-Schrein geht und von Kindern gefangen wird, wobei Urashima Tarô sie retten kommt. Das hat einen Zusammenhang mit der Schildkrötenprinzessin, die später noch erwähnt wird. Für unsere Untersuchungen soll aber die im Anhang aufgeführt Version im Mittelpunkt stehen, denn sie hat bedeutsame Merkmale.

2. Mutter und Sohn

Am Anfang ist zu bemerken, daß die Familie von Urashima Tarô nur aus Mutter und Sohn besteht. Zudem wird gesagt, daß der Sohn keine Lust hat zu heiraten, solange die Mutter lebt, obwohl er vierzig Jahre alt ist und die Mutter achtzig. In anderen Varianten kommt diese enge

2. Mutter und Sohn

Beziehung von Mutter und Sohn nicht speziell zur Sprache. Aber das gibt einen treffenden Aufschluß über die Art seiner männlichen Persönlichkeit, von der später noch die Rede sein wird. Zuerst soll jedoch die Beziehung von Mutter und Sohn zur Sprache kommen.

Die Bedeutsamkeit der Mutter-Sohn-Konstellation in Märchen hat Eiichiro Ishida ausführlich beschrieben. In seinem Buch „Die Mutter von Momotarô" weist er darauf hin, daß in japanischen volkstümlichen Überlieferungen oft ein kleiner Knabe vorkommt, in dessen Schatten stets verschwommen eine Frau steht, die auch seine Mutter sein könnte. Diese Mutter-Sohn-Beziehung kann auch im weltgeschichtlichen Zusammenhang beobachtet werden. Diese Verbindung der Großen Muttergöttin und des Sohn-Gottes sind in solchen Beispielen zu sehen: in Ägypten Isis und Horus, in Phönizien Astarte und Tammuz, in Kleinasien Kybele und Attis sowie in Kreta Rheia und das Gotteskind Zeus. Diese in der ganzen Welt verbreiteten Mythen von Mutter und Sohn sind nach Freud unverkennbar Widerspiegelungen des Ödipuskomplexes. In solchen Mythen macht die Große Muttergöttin ihren Sohn-Gott zum Gatten, um neues Leben zu gebären. Das ist eindeutig ein Inzestmotiv. Freuds Theorie vom Ödipuskomplex ist eine Psychologie, die auf dem patriarchalen Prinzip basiert und auf der Achse Vater-Sohn entwickelt wird. Aber Freud versucht, das ausschließlich als persönlichen Vater-Sohn-Konflikt oder Mutter-Sohn-Inzest zu erklären. Demgegenüber geht Jung über diese allein persönliche Dimension hinaus und versucht, ein eher kollektives psychologisches Phänomen im Menschen zu erkennen. Anstatt diese Mutter-Sohn-Beziehung in den Mythen allein auf eine rein familiäre Beziehung zu reduzieren, erweitert er sie. Er sieht in ihr eine Beziehung des Ichs mit dem Unbewußten. Von Jung ausgehend entwickelte Erich Neumann seine Theorie über die Ichbildung. Aber auch sie ist auf einem patriarchalen Prinzip aufgebaut und eignet sich nicht, das Bewußtsein der Japaner zu betrachten. Doch seine Sicht ermöglicht einen

anderen Blickwinkel, von dem aus das Wesen der japanischen Seele besser gesehen werden kann.

Die Bindung von Urashima Tarô mit seiner Mutter zeigt, daß sich der Sohn von der Mutter noch nicht gelöst hat. Mit anderen Worten gesagt, hat das Ich noch keine Selbständigkeit vom Unbewußten erreicht. Die Tatsache, daß kein Vater auftritt bedeutet, daß die Hauptperson kein männliches Vorbild hat, und es verwundert nicht, daß er mit vierzig Jahren noch ledig ist. Eine Beschreibung aus der Nara-Zeit von ihm lautet: „Er ist von schöner Gestalt und ungewöhnlich elegant." (Aus „Tango no Kuni Fudoki"). Das vermittelt den Eindruck von einer sogenannt gutaussehenden männlichen Figur, aber mit einem eher schwächlichen Charakter und ohne jegliche männliche Stärke. Der Satz, in dem von seiner Heimkehr berichtet wird, hat in einem Dokument aus der Heian-Zeit (Mizukagami) folgenden Wortlaut: „Seine knabenhafte Gestalt wurde auf einmal ein Greis." In einer Ausführung der Kamakura-Zeit (Kojidan) heißt es sogar: „Er wurde wie ein kleiner Knabe." Beide Stellen beschreiben ihn als einen jungen Knaben. Das mag daher kommen, daß nach taoistischem Denken Urashima zu einem heiligen Berg gepilgert ist und allmählich wieder jung wurde. Doch unabhängig davon ist diese Vorstellung von einem Knaben bedeutsam.

Diese Knabengestalt erweckt die Assoziation an den Jungschen Archetyp des „Puer aeternus". Dieser „Ewige Junge" spielte als der Kind-Gott Iakchos in den eleusischen Mysterien eine wichtige Rolle und wurde von Ovid als „Puer aeternus" bezeichnet. Er hatte die Aufgabe, die Prozessionen anzuführen. Er gilt als ein Sohn von Persephone oder auch Demeter. Er ist wörtlich genommen ein ewiger Junge, ein Gott, der sich stets verjüngt und nicht erwachsen wird. In den eleusischen Mysterien ist er der Gott der Ernte und der Wiedergeburt. Mit der Macht der Großen Muttergöttin im Hintergrund bewahrt er seine ewige Jugend durch die stetige Wiederholung von Tod und Wiedergeburt.

2. Mutter und Sohn

Dieser sich in den Mythen zeigende Archetyp des „Ewigen Jungen" ist in der Seele jedes Menschen vorhanden. Wer sich mit diesem Archetyp identifiziert, wird buchstäblich ein ewiger Junge, was aber nicht heißt, daß er jung an Jahren ist. Die Beschreibung, die Jungsche Analytiker über das Bild dieser ewigen Jungen machen, trifft auch einen Wesenszug der japanischen Kultur. Diese ewigen Jungen haben Schwierigkeiten, sich an die Gesellschaft anzupassen. Sie finden es schade, die eigenen Fähigkeiten zurückstellen zu müssen. Sie finden es nicht nötig, sich anzupassen, und machen die Gesellschaft dafür verantwortlich, daß sie keinen passenden Platz finden. Sie leben im „Noch-nicht"-Zustand, sie haben das Richtige noch nicht gefunden, die richtige Zeit ist noch nicht gekommen. Aber eines Tages versuchen sie auf einmal einen unerwarteten Aufstieg. Sie veröffentlichen großartige Kunstwerke oder machen sich auf, die Welt zu erlösen. Ihr Aufleuchten und ihre Energie beeindrucken viele Leute, aber leider haben sie keine Ausdauer, was für sie bezeichnend ist. Da sie jeweils keine Gefahr kennen, werden sie häufig als mutige Menschen betrachtet. Aber in Wirklichkeit werden sie im Hintergrund vom Wunsch bewegt, in den Bauch der Großen Mutter zurückzukehren, und es kommt vor, daß sie diesem Wunsch gemäß den Tod finden. Den Klügeren von ihnen gelingt es, den Tod zu umgehen, aber sie führen nach dem steilen Aufstieg eine Zeitlang ein untätiges Leben. Eines Tages steigen sie jedoch plötzlich in einer ganz neuen Form wieder auf. Sie lassen sich von augenblicklichen Interessen leiten, greifen heute zu Marx und morgen zu Freud. Sie entfalten eine ruhmreiche Tätigkeit, die aber keine Kontinuität besitzt (siehe Skizze 6, auf der nächsten Seite).

Diese „Ewigen Jungen" haben psychologisch gesehen eine starke Mutterbindung. Damit ist aber nicht unbedingt die wirkliche Mutter gemeint. Es handelt sich im übertragenen Sinn um das Wesen der Mutter. Durch eine starke Bindung mit dem Mutterwesen entsteht das Problem des Mutterkomplexes. Das zeigt sich darin, daß sich diese „Ewi-

Kapitel V Die zwei Gestalten der Frau

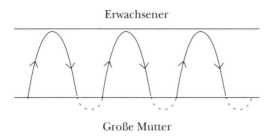

Skizze 6. Schema des „Ewigen Jungen"

gen Jungen" mehr oder weniger wie ein Don Juan aufführen oder homosexuell werden. Sie suchen in den Frauen die Muttergöttin. Merken sie aber, daß die Frauen, mit denen sie verkehren, nur gewöhnliche Frauen sind, werden sie gezwungen, weiter die Muttergöttin zu suchen. So wenden sie sich immer wieder anderen Frauen zu. Ist aber ihre Männlichkeit nicht so weit entwickelt, suchen sie sich durch das Mitmachen in einer gleichgeschlechtlichen Gruppe zu etablieren oder geben sich damit zufrieden, einen homosexuellen Partner zu haben. Diese vielleicht etwas zu ausführlichen Ausführungen über den „Ewigen Jungen" sind wichtig, um das innere Wesen der Japaner besser zu verstehen.

Aber zurück zur Geschichte von Urashima Tarô. Wie der „Ewige Junge" hat Urashima eine starke Mutterbindung. Er ist ein Junge von vierzig Jahren und geht allein aufs Meer fischen, kann aber keinen einzigen Fisch fangen. In „Fudoki" heißt es: „Er rudert hinaus aufs Meer, verbringt dort drei Tage und drei Nächte und fängt keinen einzigen Fisch." Das Meer hat eine unermeßliche Weite und Tiefe, ist zudem unerschöpflich an Dingen und stellt somit das eigentliche Unbewußte dar. Allein auf dem Meer, umgeben von Einsamkeit, ohne einen Fisch zu fangen: Dieses Bild zeigt psychologisch gesehen besonders eindrücklich den Zustand der Regression.

2. Mutter und Sohn

Jung deutet die Regression als eine Erscheinung, bei der die psychische Energie vom Ich ins Unbewußte fließt. Dabei nimmt die Kraft des Kontrollvermögens ab, und es treten verschieden Erscheinungen der Regression auf. Wachträume, Einbildungen, Affekte sind ein Zeichen dafür. Es kann im extremen Fall auch zu krankhaften Erscheinungen wie Wahnideen kommen. Die Regression galt im allgemeinen als eine krankhafte Erscheinung. Jung hat aber schon früh darauf aufmerksam gemacht, daß Regression nicht immer krankhaft sein muß, sondern für einen schöpferischen psychischen Prozeß notwendig ist. Bei einer Regression kommt das Ich mit dem Unbewußten in Berührung. Daraus kann Krankhaftes und Böses entstehen. Aber es birgt auch Möglichkeiten für eine zukünftige Entwicklung oder den Keim für ein neues Leben in sich. Märchen widerspiegeln den Entwicklungsprozeß der menschlichen Seele. Da ist es nicht verwunderlich, daß viele am Anfang eine Regression beschreiben. Die Hauptpersonen werden in Märchen von den Eltern ausgesetzt, verirren sich im Wald oder fallen in ein tiefes Loch, wie der Mann in einem japanischen Märchen, der einem Reisball nachrennt und mit ihm in ein Loch fällt. Auch der Holzfäller in „Das Land der japanischen Nachtigall" macht eine ähnliche Erfahrung. Er begegnet in der Welt des Unbewußten einer schönen Frau. Solche Erfahrungen machen alle Hauptfiguren, wenn sie auf dem tiefen Grund des Unbewußten angelangt sind. Die eine sieht einen weißen Schwan, oder Kinder kommen an ein Lebkuchenhaus. Ein neues Element entsteht, und das Ich muß sich bemühen, es zu integrieren, damit es zu einer schöpferischen Regression kommt.

Was macht unser „Held" im Märchen? Er fängt eine Schildkröte. Oder in der allgemein bekannten Version rettet er eine Schildkröte, die von Kindern gequält wird. Es gibt auch Geschichten, in denen von Anfang an eine schöne Frau auftritt und von einer Schildkröte nicht die Rede ist. Aber in den meisten kommt die Schildkröte vor, und sie hat direkt oder indirekt eine Beziehung mit der Otohime.

3. Schildkröte und Schildkrötenprinzessin

Der ungarische Mythenforscher Karl Kerényi bezeichnet die Schildkröte als eines der ältesten bekannten Tiere der Mythologie. Auch in Japan ist sie aus Mythen und Sagen bekannt. Zum Beispiel tritt die Schildkröte im Märchen „Der Knabe vom Drachenpalast" als Gesandte von Otohime auf. Eine Variante davon ist „Umisachi, Yamasachi", in der laut einer Aufzeichnung in der Japan-Chronik geschildert wird, daß die Toyotama-hime auf dem Rücken einer Schildkröte erscheint. Die Schildkröte hat demzufolge eine tiefe Beziehung mit dem Meer oder mit einer Frau, die im Meer wohnt.

In den „Kojiki" ist beschrieben, wie beim östlichen Feldzug des Kaisers Jimmu der Gott des Landes auf dem Rücken einer Schildkröte erschien und den Weg wies. Es ist der Gott des Landes, der mit der Schildkröte in Zusammenhang steht. Der Izumo-Schrein, der dem Gott des Landes geweiht ist, hat als Wappen eine sechseckige Form, die wohl von der Schildkröte herkommen mag.

Das Thema, daß Urashima auf dem Rücken der Schildkröte zum Drachenpalast geht, ist in den ganz alten Geschichten nicht vorhanden. Tamotsu Sakaguchi forschte nach, wann das Thema entstanden ist, und hat davon Aufzeichnungen von der Zeit gegen Ende des 8. Jahrhunderts ausfindig machen können. Aber in Wirklichkeit war die Schildkröte schon von früher her als das Fahrzeug vom Gott des Landes bekannt.

Blickt man nach China oder Indien, wird die symbolische Bedeutung der Schildkröte noch deutlicher. Der taoistische Weise Lieh Tzu berichtet von fünf Bergen, die einige Millionen chinesische Meilen vom Golf von Chihli entfernt lagen. Sie galten als die Berge der Unsterblichkeit und schwammen einst im Ozean. Da sie nicht still standen, hatten die Weisen Schwierigkeiten, dort zu leben, und sie meldeten es dem himmlischen Kaiser. Dieser ließ fünfzehn riesige Schildkröten kommen und teilte sie in drei Gruppen auf. Er

3. Schildkröte und Schildkrötenprinzessin

hieß sie abwechslungsweise die Berge stützen, jede Gruppe für 60 000 Jahre. Das ist eine großartige Geschichte, wie sie für China typisch ist. Nicht nur das Erscheinen der Schildkröte ist hier beachtenswert, sondern auch der Name einer der Berge: Peng Lai Shan. In der Japan Chronik ist eine Stelle, in der geschrieben steht, daß Urashima nach Tokoyo-no-kuni gegangen sei (das heißt „die andere Welt"). Für diesen Ausdruck wurden die chinesischen Zeichen für Peng Lai Shan gebraucht. Auch in einem anderen Dokument (Fudoki) treten diese Zeichen auf, und zwar im Zusammenhang mit der Stelle, an der sich eine Schildkröte in eine Frau verwandelt und Urashima einlädt, mit ihr nach Tokoyo (Peng Shan) zu gehen. Wie weit hier wirklich ein taoistischer Einfluß besteht oder ob es sich nur um ausgeliehene Zeichen handelt, ist schwer abzuklären. Aber auf alle Fälle hat die Schildkröte schon damals Urashima auf seinem Gang in die andere Welt ihre Unterstützung angeboten.

Außerdem kann die Vorstellung von der Schildkröte als Basis der Welt sowohl in Mythen der Indianer als auch in der indischen Mythologie festgestellt werden. Vom indischen Gott Vischnu wird erzählt, daß er anordnete, den Milchozean umzurühren. Das geschah aber so heftig, daß es die Welt zu zerstören drohte. Da verwandelte sich Vischnu selbst in eine Schildkröte und brachte die Welt ins Gleichgewicht, indem er zum Wellenlager für die Rührstange wurde. Die Schildkröte bekam hier die Funktion einer Stütze für die Welt. Als Gegensatz von Himmel, Vater und Geist stellt die Schildkröte die symbolische Bedeutung von Erde, Mutter und Materie dar. Mit anderen Worten: Sie symbolisiert den chaotischen Zustand vor der Trennung in Himmel und Erde, Vater und Mutter. Jung vergleicht die Symbolik der Schildkröte mit dem ungeläuterten Urstoff, der in der Alchemie „massa confusa" heißt.

In „Fudoki" wird eindrücklich beschrieben, wie sich eine solche Schildkröte auf dramatische Weise verwandelt. Die Hauptfigur namens Shimako fing während drei Tagen und drei Nächten keinen einzigen Fisch. Aber dann fing er eine

fünffarbige Schildkröte. Er fand es seltsam, legte sie aber ins Schiff. Während er einnickte, verwandelte sich die Schildkröte auf einmal in eine Frau. Sie war unvergleichlich schön und machte ihm einen Heiratsantrag mit den Worten: „Ich habe mich entschlossen. Bitte entschließe dich auch!" Diese Verwandlung ist bedeutungsvoll. Aber es stellt sich nun die Frage: Warum wurde dieses Thema der Verwandlung in der allgemein bekannten Version von „Urashima Tarô" weggelassen und mit dem vorher nicht vorhandenen Thema der Vergeltung einer Wohltat ersetzt? Noch bevor diese rätselhafte Auswechslung besprochen wird, muß noch das Thema der Vergeltung einer Wohltat erklärt werden. Andere Geschichten mit diesem Thema erscheinen außer in „Urashima Tarô" auch in „Nihon Reiki", „Konjyaku Monogatari", „Uji Shûi Monogatari" und in „Uchigiki shu". Der Inhalt ist leicht verschieden, aber das Thema der Vergeltung einer Wohltat bleibt sich gleich. Wer die Schildkröte rettet, wird auch von ihr aus Dank gerettet. Oder die Schildkröte zahlt später das Geld zurück, das der Retter für sie ausgegeben hatte. Der Ursprung dieses Themas ist in einer chinesischen Geschichte zu finden. Sie erzählt von einem Jungen namens Yen Gung aus Chen, der eine Schildkröte rettet und dann von ihr gerettet wird. Die Vergeltung von einer Wohltat ist ursprünglich eine buddhistische Lehre, die aus Indien kommt und in der Karmalehre begründet ist. Psychologisch ausgedrückt entsteht nach der Regression eine Progression. Die psychische Energie, die ins Unbewußte floß, fließt jetzt zum Ich zurück, und das Ich erhält sie wieder zurück. Aber damit eine schöpferische Regression entsteht, ist ein neues Element nötig und kein gewöhnlicher Wechsel von Regression und Progression.

In der ursprünglichen Geschichte von „Urashima" bestand das neue Element darin, daß sich die Schildkröte in eine schöne Frau verwandelt. Aber durch den Einfluß des Buddhismus wurde die Wohltat an Tieren als Thema eingeführt und das Thema der Verwandlung fallengelassen. Der Heiratsantrag von einer Frau, die sich aus einer Schildkröte

verwandelt hat, ist sehr fragwürdig. Die Geschichte von Urashima Tarô begann mit der Regression eines Mannes, der eine starke Mutterbindung hatte. Um sich davon zu lösen, muß der Mann einer Frau begegnen, die eine andere Anziehungskraft hat als die Mutter. Man kann es auch so sagen: Wenn sich in dieser Geschichte das Ich vom Unbewußten selbständig machen will, muß das bis zu einem gewissen Grad selbständig gewordene Ich bei der Regression in die unbewußte Welt einer weiblichen Gestalt begegnen, die anders ist als das eigene Mutterbild, und muß mit ihr eine Beziehung aufnehmen.

Im westlichen Entwicklungsprozeß des Ichs ist es besonders wichtig, daß sich die männliche Figur von der Mutter trennt und eine neue Frau erwirbt (das wird durch den Kampf mit dem Ungeheuer und dem Gewinnen einer Jungfrau symbolisiert). Aber in dieser ursprünglichen Geschichte geschieht nichts, was eine Muttertötung andeutet. Unvermutet erscheint die Schildkrötenprinzessin und macht ihm einen Antrag. Und obwohl Urashima ihre Herkunft nicht kennt, folgt er ihr. Er erwirbt die Frau nicht durch einen Heldenkampf, sondern er wird vielmehr von der Frau ergriffen und gefangen.

Diese passive Haltung des Mannes erinnert an den Mann in „Die Frau, die nichts ißt". Beides läßt sich als Regression deuten: die Abgeschiedenheit von Urashima auf dem Meer und die egoistische Haltung des Mannes, der wohl aktiv ist, aber nur eine Frau will, die nichts ißt. In einem solchen Zustand erscheint eine Frau, die alles verschlingt, einen Mann inbegriffen. Es darf nicht vergessen werden, daß in beiden Geschichten die Frau den Heiratsantrag macht. Dadurch läßt sich erkennen, daß im Charakter der Schildkrötenprinzessin die Elemente der Großen Mutter stark vertreten sind, obwohl sie so schön ist. Urashima hat diese Einsicht nicht und wird in die Welt dieser Frau hineingezogen. Die weiblichen Figuren in „Thomas, der Versemacher" und in der irischen Sage „Oisin" haben eine ähnliche aktive Rolle wie die Schildkrötenprinzessin. Im ersten Fall er-

scheint eine überaus schöne Frau vor Thomas und sagt: „Komm mit mir, guter Thomas, diene mir sieben Jahre, was auch geschehen mag!" Das ist kein Liebesleben, sondern eine Dienst für die Göttin und eine Beziehung der Großen Mutter zu einem untergeordneten Knaben-Gott. Die gleichen psychologischen Verhältnisse stehen im Hintergrund der Geschichte von Urashima Tarô.

In der ursprünglichen Urashima-Geschichte läßt sich Shimako verführen und heiratet die Schildkrötenprinzessin. Als Folge davon lebt er von der Welt entrückt. Aber unfehlbar geht dieser „Ewige Junge" dem tragischen Ende entgegen und wird ein Greis. Die Version in „Manyôshû" malt das besonders drastisch aus. Nach dem Öffnen des Kästchens heißt es: „Urashima rannte herum, schrie und fuchtelte mit den Armen, wandte sich und stolperte, fiel bewußtlos zu Boden, seine junge Haut bekam Falten, seine schwarzen Haare wurden weiß, sein Atem stockte, und er starb." Dieses Schicksal ist geradezu unvermeidlich für einen Jungen, der von einer Frau verführt wird, die der Mutter ähnlich ist. Was hätte er dabei anders machen müssen?

Auch wenn es nicht direkt eine Antwort darauf sein kann, ist es von Bedeutung, noch einen jungen Mann zu erwähnen, der einer Schildkröte begegnet, und zwar Hermes, der unter den griechischen Göttern eine außergewöhnliche Stellung besitzt. Sein Charakter ist vielfältig und widersprüchlich. Karl Kerényi beschreibt das Verhalten von Hermes, indem er eine Stelle aus den Homerischen Hymnen vorstellt. Hermes findet vor dem Gartentor eine Gras fressende Schildkröte. Treffen und Finden gehören zu den Merkmalen von Hermes. Lachend sieht er die Schildkröte an und sagt: „Das ist ein gutes Omen für mich. Das laß ich mir nicht entgehen. Du liebliche Gestalt! Du bist mir willkommen. Du leitest Tänze und begleitest Feste. Woher hast du dein buntes Gehäuse, die du im Gebirge wohnst? Ich will dich hineintragen, da wirst du mir nützen. Zum Segen sollst du mir gereichen, verschmähen tue ich dich nicht. Du sollst

mir als erste förderlich sein. Es ist besser für dich, daheim zu bleiben, denn draußen lauert die Gefahr. Lebend kannst du bösen Zauber bannen, aber im Tod machst du liebliche Musik." Hermes trägt die Schildkröte ins Haus hinein, schneidet sie auf und macht aus ihr eine Leier. Hermes verhält sich wesentlich anders als Urashima. Obwohl auch Urashima unvermutet eine Schildkröte trifft und findet, läßt er sich von ihr verführen, als sie sich in eine schöne Frau verwandelt. Er folgt ihr, ohne ihre Herkunft zu kennen. Hermes hingegen durchschaut die Schildkröte. Mit den Worten von Kerényi gesagt: „Hermes sieht in dieser armen Schildkröte, noch während sie am Leben ist, ein herrliches Instrument. Für sie ist diese Herrlichkeit ein qualvoller Tod. Hermes macht das nicht aus Naivität, sondern er handelt schlau und erbarmungslos." Sobald er die Schildkröte sieht, denkt er daran, sie zu töten und aus ihr ein Instrument zu machen. Die Worte „Es ist besser für dich, daheim zu bleiben, denn draußen lauert die Gefahr" klingen ironisch und grausam. Kerényi meint: „Die Ironie seiner Worte entspringt seiner Göttlichkeit und ist gnadenlos wie das Dasein an und für sich." Gerade dadurch, daß sie alles durchschaut, ist diese Ironie ein passender Führer für die Seele.

Im Gegensatz zu Hermes kam Urashima nie dazu, das Wesen der Schildkröte zu durchschauen. Zudem veränderte sich im Verlauf der Zeit die Geschichte und die Schildkrötenprinzessin bekam einen anderen Charakter.

4. Otohime – Das „Ewige Mädchen"

In „Fudoki" wird die Heirat von Shimako und Otohime deutlich erwähnt. Aber in der heute allgemein bekannten Fassung ist von Heirat keine Rede. Auch in der im Anhang angeführten Version wird von einer Heirat nichts gesagt. Es heißt nur: „Dort waren Otohime und viele schöne Mädchen. Sie waren ihm unter anderem beim Wechseln der

Kleider behilflich." Warum und seit wann wurde Otohime nicht mehr als Heiratspartner betrachtet? In „Fudoki" erscheint noch die Bezeichnung von Schildkrötenprinzessin. Spätere Dokumente aus der Heian-Zeit erwähnen zwar noch die Heirat, aber nicht mit einer Schildkrötenprinzessin sondern mit einer Fee oder „Göttlichen Frau". Das spricht für einen taoistischen Einfluß aus China. Seither ist es undenkbar, daß ein göttliches Wesen oder eine himmlische Fee sich als Schildkröte Urashima nähert. Es ist interessant, wie sich das Bild der Schildkrötenprinzessin veränderte. In Japan herrscht im allgemeinen die Idee, daß ein himmlisches Wesen wie eine Fee keine Beziehung mit einer körperlichen Liebe haben kann. Zwar gab es auch wie im Taoismus die Vorstellung von einem idyllischen Land der Liebe. Aber als die himmlische Fee erschien, wurde die körperliche Seite der Schildkrötenprinzessin abgetrennt. Der himmlische Aspekt der Fee begann zu überwiegen, und das Thema der Heirat mit ihr wurde fallengelassen. Die Fee stellte keinen Heiratspartner mehr dar und trat in Gestalt der Otohime auf. Das heißt, die Schildkrötenprinzessin wurde in Schildkröte und Prinzessin getrennt.

Eine Frauengestalt, die in japanischen Märchen ganz diesem Bild entspricht, ist die Kaguyahime (das Mädchen, das aus einem Bambus kam). Sie lebt in den Herzen der Japaner als eine Frauengestalt, die einer körperlichen Beziehung fernsteht und nicht als Heiratspartner in Frage kommt. Sie ist nicht wie die Schildkrötenprinzessin, die ungestüm einen Antrag macht. Obwohl sie von fünf vornehmen Männern umworben wird, lehnt sie alle ab und wird in den Himmel emporgehoben. Die Schildkrötenprinzessin lebt im Meer, und Kaguyahime lebt im Himmel. Das Bild der allgemein bekannten Otohime ist somit eine Kaguyahime ähnliche Schildkrötenprinzessin, von der die Schildkröte abgetrennt worden ist.

Nahe zu Kaguyahime stehen die Legenden vom Flügelkleid, „Hagoromo" genannt, die auch als Märchen von der „Engelsfrau" in ganz Japan bekannt sind. Geschichten von

4. Otohime – Das „Ewige Mädchen"

Frauen, die aus der himmlischen Welt kommen und in der irdischen Welt erscheinen, gibt es in der ganzen Welt. Im Westen sind es nicht himmlische Frauen, sondern meistens Prinzessinnen, die in einen Schwan verwandelt worden sind. Emma Jung wies in ihren Forschungen darauf hin, daß die Sagen von der Schwanenfrau eine lange Geschichte haben und literarisch bis auf den Rigweda zurückgehen. Wie steht es mit solchen Frauengestalten in Japan? Ein ungewöhnliches Beispiel einer „Hagoromo"-Geschichte gibt eine gute Darstellung einer japanischen Frauengestalt. „Der Nagu-Schrein" genannt und in „Fudoki" aufgeführt, erzählt sie folgendes: Acht himmlische Jungfrauen baden in Manai. Ein altes Ehepaar sieht sie und versteckt eines der Flügelkleider. So kann eine der Jungfrauen nicht mehr zurück in den Himmel, und die Alten machen sie zu ihrer Adoptivtochter. Sie muß schwere Arbeit verrichten, und die Alten kommen dadurch zu Wohlstand. Darauf wird sie fortgejagt und irrt weinend herum, da sie keinen Ort hat, hinzugehen. Schließlich kommt sie ins Dorf Nagu, findet dort ihre Ruhe und bleibt. Am Ende wird sie zur Gottheit im Nagu-Schrein. In dieser Geschichte kommt weder Liebe noch Heirat vor, wie es bei den Schwanenfrauen der Fall ist. Kein Prinz erscheint, um der armen mißhandelten Frau zu helfen. Sie muß sich irgendwie selbst zu trösten wissen, und am Schluß wird sie einfach als eine Gottheit in einem Schrein verwahrt. Diese Geschichte gibt einen Hinweis, warum bei „Urashima Tarô" das Thema der Heirat verschwunden ist. Sie zeigt den besonderen Charakter der Frauengestalt, die in den Herzen der Japaner lebt: Sie ist in zwei Gestalten geteilt. Die eine lebt als „Ewige Jungfrau" im Himmel und kommt nicht als Heiratspartner in Frage. Die andere ist die Schildkrötenprinzessin, die im Meer lebt und die körperliche Seite der Frau darstellt. Es muß offenbar schwierig sein, daß eine Frau Gestalt annimmt, die als ebenbürtiger Liebespartner auftritt und auf gleicher Ebene wie der Mann steht.

Doch die Kaguyahime, die alle Heiratsanträge abweist und zum Himmel hinaufgeht, wäre eigentlich eine passende Partnerin zum „Ewigen Jungen". Was für Gründe sprechen dagegen? Ein Grund liegt vielleicht in ihrer geheimen Beziehung zur Nachtigall. Es gibt viele Geschichten, die erzählen, daß sie einem Ei der japanischen Nachtigall entsprungen sei. In „Kaidoki" aus den Anfängen der Kamakura-Zeit wird beschrieben, daß in einem Bambuswald ein Mädchen aus dem Ei einer japanischen Nachtigall geboren worden ist. Ein alter Mann fand es und zog es als sein Kind auf. Es wurde „Kaguyahime" oder auch „Uguisuhime" genannt.

Das erinnert an die Frau in „Das Land der japanischen Nachtigall". Als Nachtigall verläßt die vom Mann enttäuschte Frau diese Welt. Ist etwa Uguisuhime alias Kaguyahime eine von ihr zurückgelassene Tochter? Sie ist so schön wie ihre Mutter, aber sie kennt die Unzuverlässigkeit der Männer von der schlechten Erfahrung ihrer Mutter her. Oder ist sie etwa in diese Welt gekommen, um sich für die Erbitterung ihrer Mutter zu rächen? Damit ließe sich erklären, warum sie all die vornehmen Männer mit unmöglich zu lösenden Aufgaben quält, sie in verwirrtem Zustand zurückläßt und in die andere Welt entrückt. Es läßt sich denken, daß sie dort zu ihrer Mutter geht, daß sie sich die Hände halten und über die Fehlschläge der Männer, denen sie gelassen zusehen, lachen. Das ist kein ausgelassenes Lachen wie bei den Oni, sondern ein Auslachen. Diese Männer, die durch die unlösbaren Aufgaben der Kaguyahime bis an den Rand des Todes gebracht werden, erwecken nicht Erbarmen, sondern wirken lächerlich. Die japanische Frau ist nicht so schwach, daß sie sang- und klanglos verschwindet, weil die Ästhetik es verlangt. Sie macht sich in einem gewissen Sinn über das traurige Mitgefühl, das ihr Verschwinden aus ästhetischen Gründen bei den Japanern erweckt, lustig.

Wie es in der geschichtlichen Entwicklung der Urashima-Tarô-Geschichte zum Ausdruck kommt, ist die Frauengestalt im Herzen der Japaner in zwei Teile getrennt. In der

Anfangszeit erscheint noch die Schildkrötenprinzessin, später jedoch die Otohime, die kein Heiratspartner mehr ist. Ein Grund für diese Entwicklung ist vielleicht die konfuzianische Lehre, daß Knaben und Mädchen mit sieben Jahren getrennt werden müssen. Zudem hat der Buddhismus das Thema der Vergeltung hineingebracht, und so wurde die Schildkrötenprinzessin eine Otohime alias Kaguyahime.

5. Die äußere und die innere Welt

In „Fudoki" ging Shimako auf den Heiratsantrag ein und hielt sich drei Jahre lang in der anderen Welt auf. Das entspricht in dieser Welt 300 Jahren. Deshalb konnte er sich nach der Rückkehr nicht mehr zurechtfinden. Im Moment, wo er die Welt des Unbewußten betritt und einer Frau begegnet, ändert sich sein Zeitgefühl. Psychoanalytiker machen oft auf die Zeitlosigkeit im Unbewußten aufmerksam. Das kann in Träumen erlebt werden. In Träumen vermischen sich Gegenwart und Vergangenheit. Es kommt nicht selten vor, daß in einem kurzen Augenblick eine lange Zeitspanne erfahren wird.

Es gibt eine Geschichte in der Sammlung japanischer Märchen, in der das Verhältnis der Zeit umgekehrt verläuft als in „Urashima Tarô". Sie heißt „Das reine Land von Saka Betto" und erzählt von einem Fischermann, der einem Dorfbewohner den Auftrag gibt, sein Hausdach neu mit Stroh zu decken. Unterdessen geht er ins reine Land von Saka Betto auf dem Meeresgrund. Dort heiratet er und erlebt drei Generationen von Kindern. Weil er sich aber um sein Haus Sorgen macht geht er heim. Das Dach ist jedoch noch nicht fertig. Die lange Zeit in der anderen Welt hat nicht gereicht, um das Dach mit Stroh zu decken. Das erinnert an die berühmte taoistische Geschichte „Der Traum in Kantan", in der ein chinesischer Jüngling in einem ganz kurzen Traum sein ganzes Leben erfährt. Oder in einem Märchen aus der Muromachi-Zeit wird ein Dra-

chenpalast beschrieben, der nicht dem Gesetz der Zeit unterworfen ist. Er hat in jeder Himmelsrichtung ein Fenster. Durch jedes kann eine Landschaft der vier Jahreszeiten gesehen werden. Alte Dokumente berichten, daß Urashima nach der Rückkehr wie ein Kind war. Auch das zeigt die Zeitlosigkeit in der Welt des Unbewußten. Der „Ewige Junge" altert deshalb nicht, weil er sich in der Welt des Unbewußten länger aufhält als in der Gegenwart.

Urashima vergißt buchstäblich, daß die Zeit vergeht, aber er bekommt Heimweh. Die Schildkrötenprinzessin in „Fudoki" klagt und weint darüber. Doch sie läßt ihn mit den Worten gehen: „Willst du mich nicht vergessen und wiederkommen, öffne dieses Kästchen nicht." Aber seine Heimat hat sich in der Zwischenzeit verändert. Das wird so erklärt, daß 300 Jahre vergangen seien oder daß die Verwandten von sieben Generationen nicht mehr lebten. Fast alle Varianten von Urashima haben das Thema des Schatzkästchens und der Zeitdifferenz.

Wer von der anderen Welt in diese Welt zurückkehrt, hat es sehr schwierig, ein gewohntes Leben zu führen (das gilt auch für heutige japanische Studenten und Geschäftsleute, die vom Ausland nach Japan zurückkehren). Diese andere Welt ist auch uns Psychotherapeuten bekannt. Es ist die Welt des Unbewußten, in die wir mit einem Patienten zusammen gehen. Dabei ist es für uns wichtig, die Verbindung mit der Außenwelt nicht zu verlieren. Kann diese schwierige Situation nicht gemeistert werden, machen wir den gleichen Fehler wie Urashima. Die Geschichte „Die Prinzessin auf der Brücke von Uji" ist ein Beispiel dafür, wie auf diesem Gang ins Unbewußte die Verbindung mit der Wirklichkeit beibehalten wurde. Sie stammt aus „Yamashiro Fudoki" und berichtet von einem Mann, der vom Drachengott zum Bräutigam seiner Tochter auserkoren worden war. Weil er aber auf dem Meeresgrund nichts aß, sondern nur, wenn er an Land war, konnte er wieder unbehelligt in diese Welt zurückkommen. Wer in der anderen Welt etwas ißt, kann nicht mehr in diese Welt zurückkehren. Er wird ein Teil von

5. Die äußere und die innere Welt

ihr. Dieser Gedanke ist weit verbreitet. Ein Beispiel dafür ist der japanische Mythos von Izanami im Totenreich. Als ihr Mann, der Gott Izanagi, sie zurückholen kommt, sagt sie, sie könne nicht mehr zurück, weil sie im Reich der Toten gegessen habe. Ein anderes Beispiel ist der griechische Mythos von Persephone, in dem ihr Hades einen Granatapfel zu essen gibt. Der Mann, der die Tochter des Drachengottes heiratete, verlor die Verbindung mit dieser Welt nicht, weil er sich in acht nahm. Seine Entschlußkraft ist erstaunlich. Nichts in der anderen Welt zu essen, um die Verbindung mit dieser Welt aufrechtzuhalten – das braucht mehr Willenskraft, als ein „Ewiger Junge" gewöhnlich besitzt.

In dieser Beziehung war Urashima Tarô zu unvorsichtig. Er ließ sich zu einer Heirat verleiten, und als er Heimweh bekam, ging er unüberlegt nach Hause. Das Kästchen, das er bekam und das er nicht hätte öffnen dürfen, hat eine besondere Bedeutung. Damit wurde seine Willenskraft geprüft. Die schöpferische Regression, in der ein neues Element entsteht, verlangt von der Hauptfigur eine Anstrengung. Aber Urashima Tarô fehlt es zu sehr an Willenskraft. Es ist eine Eigentümlichkeit der Japaner, daß eine klare Unterscheidung von Außenwelt und Innenwelt, von Bewußtsein und Unbewußtem fehlt. Ein Beweis dafür ist die Tatsache, daß die Rückkehr von Urashima einem geschichtlichen Dokument zugeordnet worden ist. In der Chronik „Nihonkôki" ist eine Aufzeichnung aus dem Jahr 825, die heißt: „In diesem Jahr ist Urashima, der vor 347 Jahren ins Meer hineinging, heimgekommen." In „Nihonshiki", einer anderen Chronik steht, daß Urashima im Jahre 478 ins Meer hineingegangen sei. Die Rechnung stimmt also. Aber warum es 347 Jahre und nicht wie im Märchen 300 Jahre sind, bleibt unbekannt. Auf alle Fälle ist es ein besonderes Merkmal, daß ein solcher Bericht in einer Chronik enthalten ist. Diese einfache Vermischung von äußerer und innerer Wirklichkeit ist eine Eigenart der Japaner. Ein anderer Hinweis darauf ist die Tatsache, daß in allen Geschichten

von Urashima der Gang von dieser Welt zum Drachenpalast ausgesprochen einfach beschrieben wird. Das gleiche läßt sich in einem Mythos erkennen: Der Gott Izanagi geht ohne Schwierigkeiten ins Totenreich, um seine Frau Izanami zurückzuholen. Anders wird es aber zum Beispiel in „Thomas, der Versemacher" dargestellt. Von ihm heißt es, daß er vierzig Tage und Nächte bis an die Knie durch ein Blutmeer gewatet sei, weder Sonne noch Mond gesehen und nur das Brausen des Meeres vernommen habe. Auch gibt es in einem babylonischen Mythos eine ausführliche Beschreibung, wie die Göttin Ischtar in die Unterwelt ging, um ihren Gatten zu besuchen. Im Vergleich dazu ist für Japaner die Trennwand von dieser Welt und der anderen Welt ziemlich dünn.

Die Wand zwischen dieser und jener Welt, von der äußeren und der inneren Welt ist dünn wie Papier, wie eine japanische Papierschiebetüre. Das widerspiegelt das Wesen des japanischen Ich. Im Westen wird die Entwicklung des Ichs so dargestellt, daß es symbolisch „die Mutter tötet". Ein solches Ich unterscheidet deutlich zwischen Bewußtsein und Unbewußtem und ist imstande, die Dinge objektiv zu erfassen. Es unterscheidet deutlich zwischen Ich und Du. Weil im japanischen Bewußtsein die Grenzen gewöhnlich unbestimmt verlaufen, versucht es, das Ganze in seiner undifferenzierten Form zu erfassen. So kommt es, daß japanische Märchen nach der Meinung von Märchenforschern wie Sagen wirken, weil sie äußere und innere Vorgänge vermischen.

Das Verbot, das Kästchen nicht zu öffnen, kann mit dem Verbot „Nicht sehen" gleichgesetzt werden. Wer dieses Verbot bricht, muß unweigerlich die damit verbundenen Schwierigkeiten überwinden. Nur wer die Kraft dazu hat, kann auf eine höhere Stufe der Selbstwerdung gelangen. Urashima war in diesem Punkt zu schwach. Deswegen ist der Schluß, in dem er ein Greis wird, unvermeidlich. Auch sein Tod, den ein Manyo Dichter sich von ihm ausgemalt hatte ist eine Konsequenz davon. Aber es gibt das Schauspiel

5. Die äußere und die innere Welt

„Urashima Nendai Ki" von Chikamatsu (1653–1724), das eine neue Interpretation darstellt. Sie unterscheidet sich zwar von der ursprünglichen Form und wirkt verwickelt. Urashima wird von Übeltätern verfolgt und um sie zu bestrafen, öffnet er absichtlich das Kästchen, wohl wissend, daß es 8000 Jahre seines Lebens enthält. Diese Figur kann als der „Urashima mit Willen" bezeichnet werden. Es ist ein bemerkenswerter Versuch, das bisherige Bild vom „jungen" Urashima zu überwinden. Aber auch in dieser Version ist von Heirat nicht die Rede. Um eine Heirat zu ermöglichen, müßte die Geschichte von Grund auf verändert werden, wie das Chikamatsu versucht hat. Die im Anhang aufgeführte Version versucht ebenfalls, ein „glückliches Ende" herbeizuführen. Das soll noch im nächsten Kapitel zur Sprache kommen.

Auf diese Weise wurde die Sage von Urashima Tarô im Laufe der Zeit zum Märchen, wie es heute alle kennen. Die sich wechselnde Figur der Otohime bringt die zwei Frauengestalten zum Vorschein, die eine typische Vorstellung in der Seele der Japaner sind. Die zwei Figuren stehen entweder über oder unter der Ebene des Mannes. In den nächsten Kapiteln soll nach Frauen Ausschau gehalten werden, die auf der gleichen Ebene stehen können wie er.

Kapitel VI

Die ungleichartige Frau

Es gibt eine Gruppe von japanischen Märchen mit dem Motiv von der ungleichartigen Frau. Ein andersartiges Wesen erscheint in der Gestalt einer Frau und heiratet einen Mann. Da eine Heirat in japanischen Märchen selten vorkommt, mag das überraschen. Aber in den meisten Fällen kommt es im Verlauf der Geschichte zu einer Katastrophe, und sie endet nicht wie in den westlichen Märchen „glücklich bis an den heutigen Tag".
Es treten verschiedene Arten wie Schlangen, Fische, Vögel, Füchse oder Katzen als Frauen auf. Es kann gesagt werden, daß Geschichten von der Heirat mit einer ungleichartigen Frau ausschließlich in Japan und dessen Nachbarländern anzutreffen sind. Diese Besonderheit gibt einen wichtigen Hinweis auf die Seele der Japaner. Sie gibt auch Aufschluß über das in japanischen Märchen behandelte Thema der Heirat, das im Brennpunkt dieses Buches liegt. Unter den vielen Geschichten von der ungleichartigen Frau wird hier „Die Kranichfrau" erwähnt. Sie hat viele Varianten in ganz Japan. Im Anhang ist die Version aus Kagoshima aufgeführt (Insel Kyushu).

1. Die Kranichfrau

Karoku, die Hauptperson, lebt wie Urashima Tarô mit seiner Mutter zusammen. Er ist schon lange Junggeselle, denn die Mutter ist schon 70 Jahre alt. Eines Tages geht er in die Stadt, um eine Bettdecke zu kaufen. Er braucht offenbar in seinem Haus etwas Wärme. Aber unterwegs gibt er sein Geld aus, um einen gefangenen Kranich zu retten. „So muß ich halt diese Nacht frieren", denkt er und geht mit leeren Händen nach Hause. Die Mutter tadelt ihn aber nicht und sagt: „Gut, was du machst, ist schon recht." Diese zwei Leute sind arm, aber gutherzig. Das kommt mit diesen knappen Worten zum Ausdruck.

In den meisten Varianten wird erzählt, daß die Hauptperson arm ist und eine große Summe ausgibt, um den Kranich zu retten. Zum großen Teil wird der arme Sohn reich zum Dank, daß er einen Kranich gerettet hat. Die Geschichte verändert sich im Sinne der buddhistischen Lehre der Vergeltung einer Wohltat. Einige Varianten stellen wie bei „Urashima" die Vergeltung in den Vordergrund, und die Heirat kommt nicht mehr vor. Doch das ist ausgesprochen selten, und es kann gesagt werden, daß der Heirat mit dem Kranich eine wichtige Bedeutung zugemessen wird.

Der Kranich verwandelt sich in eine Frau und geht Karoku besuchen. Die Verwandlung des Kranichs in eine Frau wird als ein ganz natürlicher Vorgang erzählt. Das gleiche läßt sich auch von den Verwandlungen anderer ungleichartiger Frauen sagen. Es kann als eine Besonderheit bezeichnet werden, daß dabei kein Zauber mitspielt, wie das in europäischen Märchen der Fall ist, in denen ein Tier in eine Frau verwandelt wird. Was bedeutet dieser Kranich, der sich in eine Frau verwandelt?

Wegen seiner elegant fliegenden Gestalt wird der Kranich in Japan als Geist verehrt. Er wird auch als ein glückbringender Vogel betrachtet. Das zeigt sich im chinesischen Sprichwort „Der Kranich lebt 1000 Jahre, die Schildkröte 10 000 Jahre." Man führt sogar den Reisanbau auf diesen

Vogel zurück, weil er laut einer Sage eine Ähre Reis nach Japan gebracht haben soll. Aber im Märchen stellt seine elegante Gestalt vielmehr eine schöne, sanftmütige Frau dar. Außerdem ist der Kranich ein Symbol für eine dauerhafte Ehe. Dabei denkt man an die rührende Hingabe der Kranichfrau.

Der gerettete Kranich verwandelt sich in eine Frau und bittet Karoku, sie zu heiraten. Das ist also wieder ein von der Frau gestellter Heiratsantrag. Aber diesmal verhält sich der Mann ganz anders. Urashima in der alten Sage verhielt sich sehr passiv gegenüber dem Antrag und fügte sich ihm. Karoku dagegen ist sich seiner gegebenen Lebensverhältnissen voll bewußt und lehnt mit der Begründung ab, er könne nicht einfach eine so schöne Frau heiraten. Da er die Wirklichkeit erkennt, ist er zur Kontrolle fähig, und er wird nicht einfach wie Urashima hinweggeführt.

Einige Zeit nach der Heirat sagt die Frau zum Mann, sie wolle drei Tage lang in den Wandschrank hineingehen, er dürfe aber die Schranktüren nicht öffnen. Wieder erscheint das Verbot, nicht zu sehen. Das erste Mal hält der Mann das Verbot. Inzwischen webt die Frau ein Stück Tuch. Das Thema „Weben" ist bereits besprochen worden. Es ruft die Assoziation mit der Yama-uba hervor. So läßt sich ein Kreis von Assoziationen vom ersten Kapitel bis hierher ziehen. In „Das Land der japanischen Nachtigall" verließ die vom Mann enttäuschte Frau diese Welt. Aber sie wollte wieder den Verkehr mit einem Menschen aufnehmen und ertrug sogar die Bedingung, nichts zu essen. Aber weil der Mann „hineinschaute", brach aus Zorn ihre dunkle Seite hervor. Durch die Klugheit des Menschen wurde sie vertrieben. Kaguyahime, ihr zweites Selbst, rächte sich für ihren Zorn und ihre Erbitterung. Danach versuchte sie wieder, in diese Welt zu kommen. In einen Kranich verwandelt findet sie einen Mann, der vertrauenswürdig ist. Er ist sanftmütig und zuverlässig. Voller Hingabe (im buchstäblich Sinn, da sie ihre Federn dazu hingibt) versucht sie ihm zu helfen. Obwohl er sich Sorgen macht, hält der Mann das Verbot. Die

Frau kann den Stoff fertig weben. Es sieht so aus, als würde ihr nun diesmal das Weben ihres Schicksals ebenfalls gelingen. Sie freut sich darauf, ein glückliches Eheleben aufbauen zu können.

Doch da ist unerwartet eine Falle. Der Mann wird habgierig. Mit den für den Stoff erhaltenen 2000 Goldstücken hätten sie beide glücklich leben können. Aber der Fürst fragt den Mann, ob er nicht noch so ein Stück Stoff machen könne. Dieser antwortet vorerst ganz korrekt: „Ich muß zuerst meine Frau fragen." Doch er ändert seine Haltung, als der Fürst ihn überredet, er könne das Geld gleich haben, er solle doch selber zusagen. In einer Version aus der Präfektur Niigata wird deutlich festgehalten, daß der Mann habgierig geworden sei und noch ein Stück Stoff machen ließ. Auf die Zumutung, noch einen Stoff zu weben, reagiert die Frau weder mit Wut noch mit Traurigkeit, sondern mit vermehrter Hingabe.

Als der Mann noch arm war, rettete er den Kranich und nahm sogar das Frieren auf sich. Zuerst war er es, der sich aufopferte. Aber als er nach der Heirat zu Geld kam, kehrte sich seine Haltung ins Gegenteil. Reichtum bringt auch die Habgier mit sich. Habgierige Menschen werden unsicher. Wer aber sehr unsicher wird, kann nicht mehr still warten und ein Versprechen halten. Deshalb bricht der Mann schließlich das Verbot. Es mag vielleicht allzu profan klingen, aber hier widerspiegelt sich das typische Bild des japanischen Mannes: Wenn er noch arm ist, opfert er sich vor der Heirat für die Frau auf. Aber wenn er nach der Heirat reich wird, nimmt er die Hingabe der Frau als selbstverständlich in Anspruch und hält auch sein Versprechen nicht mehr. Das Entstehen dieses negativen Verhaltensmusters beim japanischen Mann ist auf die Grundstruktur der japanischen Seele zurückzuführen, die bei dieser Deutung von Märchen sichtbar geworden ist.

Wiederum wie in „Das Land der japanischen Nachtigall" bricht der Mann das Verbot. Aber die Frau wird auch diesmal nicht wütend. Sie verabschiedet sich mit den Worten:

1. Die Kranichfrau

„Weil du mich nackt gesehen hast, bin ich dir nun wohl zuwider." Sie beschuldigt den Mann nicht, sondern geht weg, weil sie sich schämt, nackt gesehen worden zu sein. Aber ist es wirklich nur deshalb, weil ihr nackter Körper gesehen worden ist? Viele Versionen erzählen, daß die Frau weggeht, weil ihre Herkunft bekannt geworden ist. Das bedeutet symbolisch gesagt das gleiche. Es will sagen, daß die Frau nicht mehr mit dem Mann zusammen leben kann, wenn ihre wahre Natur, das heißt die nackte Wahrheit an den Tag kommt. Damit die Ehe bestehen bleibt, muß sie ihre wahre Natur vollkommen verbergen. Auch in anderen Varianten wird am Anfang geheimgehalten, daß die Frau, die plötzlich erscheint, ein Kranich ist. Erst als er das Verbot bricht, erfährt der Mann zu seinem Schrecken die Herkunft seiner Frau. Er hält es für selbstverständlich, daß es zur Trennung kommt. Obwohl es den Anschein machte, daß er sie liebte, unternimmt er keinen Versuch, sie am Weggehen zu hindern.

Es gibt auch westliche Märchen, in denen eine Frau ein Vogel wird. Zum Vergleich sei das Grimms-Märchen „Die Rabe" erwähnt. Darin wird eine Königstochter durch den Fluch ihrer Mutter zu einer Rabe und lebt in einem Wald. Sie trifft einen Mann und teilt ihm mit, daß sie verzaubert sei. Sie bittet ihn, sie zu erlösen. Er kann aber die ihm gestellten Aufgaben nicht erfüllen. Dennoch gibt sie ihm eine weitere Chance. Nachdem er schließlich den Beweis für seine Liebe gegeben hat, kommt es zur glücklichen Heirat. Die starken Gegensätze in den beiden Märchen sind erstaunlich. In Tabelle 7 ist ein Vergleich der beiden Geschichten aufgeführt (S. 128). Er beginnt mit der Stelle, an der die Frau und der Mann sich treffen. Der Teil, in dem der Mann den Kranich rettet oder die Königstochter in eine Rabe verwandelt wird, kommt als Nebenhandlung nicht in Betracht. Im japanischen Märchen tritt eine Frau auf, deren wahre Natur ein Kranich ist. Bei Grimm tritt eine Rabe auf, deren wahre Natur eine Frau ist. Im japanischen Märchen findet die Heirat unter der Voraussetzung statt, daß die

wahre Natur verborgen bleibt. Bei Grimm gibt die Rabe ihre wahre Natur zu erkennen und erhofft vom Mann die Erlösung. Im japanischen Märchen ist es die Frau, welche die für den Ausgang nötigen Aufgaben erfüllt. Bei Grimm ist es der Mann, der diese Aufgaben ausführen muß. „Die Kranichfrau" findet ein tragisches Ende. Nachdem ihre wahre Natur erkannt wird, kommt es zur Trennung. „Die Rabe" endet glücklich mit einer Heirat. Es fällt auf, daß sich diese zwei Geschichten in jedem Punkt unterscheiden. Es ist bemerkenswert, daß die Heirat und das Erkanntwerden in umgekehrter Reihenfolge verlaufen.

Es stellt sich nun die Frage, ob die „Kranichfrau" typisch sei für die Geschichte von einer ungleichartigen Frau. Wie steht es mit weiteren Geschichten von ungleichartigen Frauen?

Tabelle 7. Vergleich von „Die Kranichfrau" und „Die Rabe"

	Ausgangslage	Entwicklung
Die Kranichfrau	Die Frau besucht den Mann	Die Frau macht einen Heiratsantrag, heiratet
Die Rabe	Der Mann trifft die Rabe	Die Rabe gibt sich zu erkennen, bittet den Mann, sie zu erlösen

Tabelle 8. Geschichten von der ungleichartigen Frau

Geschichte	Heiratsantrag der Frau	Verbot von der Frau gestellt
Schlangenfrau	x	Bei der Geburt nicht schauen
Froschfrau	x	–
Muschelfrau	x	–
Fischfrau A	–	Beim Baden nicht schauen
Fischfrau B	x	–
Kranichfrau	x	–
Fuchsfrau A	x	Bei der Geburt nicht schauen
Fuchsfrau B	x	–
Fuchsfrau C	x	–

2. Die ungleichartige Frau

Das Grimms-Märchen und die Kranichfrau unterscheiden sich darin, daß die Rabe eine verwandelte Frau ist und die Kranichfrau ein verwandelter Kranich. Geschichten, in denen ein Tier eine Frau wird und einen Menschen heiratet, sind in Japan ziemlich häufig. Im Westen hingegen kommen sie gar nicht vor. Ihre Verbreitung ist also auf Japan beschränkt. Der Märchenforscher Toshio Ozawa kommt zum Schluß, daß es nur noch im Nachbarland Korea Geschichten von der ungleichartigen Frau gibt, und zwar in der Form der „Drachenfrau". Es bleibt allerdings abzuwarten, ob weitere Untersuchungen in der Märchenforschung nicht noch anderes Material zu Tage fördern werden.

öhepunkt	Folge
e Frau erfüllt die Aufgabe (vom ann daran gehindert)	Scheidung, weil die wahre Natur der Frau erkannt wird
r Mann erfüllt die Aufgabe ekommt Hilfe von der Frau)	Heirat, weil der Mann die Aufgabe erfüllt hat

tdecken der wahren Natur der Frau	Scheidung	Kinder
Hinschauen)	x	Eines (die Frau hinterläßt ihre Augen)
Nachgehen)	x	Keine
Hinschauen)	x	Keine
Hinschauen)	x	Drei (Hinterläßt zwei, die verschwinden, als der Mann wieder heiratet)
Hinschauen)	x	Keine
Fragen nach der Herkunft)	x	Keine
Die Frau gibt sich zu erkennen)	x	Eines (wird eine angesehene Person)
Das Kind erkennt sie)	x	Eines (wird wohlhabend)
Mann sieht den Schwanz der Frau)	x	Eines (ein Kind, das nicht weint

Was für ungleichartige Frauen kommen da vor? In der Sammlung japanischer Märchen sind folgende Tiergestalten, die zu Frauen werden, erwähnt: Schlange, Frosch, Venusmuschel, Fisch, Kranich, Fuchs, Katze. Nicht zur Kategorie Tiere gehören die Drachenpalastfrau, die Himmelsfrau und die Frau des Flötenspielers. In Varianten von der „Kranichfrau" treten auch Fasane oder Kupferfasane auf. Es zeigt sich also, daß die Tiere, die sich in Frauen verwandeln, auf eine kleinere Anzahl beschränkt sind. Es gibt auch Geschichten, in denen ein Tier ein Mann wird und eine Frau heiratet. Die Schlange oder der Frosch können sowohl Mann als auch Frau sein. Sie erwecken die Vorstellung beider Geschlechter.

Diese Geschichten von der ungleichartigen Frau haben auch alle ihre Varianten. Es wäre zu umfangreich, sie alle zu untersuchen. Ein Überblick soll genügen. Nur dort wo es nötig ist, soll eine Variante herbeigezogen werden. Ausgenommen Katzenfrau, Drachenpalastfrau, Himmelsfrau und die Frau des Flötenspielers haben alle Geschichten einen ähnlichen Charakter wie die Kranichfrau. In Tabelle 8 (S. 128) sind die besonderen Merkmale zum Vergleich aufgeführt, und es läßt sich folgende Gemeinsamkeit ableiten: Unter der Voraussetzung, daß die wahre Natur verborgen bleibt, kommt es zur Heirat. Wird die wahre Natur der Frau entdeckt, kommt es zur Trennung. Dabei kommt es vor, daß Kinder von dieser Frau da sind. Dieses Schema bildet den Kern dieser Art Geschichten. Ein weiteres Thema ist der Heiratsantrag der Frau. Es fällt auf, daß die Heirat nicht am Ende, sondern am Anfang erfolgt. Außer der Fischfrau stellt in allen Geschichten die Frau den Antrag. Das ist auch in „Urashima Tarô" und in Varianten von „Das Land der japanischen Nachtigall" vorgekommen. Die Frau spielt bei all diesen Geschichten eine aktive Rolle. In den meisten Fällen kommt die Frau ins Haus, weil der Mann ein Tier gerettet hat. Aber in „Schlangenfrau" steht nichts von einer Rettung einer Schlange, sondern es erscheint unerwartet eine Frau und macht einen Antrag. Auch in „Venusmu-

2. Die ungleichartige Frau

schelfrau" kommt eine Frau zu Besuch und sagt: „Ich bin gekommen, um dich zu heiraten." Erst als sie sich von ihm trennt, verrät sie, daß er sie einmal gerettet habe. Die Geschichten, in denen der Antrag unerwartet von der Frau kommt, sind wohl älter als diejenigen, die von der Vergeltung einer Wohltat erzählen, also vom Buddhismus beeinflußt worden sind. Das läßt sich aus dem Beispiel von „Urashima Tarô" folgern.

Das Thema, daß die Frau ein Verbot erteilt, ist relativ selten. Ein besonderer Fall ist die „Fuchsfrau". Sie verbietet dem Mann, sie bei der Geburt des Kindes zu sehen. Er hält das Verbot, aber neun Monate nach der Geburt verrät sie ihm, daß sie ein Fuchs sei. Der Mann glaubt ihr nicht und lacht darüber. Da geht sie so weit, daß sie sich vor ihm in einen Fuchs verwandelt. Sie dreht sich dabei um, wie das die Füchse bei der Verwandlung tun. Diese Geschichte endet damit, daß das Kind, das sie zurückläßt, eine angesehene Person wird. Die Verhältnisse sind hier somit etwas anders. Auf jeden Fall ist es nicht das Übertreten des Verbots, das eine große Rolle spielt. Die Betonung liegt vielmehr auf dem Aufdecken der wahren Natur der Frau. In der allgemein bekannten Geschichte der Kranichfrau, wie sie in der Sammlung japanischer Märchen aufgeführt ist, wird kein Verbot ausgesprochen.

Das Verbot, bei der Geburt nicht hinzuschauen, kommt außer in „Schlangenfrau" und „Fuchsfrau" auch im Mythos „Toyotama-hime" vor. Die Fischfrau verbietet, sie beim Baden zu sehen. Das bedeutet das gleiche wie bei der Kranichfrau: Es ist die Scham, nackt gesehen zu werden oder die nackte Wahrheit an den Tag zu legen. In einer Version der „Froschfrau" sagt die Frau, bevor sie nach Hause geht, um das Kind zu gebären: „Frage nicht, wohin ich gehe, sonst geschieht ein Unglück." Auch in Geschichten, in denen kein Verbot vorkommt, wird das „Hinschauen" nicht gerade als Sünde, aber doch als eine schäbige Tat betrachtet, weil dadurch die wahre Natur der Frau aufgedeckt worden ist.

Die Bedeutung von „Hinschauen" ist auch im Kapitel II zur Sprache gekommen. Der Mann, der das Verbot der Frau nicht hält und hinschaut, ist zum ersten Mal im japanischen Mythos von den Welteltern Izanami und Izanagi zu finden. Nach der Geburt des Feuergottes stirbt die Muttergottheit Izanami. Ihr Mann Izanagi kommt sie in der Totenwelt besuchen. Sie läßt ihn ein, aber verbietet ihm, hinzusehen, während sie weggeht, um sich mit anderen Göttern zu besprechen. Ihre Abwesenheit dauert aber so lange, daß er nicht länger warten kann und mit einer Zacke seines Kamms Licht macht. Da sieht er die grauenvoll verfaulte Leiche seiner Frau. Vor Schrecken flieht er, wird aber von der Göttin mit den Worten verfolgt: „Er hat mich beschämt." Izanagi stellt schließlich einen riesengroßen Stein beim Durchgang zur Totenwelt hin, und die beiden trennen sich. Das Übertreten des Verbots bringt die dunkle, unreine Seite der Frau zu Tage. Das gleiche zeigt sich auch in den Märchen: In „Venusmuschelfrau" und in „Fischfrau" sieht der Mann, wie die Frau in der Küche auf der Pfanne ihre Geschäfte verrichtet.

In den meisten Fällen wird die wahre Natur der Frau durch Hinschauen entdeckt. Aber in „Froschfrau" wird das Thema abgewandelt. Die Frau geht angeblich, um an einer Zeremonie in ihrem Elternhaus teilzunehmen. Der Mann folgt ihr heimlich. Er sieht sie in einem Teich verschwinden und hört einen Frosch quaken. Er wirft ihm einen Stein nach und geht nach Hause. Nachdem die Frau wieder zurückkommt, erzählt sie ihm, jemand habe bei der Zeremonie einen Stein geworfen, und es hätte eine große Unruhe gegeben. Am anderen Tag geht sie weg. Dabei sagt sie nicht, daß sie ein Frosch sei. Doch sie geht davon aus, daß ihre wahre Natur erkannt worden ist. In einer anderen Version vertreibt jedoch der Mann die Frau mit den Worten: „Ich kann doch nicht mit einem Frosch leben." Ein Frosch bleibt ein Frosch. Mit dieser eindeutigen Begründung kommt es ausnahmslos zur Trennung, auch nach einem einträchtigen Eheleben.

2. Die ungleichartige Frau

In den meisten Fällen ist es die Frau, die entscheidet, daß eine Trennung unumgänglich ist. Es ist selten, daß der Mann die Frau auffordert zu gehen. Wie es bei der Kranichfrau der Fall ist, nimmt die Frau alles selber in die Hand, sei es den Heiratsantrag, die verlangte Arbeit und die Trennung. Der Mann verhält sich immer passiv. Die Märchen von der ungleichartigen Frau sind in Japan immer Geschichten von Frauen. Im Gegensatz dazu ist Grimms „Die Rabe" eine Geschichte von einem Mann.

Es gibt Fälle, in denen nach der Trennung Kinder zurückgelassen werden. Das endet nicht immer gut. In „Schlangenfrau" wird das Kind unglücklich: Die Mutter gibt ihm ihre eigenen Augen, die ihm mit ihren magischen Kräften beistehen sollen. Aber die Dorfbewohner nehmen ihm diese kostbaren Augen weg. Aus Zorn läßt die Schlangenfrau eine Überschwemmung über das Dorf kommen und es wird fortgeschwemmt. In „Fischfrau" (A) wird erzählt, daß das Kind spurlos verschwindet, als der Mann eine zweite Frau nimmt. Das zeigt den Protest der weggegangenen Frau.

Interessant sind die „Fuchsfrau" Geschichten. In „Fuchsfrau" (A) hinterläßt die Mutter dem Kind eine Flöte, aus der Milch fließt, und es wird eine angesehene Person. In „Fuchsfrau" (B) wird das Kind wohlhabend, weil ihm die Mutter kostbare Kugeln zurückgelassen hat. Dem Fuchs wird in Japan Zauberkräfte zugeschrieben. Deshalb werden Kinder, die mit einem Fuchs verwandt sind, hochangesehen, auch wenn die Ehe der Eltern nicht mehr weiterbestehen kann.

Die gleiche Einstellung zeigt sich im Mythos von der Prinzessin Toyotama. Sie ist die Tochter vom Gott des Meeres. Sie kommt an Land, um ihrem Mann ein Kind zu gebären. Das kann sie aber nur in ihrer ursprünglichen Gestalt als „wani", was Krokodil heißt. Sie verbietet ihrem Mann, bei der Geburt hinzuschauen. Er aber hält sich nicht an das Verbot und sieht sie als „wani". Beschämt kehrt sie ins Meer zurück. Das Kind, das sie hinterläßt, wird später der Vater des ersten japanischen Kaisers. Die Blutsverwandt-

schaft mit der Prinzessin Toyotama besitzt ein hohes Ansehen. In diesen verschiedenen Beispielen kommt zum Ausdruck, daß die Japaner eine ambivalente Haltung gegenüber der ungleichartigen Frau einnehmen. Außer der Fuchsfrau wird die Tierfrau als unter dem Menschen stehend eingestuft. Die „Himmlische Frau" und die „Drachenpalastfrau" werden hingegen als höher angesehen.

Die Geschichte von der Katzenfrau ist nicht in Tabelle 8 aufgeführt. Sie nimmt eine besondere Stellung ein, weil sie mit einer glücklichen Heirat endet. Sie kommt aber aus einer einzigen Stadt in der Präfektur Iwate und hat keine Varianten. Die Frage bleibt offen, wie weit sie als für Japan typisch gelten kann. Vermutlich ist sie in neuerer Zeit entstanden. Sie erzählt von einem armen Bauern, der mit 40 Jahren noch ledig ist. Er liebt eine Katze, die sein reicher Nachbarn weggejagt hatte. Er sagt oft zu ihr: „Wenn du doch nur ein Mensch wärest!" Die Katze hilft ihm bei seiner Arbeit als Müller. Sie möchte ihm seine Wohltat vergelten und besucht den Ise-Schrein. Dort wird sie durch die Barmherzigkeit der Gottheit in einen Menschen verwandelt. Der Bauer heiratet sie, und durch die gemeinsame Arbeit werden sie wohlhabend. In westlichen Geschichten gewinnt der in ein Tier verwandelte Mensch die Gestalt als Mensch wieder zurück und heiratet. In diesem Punkt besteht bei der Katzenfrau ein großer Unterschied, da die Frau zuerst eine Katze war.

„Die Frau vom Drachenpalast", „Die Frau des Flötenspielers" und „Die himmlische Frau" sind an und für sich interessante Geschichten. Was für ungleichartige Frauen sind sie? Sie kommen alle aus einer anderen Welt. Die Frau des Flötenspielers ist zum Beispiel die Tochter des Bodhisattva-Königs. Sie stehen alle höher als der Mensch. In den ersten zwei Geschichten kommt nach der Heirat für die außergewöhnliche Frau eine schwere Probe. Sie wird von einem Fürsten begehrt und muß verschiedene Aufgaben lösen, um ihn abzuschlagen. Ihre Weisheit ist außergewöhnlich und wird besonders hervorgehoben. Es gibt also zwei Haltungen

2. Die ungleichartige Frau 135

gegenüber der Heirat mit ungleichartigen Frauen. Die Fuchsfrau nimmt eine Stellung dazwischen ein. Es ist wichtig festzuhalten, daß nicht alle Geschichten von ungleichartigen Frauen mit einer Katastrophe enden.

In „Die Frau des Drachenpalasts" und „Die Frau des Flötenspielers" ist die Frau kein Tier, und ihre wahre Natur wird nicht verborgen. Jede ungleichartige Frau hat in einem gewissen Sinn die Bedeutung eines außergewöhnlichen Elements. Doch die Herkunft muß verborgen bleiben. Wird sie aufgedeckt, kommt es unweigerlich zur Trennung. Im Fall der „Frau des Drachenpalasts" geht ein Mann zum Gott des Drachenpalasts und bittet um die Hand seiner Tochter. Die Herkunft der Frau ist ihm also bekannt. Er bekommt die Frau, indem er selber einen Heiratsantrag macht. Ist die Frau ein Tier, muß sie selber einen Antrag machen. In „Die Frau des Flötenspielers" hört die Tochter des Bodhisattva-Königs den besten Flötenspieler Japans und verliebt sich in ihn. Auch hier ist die Herkunft der Frau bekannt.

Beide Geschichten enden mit einer glücklichen Heirat. Aber im Unterschied zu westlichen Märchen ist die Heirat nicht zugleich das glückliche Ende. Nach der Heirat wird das Glück bedroht, und nur dank des Einsatzes der Frau kommt es zu einem glücklichen Ende. Das sind also auch Geschichten von der Frau und nicht vom Mann. Um die Seele der Japaner zu verstehen, ist es wichtig zu wissen, daß es diese zwei Geschichten gibt, obwohl sie als eine Seltenheit betrachtet werden müssen. Die meisten Geschichten von der ungleichartigen Frau enden mit einer Trennung. Außerdem ist noch zu bemerken, daß die Geschichte von der „Frau des Flötenspielers" aus noch unerforschten Gründen nur in Ostjapan vorkommt.

In der Geschichte „Die Himmlische Frau" übernimmt der Mann die Aufgaben, die sonst die Frau vollbringt. Darin steht sie einem westlichen Märchen nahe. Ein junger Mann namens Mikeran nimmt einer himmlischen Frau das Flügelkleid weg und heiratet sie. Ihre wahre Natur ist ihm also bekannt. Sie haben drei Kinder, aber als die Frau ihr Flügel-

kleid findet, geht sie in den Himmel zurück. Mikeran geht ihr nach, aber ihr Vater stellt ihm verschiedene schwierige Aufgaben, die er dank der Hilfe der Frau lösen kann. Bis dahin ist es wie in einem westlichen Märchen. Aber dann mißachtet er den Rat der Frau und befolgt, was ihr Vater sagt. Er fehlt und wird von Hochwassern weggeschwemmt. Es endet damit, daß die beiden zu zwei Sternen werden. Das ist kein glückliches Ende wie in einem westlichen Märchen. Dieses Märchen liegt dazwischen. Da es in ganz Japan verbreitet ist, hat es eine wichtige Bedeutung.

Das sind die besonderen Merkmale der Geschichten, die von der Heirat mit einer ungleichartigen Frau erzählen. Was ergibt sich, wenn man sie mit entsprechenden Märchen aus anderen Ländern vergleicht? Zudem sollen noch Geschichten von ungleichartigen Männern einbezogen werden.

3. Ungleichartige Heirat in den Märchen der Welt

Japanische Märchen, in denen die Frau einen Tierbräutigam heiratet, enden ebenfalls unglücklich, ob er nun ein Tier bleibt wie der Affe oder menschliche Gestalt annimmt wie die Schlange. In westlichen Geschichten ist das Tier ein verzauberter Mann. Durch die Liebe der Frau bekommt er die Menschengestalt zurück und die Heirat endet glücklich, wie das in „Die schöne Frau und das wilde Tier"-Geschichten der Fall ist. In Japan wird zudem ein Unterschied gemacht, je nachdem, ob die Frau oder der Mann ungleichartig sind. Die Frau geht einfach weg, wenn ihre Herkunft bekannt wird. Der ungleichartige Mann hingegen wird getötet.

Wie steht es mit der ungleichartigen Heirat in anderen Ländern? Auch der Märchenforscher Toshio Ozawa untersuchte diese Thema in Märchen ferner Länder, unter anderem aus Afrika, Neu-Guinea und Nordkanada. Er versucht darin, die Unterschiede der verschiedenen Kulturen her-

auszufinden. Seine Untersuchungen treffen sich mit dem Hauptthema dieses Buches, das die Heirat in japanischen Märchen psychologisch zu deuten versucht. Ein von ihm erwähntes Eskimomärchen ist sehr aufschlußreich. Es erzählt folgendes: Ein Jäger hat eine schöne Tochter. Sie schlägt alle Heiratsanträge von jungen Männern ab und heiratet einen großen Krebs, ohne ihre Eltern zu fragen. Aus Scheu zeigt sich der Krebs nicht vor den Leuten und versteckt sich hinter dem Pelzvorhang, wo die Tochter schläft. Als wegen der Kälte keine Beute gefangen werden kann, beklagt sich der Vater über den nutzlosen Schwiegersohn. Da weht ihnen ein Schneesturm drei Seehunde ins Haus. Der Krebs verwandelt sich in einen Menschen und jagt sie. Nach einer Weile bekommt das Paar Zwillinge. Weil sich der Krebs immer noch nicht zeigt, wird die Mutter neugierig und schaut durch ein Loch im Vorhang. Sie erblickt ein Männchen mit einem runzeligen Gesicht und zwei großen herunterhängenden Augen. Vor lauter Schrecken fällt sie um und stirbt. Es heißt weiter: „Von da an dachte niemand mehr daran, durch das Loch im Pelzvorhang, hinter dem die Tochter mit dem Krebs schlief, zu schauen. Der Krebs lebte fortan glücklich mit Frau und Kindern und brachte der Familie reiche Beute."

In dieser Geschichte fällt auf, daß zwischen Tier und Mensch kaum eine Schranke besteht. Obwohl sie wissen, daß ihr Schwiegersohn ein Krebs ist, sind die Eltern nicht besonders erstaunt. Es kommt zu keiner Tötung oder Trennung wie in japanischen Geschichten. Der Vater beklagt sich höchstens darüber, daß der Krebs keine Fähigkeit zum Jagen hat. Die Mutter stirbt nicht aus Schrecken, daß er ein Krebs ist, denn das weiß sie ja, sondern weil er so seltsam aussieht. Nach diesem Vorfall schaut niemand mehr hinein, und der Krebs lebt glücklich bei seiner Familie. Es kommt zu keiner Katastrophe wie in japanischen Märchen. In diesem Eskimomärchen werden Mensch und Tier als gleichartig betrachtet.

Im japanischen Märchen „Der Affenbräutigam" zeigt sich ein anders Verhältnis von Tier und Mensch. Zuerst sprechen der Mann und der Affe gleichberechtigt miteinander, und Mensch und Tier werden gleichartig behandelt. Aber nach der Heirat läßt die Tochter den Affen vom Baum zu Tode stürzen. Die Ungleichartigkeit des Mannes wird letztlich nicht akzeptiert, und es kommt sogar zur Tötung. In westlichen Geschichten kommt es prinzipiell nie zu einer ungleichartigen Heirat. Tiere und Ungeheuer heiraten nur, wenn sie verzauberte Menschen sind. Im Westen wird deutlich ein Unterschied zwischen Tier und Mensch gemacht. Die japanischen Geschichten von der ungleichartigen Heirat liegen zwischen der Kultur der Naturvölker wie der Eskimos und der Kultur des Westens. Zuerst beginnen sie wie Geschichten der Naturvölker, dann kommt es zum Bruch, wie er in der Kultur des Westens geschehen ist.

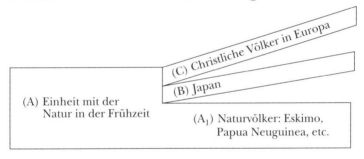

Skizze 7. Geschichten von der ungleichartigen Heirat (nach Toshio Ozawa)

Skizze 7 zeigt modifiziert eine Darstellung der kulturellen Unterschiede, wie sie Ozawa zusammengestellt hat. A bedeutet die Einheit von Tier und Mensch in der Frühzeit. A1 bedeutet die Fortsetzung aus der Frühzeit, wie sie in den Geschichten der Naturvölker wie den Eskimos oder in Papua-Neu Guinea gesehen werden kann. Dazu sagt Ozawa: „Die Verwandlung von Mensch und Tier erfolgt natürlich, die Heirat zwischen Tier und Mensch wird nicht als ungleichartige, sondern als gleichartige Heirat betrachtet."

C bedeutet die Geschichten christlicher Völker. „Eine Verwandlung ist nur durch Zauber möglich. Eine ungleichartige Heirat ist in Wirklichkeit eine Heirat von Menschen, weil derjenige, der ein verwandeltes Tier ist, durch die Liebe wieder zum Menschen wird." In der christlichen Kultur wird die Schranke zwischen Tier und Mensch streng eingehalten und kann nicht überschritten werden. B stellt die japanischen Geschichten dar, welche zwischen A und C liegen. In ihnen erfolgt die Verwandlung ohne Anwendung von Zauber, und die Heirat von Tier und Mensch wird auf die gleiche Weise erzählt wie in A. Aber ist der Bräutigam ein Tier, wird er entweder abgelehnt oder getötet. Wird bekannt, daß die Frau ein Tier ist, wird die Ehe nicht weitergeführt. Die Grenze zwischen Tier und Mensch wird also auch hier streng eingehalten.

In diesem Zusammenhang nehmen die japanischen Geschichten eine besondere Stellung ein zwischen den christlichen Völkern in Europa und den Naturvölkern wie den Eskimos. Das ist ein Hinweis auf das Wesen der japanischen Seele. Damit wird es möglich zu erklären, warum Japan früher als andere Länder fast mühelos einen Zugang zur europäischen Kultur fand und sie aufnehmen konnte, auch wenn dabei die Zugehörigkeit zu anderen Menschen und Ländern in Asien beibehalten worden ist.

4. Die Natur und der Mensch

Was bedeutet diese besondere Stellung der japanischen Geschichten von der ungleichartigen Heirat? Das Ende von „Urashima Tarô" gibt dazu einen aufschlußreichen Hinweis. Obwohl Urashima meistens ein Greis wird oder stirbt, gibt es auch einen anderen Schluß wie in der Version im Anhang: Otohime gibt ihm das Schatzkästchen mit den Worten: „Wenn du dir nicht mehr zu helfen weißt, kannst du das Kästchen öffnen." Als er es in seiner Verzweiflung öffnet, wird er ein Kranich. Er fliegt ums Grab seiner Mut-

ter, und Otohime kommt als Schildkröte ans Ufer. Die Geschichte endet mit der Erklärung: Daher tanzt man in Ise das Lied vom Schildkröten- und Kranichtanz. Diese letzte Szene hat eine besondere Bedeutung. Ganz im Gegenteil zu westlichen Geschichten, in denen ein Tier ein Mensch wird und heiratet, verwandelt sich hier der Mensch in einen Kranich, und dieses Ende hat für Japaner eine glückliche Bedeutung.

Darin ist einerseits der chinesische Einfluß „Der Kranich lebt 1000, die Schildkröte 10000 Jahre" zu erkennen. Aber darin kommt auch zum Ausdruck, daß die Rückkehr des Menschen zur Natur als ein glückliches Ende gilt. Das kann bis zu einem gewissen Grad auch vom Ende der Geschichte von der Kranichfrau gesagt werden. Karoku sucht die weggegangene Kranichfrau in ganz Japan. Von einem alten Mann geführt, gelangt er in das Land der Kraniche. Aber obwohl er seine Frau trifft, lebt er nicht mit ihr zusammen und nimmt sie nicht mit nach Hause. Er wird dort bewirtet und kehrt dann im Schiff des alten Mannes wieder zurück. Für einen westlichen Leser ist das wohl ein unbefriedigendes Ende. Es ist verständlich, daß es im Westen Märchenforscher gibt, die der Meinung sind, daß ein Leser bei einem japanischen Märchen nicht weiß, wann es fertig ist, wenn nicht der Satz stehen würde „Somit ist es zu Ende." Aber für Japaner ist es ein befriedigendes Ende. Der Mensch und der Kranich treten für eine gewisse Zeit in eine nahe Beziehung. Doch sowohl der Mensch als auch das Tier läßt sich in seiner eigenen Welt nieder, und es kommt zu einer Koexistenz mit getrennten Territorien. Deshalb ist es nicht nötig, zu herrschen und beherrscht zu werden.

Ozawa weist darauf hin, daß es auch in Deutschland Sagen gibt, in denen die Herkunft geheimgehalten wird. Der deutsche Dichter Heinrich Heine schreibt in seinem Buch über „Elementargeister": „Auch kommt es oft vor, daß die Nixen, wenn sie sich mit Menschen in ein Liebesbündnis einlassen, nicht bloß Verschwiegenheit verlangen, sondern auch bitten, man möge sie nie befragen nach ihrer

4. Die Natur und der Mensch 141

Herkunft, nach Heimat und Sippschaft. Auch sagen sie nicht ihren rechten Namen, sondern sie geben sich unter den Menschen so zu sagen einen 'nom de guerre.'" Heine stellt folgende Geschichte vor: Im Jahre 711 lebte Beatrix, die einzige Tochter des Herzogs von Kleve. Als ihr Vater starb, wurde sie Herrin von Kleve. Eines Tages sah sie einen weißen Schwan den Rhein hinabgleiten. Er zog einen Nachen an einer Kette. Darin saß ein schöner Mann, er hielt ein Goldschwert in der Hand, hatte ein Jagdhorn an seiner Seite und trug einen kostbaren Ring. Er sprang an Land, und Beatrix verliebte sich in ihn. Sie nahm ihn zum Gatten, mußte ihm aber versprechen, nicht nach seinem Geschlecht und seiner Herkunft zu fragen, da er sonst von ihr scheiden müßte. Er nannte sich Helias. Nach der Geburt mehrerer Kinder fragte sie ihn unvorsichtig, ob er den Kindern nicht sagen wolle, wer er sei. Danach verließ er sie unverzüglich und stieg wieder in sein Schwanenschiff. Die Frau starb im selben Jahr aus Gram und Reue. Er hinterließ aber den Kindern das Schwert, das Horn und den Ring. Seine Nachkommen leben noch. Auf der Spitze des Turms von Schloß Kleve steht ein Schwan. Man nennt ihn den Schwanenturm.

Diese Geschichte ist kein Märchen, sondern eine Sage. Zeit und Ort sind bestimmt und Namen werden angegeben. Märchen hingegen beginnen mit „Es war einmal", und Zeit und Ort sind unbestimmt. Dazu schreibt Max Lüthi: „Das Sagengeschehen bewegt sich nicht von der Stelle, gleichsam in sich zusammengekauert ist es an eine bestimmte Örtlichkeit gebunden." Einzig der Mann, der hier auftritt – Helias ist wohl nur ein künstlicher Name – kommt aus einer anderen Sphäre und ist wohl als ein Wassergeist zu betrachten. Er geht sogleich ohne Erklärung weg, als er nach seiner Herkunft gefragt wird. Er verhält sich sehr konsequent. Er ist ein Geist der Natur, wenn auch in menschlicher Gestalt. In japanischen Märchen sind die Tiere, die als Frauen auftreten, ebenfalls ein Symbol der Natur. Es besteht somit eine Ähnlichkeit zwischen diesen Märchen und der deut-

schen Sage. Noch ein Punkt ist ähnlich: Helias hinterläßt seine Schätze, und seinen Nachkommen ergeht es gut. Das gleicht dem japanischen Märchen „Ogata Saburo", in dem ein Schlangenbräutigam auftritt. Der Mann geht weg, aber sein Sohn Ogata Saburo wird ein bekannter Held. Japanische Märchen gleichen wohl deutschen Sagen. Sie unterscheiden sich aber von deutschen Märchen, weil sie tragisch enden und die Heirat unglücklich ist. Müssen deshalb japanische Märchen als Sagen eingestuft werden? Lüthi macht folgende Unterscheidung: „Die Jenseitigen des Märchens sind im allgemeinen von durchaus ebenmäßiger Gestalt, während sie in den Sagen verzerrte Züge haben." Diese ebenmäßige Gestalt wird in den westlichen Märchen mit dem glücklichen Ende ausgedrückt. Die japanischen Märchen enden nach westlichem Maßstab nicht mit einem glücklichen Ende. Doch mit dem ästhetischen Mitgefühl, das sie am Ende hervorrufen, wird nach japanischem Empfinden ebenfalls eine ebenmäßige Gestalt erreicht. Es ist unangemessen, japanische Märchen für Sagen zu halten, nur weil sie der westlichen Vorstellung von einem glücklichen Ende nicht entsprechen.

Nach diesen verschiedenen Erwägungen sei nun versucht, die Geschichten von der ungleichartigen Heirat im großen Ganzen zu betrachten. Das Ende von „Urashima Tarô", das vom Tanz der Schildkröte und der Kranich erzählt, kann als „Rückkehr zur Natur" gedeutet werden. Das gleiche gilt auch für die Geschichten von der ungleichartigen Frau: Diese Wesen, die sich aus einem Tier in Menschen verwandeln oder aus dem Jenseitigen kommen, vertreten dem Menschen gegenüber die Natur. Der Mensch ist wohl ein Teil der Natur, aber gleichzeitig hat er eine Tendenz, sich der Natur zu widersetzen. Das bedeutet, daß die Beziehung des Menschen zur Natur schwierig und heikel wird. Anhand der Skizze 7 (S. 138) kann das so erklärt werden: Bei der Gruppe A kommt die Verschiedenheit von Mensch und Tier kaum zum Ausdruck. In dieser Kultur ist der Mensch ein Teil der Natur und bildet mit ihr eine

Einheit. Demgegenüber ist in C prinzipiell keine Heirat zwischen Mensch und Tier möglich. In dieser Kultur sind Mensch und Natur getrennt. In Gruppe B, das heißt in Japan, liegt die Beziehung dazwischen und ist heikel. Zuerst scheint eine Einheit von Mensch und Natur zu bestehen, aber zu einem gewissen Zeitpunkt wird dem Menschen der Unterschied bewußt, und er versucht, die Natur zu erkennen. Aber die Natur liebt es nicht, erkannt zu werden. Daher bildet sich eine Koexistenz von Mensch und Natur in einer unklaren ganzheitlichen Harmonie, in der nichts festgelegt ist. Auf der anderen Seite versucht der von der Natur allzu abgetrennte Mensch in Gruppe C, die Beziehung zur Natur wiederherzustellen, und zwar durch die Natur, die er in sich selbst hat, das heißt, durch das Tier, in das er sich verwandelt. Der Schwerpunkt liegt darin, die Beziehung wiederherzustellen oder eine Wiedervereinigung zu vollbringen. Das kommt darin zum Ausdruck, daß das Tier sich in einen Menschen verwandelt und eine Heirat eingeht.

Was hier über die Beziehung des Menschen zur Natur gesagt worden ist, läßt sich auch auf das Bewußtsein und das Unbewußte der Seele beziehen. In den Märchen läßt sich die Struktur der Seele ablesen. Werden die beiden Märchen „Die Kranichfrau" und Grimms „Die Rabe" von diesem Standpunkt aus verglichen, ergibt sich folgende Deutung: „Die Rabe" entspricht vollständig der Theorie Neumanns und zeigt den westlichen Entwicklungsprozeß des Ichs, das von der männlichen Heldenfigur dargestellt wird. Die Königstochter ist durch den Fluch der Mutter in eine Rabe verwandelt worden. Damit entsteht eine deutliche Trennung von Mutter und Tochter. Im Märchen „Das Lachen der Oni" liegen die Bedingungen hingegen ganz anders, denn da steht das Erhalten dieser Beziehung im Mittelpunkt. Bei Grimm muß der männliche Held Aufgaben lösen, um die verzauberte Frau zu erlösen. So wie sich der Mensch von der Natur trennt, so trennen sich Sohn oder Tochter von der Mutter und so trennt sich das Bewußtsein vom Unbewußten. Das alles kann symbolisch als der gleiche

Vorgang bezeichnet werden. Es wird als ein gewaltsames Ereignis erlebt und ist wahrhaft einer Verfluchung gleichzusetzen. Nur wem es gelingt, die zur Erlösung nötigen Aufgaben zu vollbringen, kann ein selbständiges Ich erwerben. Soweit ist das eine Erklärung des westlichen Modells. Wie steht es damit in Japan? Da das Ich der Japaner in der Frauengestalt zum Ausdruck kommt, ist das an Hand der Kranichfrau zu erkennen. Die Kranichfrau lebt nicht ganz getrennt von der Natur, sondern sie bewahrt heimlich die Verbindung mit ihr und versucht, sich in der Welt des Menschen zu etablieren. Das bedeutet mit anderen Worten, daß das Ich der Japaner vom Unbewußten nicht getrennt ist, wie bei westlichen Menschen. Die Kranichfrau schafft sich selbst eine Position, indem sie selbst einen Heiratsantrag macht und selbst arbeitet. Das Ich jedoch ist widersprüchlich und hat die Tendenz, erkennen zu wollen. Es kommt zur Erkenntnis, daß es ein Teil der Natur ist. Ist die Wirkung dieser Erkenntnis stark, muß sich das Ich von der Natur trennen. Es ist der Mann, der diese Trennung vollzieht. Die Frau kann sich dagegen nicht wehren und geht einfach weg. Sie hat keine andere Möglichkeit, als in die Natur zurückzukehren.

„Die Kranichfrau" hat im japanischen Sinn ein gutes Ende. Daraus lassen sich folgende Schlüsse ziehen: Nachdem im Westen der Mensch aus der Einheit von Natur und Mensch herausgetreten ist, verbindet er sich mit dem verwandelten Teil der Natur und stellt somit die Ganzheit wieder her. In „Die Rabe" wird das zum Beispiel dadurch gezeigt, daß die von der Mutter getrennte Tochter eine Heirat eingeht. In Japan wird dadurch, daß die Herkunft der Frau bekannt wird, die Einheit von Natur und Mensch gestört. Die darauf folgende Rückkehr zur Natur bringt die Wiederherstellung der Ganzheit zum Ausdruck. Aber die Beziehung zur Natur ist nun nicht mehr naiv, sondern beruht auf der Erkenntnis, daß der Mensch wohl an ihr teilhat, andrerseits aber auch außerhalb von ihr steht. Diese Erkenntnis dient der Entwicklung des Ichs, bringt jedoch

4. Die Natur und der Mensch

eine schmerzliche Erfahrung mit sich. Das japanische Märchen deutet diesen Schmerz mit der Trennung, mit einem Verlust an. Die christliche Kultur stellt diesen mit der Erkenntnis verbundenen Schmerz der Trennung mit der Erbsünde dar. In der japanischen Kultur hingegen ist es das traurige Mitgefühl, das von dieser schmerzlichen Erkenntnis zeugt. Das sind die zwei Grundelemente, von denen die beiden Kulturen geprägt sind.

Das traurige Mitgefühl, welches das Weggehen der Frau hervorruft, ist im japanischen Sinn eine Erfüllung. So gesehen hat „Die Kranichfrau" ein gutes Ende. Aber nachdem sie sich so bemüht hat, zu kommen, ist es trotzdem schade, daß diese Frau schon wieder in die andere Welt zurückkehrt. Doch es besteht die Hoffnung, daß sie den Kampf mit erneuten Kräften wieder aufnehmen wird. Zum Glück gibt es japanische Märchen, die von einer solchen starken Frau handeln. Was muß sie alles erdulden können, damit es ihr gelingt, in diese Welt zurückzukommen und da zu bleiben? Davon erzählt das Märchen „Das Mädchen ohne Hände" im nächsten Kapitel. Es ist zudem notwendig, zu erfahren, aus was für einer Welt diese Frau kommt. In Kapitel VIII soll ihre Struktur genauer untersucht werden.

Kapitel VII

Die duldende Frau

Bei den Frauen, die im letzten Kapitel im Mittelpunkt standen, lag eine glückliche Heirat beinahe in Griffweite, aber sie verließen wiederum traurig diese Welt. Trotz allem gibt es aber japanische Märchen, die mit einer glücklichen Heirat enden. In diesem Kapitel kommt eine Frau zur Sprache, der eine glückliche Heirat gelingt. Als ein Beispiel dafür steht das Märchen „Das Mädchen ohne Hände", von dem hier die Rede sein wird. „Das Mädchen ohne Hände" wurde deshalb ausgewählt, weil es in Europa Märchen mit dem gleichen Thema gibt. Das Grimms-Märchen „Das Mädchen ohne Hände" hat eine so große Ähnlichkeit, daß es Erstaunen erweckt. Es kommt immer wieder vor, daß in verschiedenen Märchen der Welt das gleiche Motiv erscheint, aber in „Das Mädchen ohne Hände" geht die Ähnlichkeit bis in die Einzelheiten. Die Vermutung liegt nahe, daß es sich möglicherweise um eine Übermittlung handelt. Verschiedene japanische Märchen wie „Das Mädchen ohne Hände" gleichen Grimms-Märchen. Auch Kunio Yanagita weist auf diese Tatsache hin. Aber er warnt davor, es einfach als eine Übermittlung zu bezeichnen. Gerade darin, daß solche ähnliche Märchen in verschiedenen Gebieten verbreitet sind, zeigt sich ihre Bedeutung. Deshalb kann die Frage, ob es nun eine Übermittlung ist oder nicht, beiseite gelassen werden. Varianten von „Das Mädchen ohne Hän-

de" sind in Japan und in Europa sehr zahlreich und weit verbreitet. Die japanische Fassung und die Fassung bei Grimm weisen aber bei genauem Hinsehen deutliche Unterschiede auf, die von der Kultur bedingt sind.

1. Das Mädchen ohne Hände

In ihren „Anmerkungen zu den Kinder- und Hausmärchen der Brüder Grimm" stellten J. Bolte und G. Polivka die verschiedenen Themen von „Das Mädchen ohne Hände" zusammen. Sie lassen sich wie folgt zusammenfassen:
Thema A: Die Hände des Mädchens werden abgeschnitten. Die Gründe dafür lauten: A1) Das Mädchen lehnt die Heirat mit dem Vater ab. A2) Der Vater verkauft die Tochter dem Teufel. A3) Der Vater will die Tochter am Beten hindern. A4) Die Mutter ist auf sie eifersüchtig. A5) Die Schwägerin verleumdet sie bei ihrem Bruder.

Thema B: Ein König findet sie im Wald (im Garten, in einer Hütte, in einem Teich) und heiratet sie trotz ihrer Behinderung.

Thema C: Das Mädchen wird mit ihrem neugeborenen Kind fortgejagt, weil folgende Personen einen Brief vom König fälschten: C1) Die Schwiegermutter C2) Der Vater. C3) Ihre Mutter. C4) Ihre Schwägerin. C5) Der Teufel.

Thema D: Durch ein Wunder wachsen dem Mädchen im Wald die Hände.

Thema E: Der König findet sie wieder.

Diese Fassungen aus Europa berücksichtigend, sei nun die japanische Geschichte betrachtet. Sie kommt aus der Präfektur Iwate, ist aber durch ihre Varianten in ganz Japan weit verbreitet. Im großen Ganzen besteht sie aus den Themen A4, B, C3 und E. Die Geschichte beginnt wie folgt: Mit vier Jahren verliert das Mädchen die Mutter. Es bekommt eine Stiefmutter, die fortwährend daran denkt, das Mädchen fortzujagen, weil sie es haßt. Es ist also ein Märchen mit dem Motiv der Stiefmutter. Märchen, die zu dieser

Gruppe gehören, erzählen häufig von der Verfolgung durch die Stiefmutter und enden mit der glücklichen Heirat der Tochter. Es sei beachtet, daß es ausschließlich die Stiefmutter ist, durch welche die Verfolgung in den japanischen Versionen von „Das Mädchen ohne Hände" erfolgt. In den Geschichten aus Europa ist das nicht unbedingt der Fall. Es gibt in Europa ein Beispiel, in dem die richtige Mutter dem Mädchen die Hände abschneidet.

Die Bedeutung der Stiefmutter wurde schon im Kapitel IV behandelt. Die Gestalt der Stiefmutter stellt gleichsam die negative Seite der Mutterrolle in einer Großaufnahme dar. Vergleicht man die beiden Stiefmütter in „Die Schwester, der weiße Vogel" und „Das Mädchen ohne Hände" miteinander, zeigt sich in der Art und Weise ihres Verhaltens symbolisch gesehen ein Unterschied. Beide wünschen zwar der Tochter den Tod und machen von ihrer Macht Gebrauch, sie in die Welt der Mutter (in diesem Fall in die Welt des Todes) hineinzuziehen. In „Die Schwester, der weiße Vogel" wirft die Stiefmutter die Tochter in einen Kessel. Das hat die Bedeutung von Einschließen. Demgegenüber geht in „Das Mädchen ohne Hände" die Stiefmutter so weit, daß sie der Tochter die Hände abschneidet. Das hat die Bedeutung von Abtrennen. In vielen Versionen schneidet die Mutter die Hände der Tochter selber ab. In dieser Geschichte ist es aber der Vater, der das übernimmt, was die Bedeutung um so deutlicher macht. Es ist die negative Mutterrolle, welche im Urgrund die Tochter in den Tod treibt. Aber im Fall von „Das Mädchen ohne Hände" wird die Ausführung der Vaterrolle übertragen. Abtrennen ist eine Funktion der Vaterrolle. „Der Vater hörte stets nur auf das, was die Stiefmutter sagte", heißt es im Märchen, und genauso geschieht es. Er befolgt ihren Befehl und bringt die eigene Tochter weg. Hier zeigt sich, wie sich in Japan die Vaterrolle der Mutterrolle unterordnet. Dieser Vaterrolle, die unter der Herrschaft der Mutterrolle steht, sind die verübten Grausamkeiten der japanischen Armee im 2. Weltkrieg zuzuschreiben. Auch in dieser Geschichte

zeigt sich die Grausamkeit des Vaters. Er schneidet dem laut weinenden Mädchen erbarmungslos die Hände ab. Der japanische Ausdruck „Hände abschneiden" bedeutet, eine Beziehung mit einem Menschen abbrechen. So wird das Mädchen von der Beziehung zu den Eltern abgeschnitten und muß eine Reise in die Einsamkeit antreten.

Ob es nun die richtige Mutter oder die Stiefmutter ist: Die Gestalt der Stiefmutter stellt die negative Seite der Mutterrolle dar. Aber in „Das Mädchen ohne Hände" herrscht die Mutterrolle zudem noch über die Vaterrolle. Das wird besonders in Versionen deutlich, in denen sie selber der Tochter die Hände abschneidet. Gewöhnlich zeigt sich die negative Seite der Mutter darin, daß das Kind zu sehr verwöhnt wird. Das wirkt sich negativ aus und verhindert das Selbständigwerden des Kindes. Aber vertritt sie auch noch die Vaterrolle, kommt es wie in diesem Märchen so weit, daß sie versucht, durch Abschneiden das Kind zu töten. Damit wird die Qual und das Gefühl der Einsamkeit für das Kind zwangsläufig vergrößert. Kinder mit einer solchen Mutter bekommen in Wirklichkeit oft Kommunikationsschwierigkeiten mit anderen Personen.

„Hände abschneiden" bedeutet, eine Beziehung abbrechen. Aber es hat eine noch tiefere Bedeutung. Vor einer Versammlung sprach ich einmal über „Das Mädchen ohne Hände". Dabei fragte ich spontan drei Frauen, was ihnen in den Sinn komme, wenn sie sich vorstellten, daß sie keine Hände mehr hätten. Die Antworten waren: „Kein Kind mehr in den Armen tragen können", „Nicht mehr kochen können", „Ein Buch nicht mehr umblättern können". Diese Antworten brachten interessanterweise die Persönlichkeit jeder Frau zum Ausdruck. Doch sie enthalten auch eine allgemeine Bedeutung. Im japanischen Märchen wachsen dem Mädchen die Hände in dem Moment, als es versucht, das Kind auf dem Rücken beim Hinuntergleiten zu halten. In der Bretagne gibt es eine Variante, die erzählt, daß das Mädchen ohne Hände ein Buch auf den Knien hält und der Wind jeweils die Seiten umblättert. Die Assoziationen der

Frauen wollen sagen, daß ein Mensch ohne Hände in der Beziehung mit der Außenwelt behindert ist. Die Hände abgeschnitten, von den Eltern verlassen: Damit verliert das Mädchen die Beziehung zur Außenwelt und wird in eine bittere Einsamkeit getrieben. Die Frauen, die bis jetzt in den japanischen Märchen aufgetreten sind, würden in einer solchen Situation diese Welt verlassen und in das andere Land der Mutter zurückkehren. Aber für dieses Mädchen gibt es dieses Land der Mutter, in das es zurückkehren könnte, nicht mehr. Es ist von der Mutter völlig abgeschnitten. Alles, was es tun kann, ist dulden. Es ist schwer, von der Mutter getrennt zu leben. Es ist doppelt so schwer in einem Land wie Japan, in dem die Mutterrolle so stark ist. In einer Variante wird erzählt, daß die Stiefmutter während der Abwesenheit des Vaters eine Maus tötet und ihm vorhält, daß diese ein illegitimes Kind des Mädchens sei. Das läßt ihn wütend werden. Dem Mädchen wird also vorgehalten, gegen die Sitte zu verstoßen. Das kann symbolisch so gedeutet werden, daß das Mädchen eine neue Möglichkeit in sich trägt, die nicht den Sitten entspricht. Das wird als unsittlich angesehen. Der Entschluß, sich von der Mutter zu lösen, ist in Japan eine neue Möglichkeit, die gegen die Sitten verstößt. Das Mädchen, das nach einer solchen neuen Lebensweise trachtet, wird in eine bittere Einsamkeit hinausgetrieben. Aber da geschieht etwas, das für japanische Begriffe selten ist. Gerade vor diesem Mädchen erscheint ein stattlicher junger Mann.

Dem Mädchen wird geholfen, und es kann im Haus des jungen Mannes leben. Seine Mutter ist eine gutherzige Frau, sie behandelt es freundlich und ist einverstanden, daß ihr Sohn das Mädchen heiratet. Nach einem von der Mutter abgeschnittenen Leben begegnet es hier einer gütigen Mutter. Das ist für seine weitere Entwicklung von großer Wichtigkeit. Eine Frau kann ganz ohne eine Beziehung zum Mütterlichen nicht leben. Das Wiederfinden einer solchen Mütterlichkeit bewahrt sie vor dem unfehlbaren Tod. Das Mädchen kann zum Glück wieder eine Beziehung zur Mut-

terschaft herstellen und seine Einsamkeit findet ein Ende. Es heiratet und bekommt sogar ein Kind. Aber dieses Glück dauert nicht lange. Voller Freude teilt sie ihrem Mann die Geburt des Kindes in einem Brief mit. Aber dieser kommt in die Hände der Stiefmutter, und die Verbindung der Eheleute wird gestört. Eine eheliche Beziehung wird oft durch den Einfluß der negativen Mutterrolle verdreht, was auch in der heutigen japanischen Gesellschaft beobachtet werden kann. In europäischen Geschichten ist es oft die Schwiegermutter, die den Brief fälscht. Es geschieht oft, daß eine Schwiegermutter zwischen Eheleuten Unfrieden sät, weil sie jedem etwas leicht anderes sagt. Neben dieser konkreten Deutung kann es allgemein noch so erklärt werden: Zuerst erfährt das Mädchen den Abbruch der mütterlichen Beziehung. Aber dann entsteht durch die Heirat und die Geburt des Kindes eine neue Beziehung zur Mutterschaft. Doch es kommt erneut zu einer negativen Erfahrung der Mutterrolle. Das bringt eine Gefahr für die eheliche Beziehung. Diese sich wiederholenden positiven und negativen Erfahrungen prägen die psychologische Entwicklung der Frau.

Die Intrige der Stiefmutter führt dazu, daß die Tochter mit dem Kind das Haus verlassen muß. Sie wehrt sich mit keinem Wort. Sie sagt zum Abschied: „Es ist schade, liebe Mutter, daß ich dir nicht vergelten kann, was du an mir, diesem armen Geschöpf getan hast. Aber wenn es der junge Herr so will, gehe ich weg." Obwohl sie keine Hände hat, um das Kind in den Armen zu tragen, verläßt sie mit ihm das Haus. Ihre Art ist es, ihr Geschick zu ertragen. Das kommt noch klarer zum Vorschein, wenn man sie mit Frauen vergleicht, die in einer solchen Situation schweigend in das Land der Mutter zurückkehren würden. Sie muß nun eine noch größere Qual und Einsamkeit auf sich nehmen als beim ersten Mal, als sie von den Eltern weggeschickt wurde.

In Märchen ist eine Wiederholung immer eindrücklich, und das ist hier besonders der Fall. Es ist nicht allein eine Wiederholung, sondern die Bedeutung vertieft sich. Der

Verrat des Vaters führte zuerst zum Vertrauensverlust und zur Einsamkeit. Das wird nun nach dem vermeintlichen Verrat des Ehemanns und dem Abbruch der Beziehung mit der gütigen Mutter auf einer anderen Ebene noch einmal erlebt. Es gibt Menschen, die schon beim ersten Mal die Einsamkeit nicht ertragen und sterben. So ist es nicht verwunderlich, daß es beim zweiten Mal für viele, die diese Einsamkeit nicht ertragen können, zu einer Katastrophe kommt. Aber dieses Verhängnis muß jede Frau auf sich nehmen, wenn sie sich von der Mutter lösen will.

Es ist ergreifend, wie ihr die Hände neu wachsen. Bis jetzt war sie ausschließlich passiv und duldete alles. Da droht das Kind auf ihrem Rücken herabzugleiten, und sie versucht unwillkürlich, mit den Händen, die sie nicht hat, das Kind festzuhalten. Dieses aktive Eingreifen geschieht spontan, und was unmöglich war, wird möglich. Sie kann die neue Möglichkeit, die sie in sich hatte (nämlich das Kind), mit eigenen Händen in den Armen halten. Das ist ihre dritte Erfahrung mit der Mutterrolle, und diesmal ist sie positiv. Nun ist sie nicht mehr von der Mutter und der Außenwelt abgeschnitten. Sie kann sich jetzt selbst aktiv für andere einsetzen.

Nach dieser in ihr vorgegangenen Veränderung kommt es wie selbstverständlich zur Wiederherstellung der Beziehung mit ihrem Mann. Er findet sie beim innigen Gebet vor einer Gottheit. Diese religiöse Unterstützung braucht sie unbedingt, um ihre Einsamkeit erdulden zu können und sich zu entwickeln. „Nur eine tiefe religiöse Erfahrung kann der Frau aus ihrer Not heraushelfen", sagt dazu Marie-Louise von Franz in ihrer Deutung von Grimms „Das Mädchen ohne Hände". Sie vergleicht die Erfahrung des Mädchens ohne Hände mit der eines Einsiedlers und kommt zum Schluß, daß nur in der Einsamkeit eine persönliche und innere Beziehung zu Gott gefunden werden kann. Vom Mädchen im japanischen Märchen läßt sich analog ähnliches sagen. Weil es eine spärliche Beziehung mit außen hat, vertieft sich die Beziehung nach innen. Oder es kann auch

so gesehen werden, daß das Mädchen zu einer starken innerlichen Beziehung neigt und die äußeren Beziehungen deshalb zu kurz kamen.

Beim Wiedersehen weinen die beiden Tränen der Freude. Das wird so erzählt: „Wie seltsam, wo die Tränen hinfielen, wuchsen wunderschöne Blumen." Das zeigt mehr als die Freude über das Wiedersehen mit ihrem Mann. Ihre bis jetzt ganz nach innen gerichteten Gefühle brechen hervor und kommen nun nach außen zur Blüte. Mit neuen Händen kann sie jetzt die Beziehung zur Außenwelt erwerben. Das Thema „Blühen" kann auch in einem gewissen Sinn als eine für japanische Märchen typische „Rückkehr zur Natur" gedeutet werden.

Am Ende werden die Stiefmutter und der Vater vom Landvogt bestraft. Die Frau verliert somit ihre verwandtschaftlichen Beziehungen. Aber nur so kann sie ihr Glück erwerben. Damit wirkt diese Geschichte in sich abgeschlossen. Die Möglichkeit bleibt jedoch offen, daß die Frau mit ihren neu gewachsenen Händen die Beziehung mit ihren Verwandten wiederherstellt. Das müßte dann aber in einer anderen Geschichte erzählt werden.

2. „Das Mädchen ohne Hände" in Ost und West

Zum Vergleich sei nun das Grimms-Märchen betrachtet. Im Umriß wird folgendes erzählt: Ein Müller ist arm geworden. Es bleibt ihm nichts anderes als die Mühle und ein Apfelbaum dahinter. Eines Tages trifft er einen alten Mann, der ihm sagt: „Ich will dich reich machen, wenn du mir das versprichst, was hinter deiner Mühle steht." Der Müller denkt dabei an den Apfelbaum und ist einverstanden. Aber in Wirklichkeit befindet sich gerade seine Tochter hinter der Mühle. Nach drei Jahren soll das Versprochene geholt werden. Der Müller wird reich. Er erfährt von seiner Frau, daß seine Tochter hinter der Mühle gewesen war. Nach drei Jahren kommt der Teufel sie holen. Die fromme Tochter

reinigt sich und zeichnet einen Kreiskreis um sich, um ihn fernzuhalten. Der Teufel befiehlt dem Vater, ihr das Wasser wegzunehmen. Darauf werden ihr die Hände von ihren herabfallenden Tränen gereinigt. Der Teufel heißt den Vater, ihr die Hände abzuschneiden. Als dieser sich weigert, droht er ihm mit dem Tod. Aus Angst versucht der Vater, seine Tochter zu überreden. Diese sagt ihm, er solle mit ihr machen, was er wolle. Da hackt er ihr die Hände ab. Aber auch ihre Stümpfe werden von ihren Tränen gereinigt, und der Teufel muß sie aufgeben. Der Vater dankt der Tochter und verspricht ihr, lebenslang für sie zu sorgen. Sie aber sagt: „Hier kann ich nicht bleiben. Ich will fortwandern in die Welt hinein, wo barmherzige Menschen mir geben werden, was ich brauche." Und sie geht fort.

Im Garten des Königs sieht sie eine Birne und möchte sie essen. Sie betet, und ein Engel führt sie durch den Wassergraben zum Baum. Der König vernimmt das vom Gärtner und geht am anderen Tag das Mädchen treffen. Aus Erbarmen nimmt er sie mit ins Schloß und läßt für sie Hände aus Silber machen. Die beiden heiraten, aber nach einem Jahr muß der König in den Krieg. Inzwischen kommt ein Kind auf die Welt, und die Mutter des Königs teilt ihm das in einem Brief mit. Da tritt der Teufel dazwischen und fälscht die Briefe. Die Königin muß wie im japanischen Märchen mit dem Kind weggehen. Im Wald betet sie, und es erscheint ein Engel, der sie in eine Hütte führt und für die beiden sorgt. Durch Gottes Gnade wachsen ihr die Hände wieder. Der heimgekehrte König erfährt, was geschehen ist, und geht seine Frau mit dem Kind suchen. Nach sieben Jahren kommt er zur Hütte, wo die beiden leben. Halb im Schlaf hört er die Mutter dem Kind sagen, daß er dessen Vater sei. Dabei widerspricht der Knabe und meint, daß sein Vater doch „unser Vater im Himmel sei". Der König fragt sie, wer sie seien. Sie erkennen sich und kehren miteinander nach Hause zurück. Es wird noch einmal Heirat gefeiert.

2. „Das Mädchen ohne Hände" in Ost und West

Im großen Ganzen ist eine Ähnlichkeit mit der japanischen Geschichte zu erkennen. Doch ein bedeutender Unterschied zeigt sich in der Wichtigkeit der Vaterrolle beim Grimms-Märchen. Als Folge des Handels mit dem Teufel schneidet der Vater der Tochter die Hände ab. Der Teufel, der hier auftritt, ist eine typische Gestalt in westlichen Märchen. Er tritt auch beim Fälschen der Briefe in Erscheinung. Die Tochter wendet sich jedoch an den Vater im Himmel. Der Vater, der Teufel, der himmlische Vater, das sind alles männliche Gestalten, die in dieser Geschichte eine große Bedeutung haben. Demgegenüber wird im japanischen Märchen das Problem der Mutterrolle wichtig genommen. In Japan ist es eine Geschichte von Tochter und Stiefmutter. Wenn es sich um eine Übermittlung aus Europa handelte, so stellt sich die Frage, warum es zu diesem Unterschied gekommen ist. Warum ist nur diese Form übernommen worden, obwohl es so verschiedene andere gibt? Es gibt zwei Schlüsse: Entweder wurde in Japan diejenige Erzählungsform angenommen, die am besten zur japanischen Kultur paßt, oder die europäische Form wurde in eine japanische abgewandelt.

Das Grimms-Märchen dreht sich um die Achse von Vater und Tochter. Das japanische Märchen handelt von der Mutter-Tochter-Beziehung. Es gibt aber auch Märchen, die dazwischen stehen. In einigen europäischen Versionen schneidet zum Beispiel die eigene Mutter der Tochter die Hände ab, oder es ist die Schwiegermutter, die böswillig die Beziehung der Verheirateten stört. Auf den Balearischen Inseln betet das Mädchen, dem der Vater die Hände abschneidet, zu Maria, der Heiligen Mutter Gottes, und wird von ihr gerettet, was von einer mütterlichen Gestalt im Hintergrund spricht, im Gegensatz zum himmlischen Vater. Der mütterliche oder väterliche Aspekt prägt je nachdem die Unterschiede in den Märchen. Darin kommen die Kulturunterschiede zum Ausdruck. Würde man die Unterschiede in den Märchen nach diesem Gesichtspunkt zusammenstellen, könnte man eine Landkarte der Kulturen an-

fertigen. Es würde sich dann aber auch erweisen, daß die Geschichten eben nicht durch Übermittlung auftreten, sondern selbst aus einem bestimmten Kulturkreis entstehen.

Ein Wesenszug des Mädchens ist in beiden Märchen das Durchstehvermögen sowie der passive Charakter. Als ihr die Hände abgeschnitten wurden und als man sie nach der Heirat wegschickte, verhält sie sich gleich. Aber die bewegende Kraft, die hinter dem Geschehen steht, ist verschieden. Im Grimms-Märchen ist es die Vaterrolle, im japanischen Märchen ist es die Mutterrolle. Es geht entweder um die Beziehung von Vater und Tochter oder um Mutter und Tochter. Zudem zeigt es die unterschiedliche Lebensweise der Frau in den beiden Kulturen. Es ist einerseits die Frau in einem Land wie Japan, wo das mütterliche Prinzip stark ist, und andrerseits im Westen, wo das väterliche Prinzip vorherrscht. Im Westen wird das Ich von der männlichen Figur dargestellt, was für Mann und Frau gilt. In Japan ist es die Figur der Frau, die das Ich zum Ausdruck bringt. So gesehen, stellt das japanische Märchen von „Das Mädchen ohne Hände" eine Verbindung her mit der allgemeinen Lebensweise, die sowohl Mann wie Frau betrifft.

Im Grimms-Märchen verkauft der Vater seine Tochter, wenn auch unwissentlich, dem Teufel. In einer europäischen Variante wird erzählt, daß der Vater eine Abneigung gegen das allzu eifrige Beten der Tochter hat und deshalb ihre Hände abschneidet. Auch im Grimms-Märchen wird der tiefe Glaube des Mädchens hervorgehoben. Diese zu sehr nach innen gerichtete Haltung mißfällt offenbar einem Vater im Westen. Schließlich wird dann der Schaden, den dieser weltlich denkende Vater angerichtet hat, vom himmlischen Vater kompensiert. Diese äußerlich orientierte Vaterrolle bewirkt, daß die Tochter für Geld geopfert wird. Es kommt zum Vertrag mit dem Teufel. Der Wille des Vaters, reich zu werden, bringt die Tochter ins Unglück. Demgegenüber beginnt im japanischen Märchen das Unglück der Tochter mit dem Tod der eigenen Mutter. Bis zum Alter von vier Jahren hat sie eine glückliche Beziehung

zur Mutter, aber dann wird diese auf „natürliche Weise" durch den Tod abgebrochen, und sie muß die negative Mutterrolle erleben. Die Ausgangslage ist somit je nach der Kultur verschieden. In beiden Märchen ist es der Vater, der die Hände abschneidet. Aber der eine wird von der Stiefmutter dazu gezwungen, der andere durch den Teufel. In beiden Fällen leistet das Mädchen keinen Widerstand und verhält sich passiv. Im Grimms-Märchen äußert sich die Tochter dazu auf eindrückliche Weise: „Tu mit mir, was du willst – ich bin deine Tochter" oder „Hier kann ich nicht bleiben. Ich will fortwandern." Sie ist wohl passiv, aber sie kann ihre Entscheidung genau formulieren. Demgegenüber werden der Tochter im japanischen Märchen die Hände im Schlaf abgeschnitten (also im Zustand des Unbewußten), und voller Gram geht sie fort. Ihre Entscheidung, wegzugehen, wird nur unbestimmt angedeutet, jedoch werden die Gefühle von Trauer und Gram erwähnt.

Im Grimms-Märchen kommen die Engel der Tochter in ihrer Einsamkeit zuhilfe. Sie sind Sendeboten des himmlischen Vaters. Der weltliche Vater steht zwischen dem krassen Gegensatz von Teufel und Engel. Im japanischen Märchen wird der Gegensatz durch die böse Stiefmutter und die gütige Schwiegermutter veranschaulicht. Das sind jedoch wirkliche menschliche Gestalten und nicht übersinnliche Wesen wie im Grimms-Märchen. Das steht im Zusammenhang mit der Tatsache, daß in japanischen Märchen die Zauberei nicht vorkommt. Das heißt, die außergewöhnliche Welt wird gern in die alltägliche Welt hineinvermischt. Auf natürliche Weise geschehen übernatürliche Ereignisse. Das zeigt sich zum Beispiel in der Beschreibung, in der dem Mädchen die Hände wachsen, als es das Kind festhalten will. Demgegenüber wird in Grimms Märchen das Wachsen der Hände mit der Frömmigkeit des Mädchens in Zusammenhang gebracht.

Im Grimms-Märchen wird die Vater-Tochter-Bindung durch das Dazwischentreten des Teufels gebrochen. So

traurig es für sie ist, die Tochter muß um ihrer Entwicklung willen die Einwirkung des Bösen akzeptieren. Der Vater ist nicht mehr ihr Beschützer. An seine Stelle tritt der Schutz des himmlischen Vaters. Der göttliche Schutz hält der Einwirkung des Bösen die Waage. Kommt es zu einer Störung dieses Gleichgewichts, wird die Tochter vom Bösen zugrundegerichtet oder sie kann sich von ihrem Vater nicht lösen und wird nicht selbständig. In diesem Fall kommt es zu einer Inzestbeziehung von Vater und Tochter. Es gibt in Europa eine Variante von „Das Mädchen ohne Hände", in der die Tochter sich weigert, den Vater zu heiraten und fortgeht.

Im Grimms-Märchen ermöglicht die Hilfe des Engels die Heirat des Mädchens mit dem König. Aber dieses Glück dauert nicht lange. Der König geht in den Krieg – die Interessen des Mannes sind auch hier nach außen gerichtet –, und es kommt zu einem getrennten Leben. Die Kommunikation der beiden wird durch den Teufel gestört. In beiden Märchen findet vorerst die glückliche Heirat der beiden durch die Entfernung und die gestörte Kommunikation ein abruptes Ende. Dahinter steht eine allgemeine Wahrheit. Wie sehr sie sich lieben und vertrauen, ihre Mitteilungen werden durch den Einfluß des Bösen, das sie nicht kennen, verdreht. Ihre Vertrauensseligkeit gibt geradezu den Ausschlag für diese Tragödie. Sie erschrecken wohl, als sie die gefälschten Briefe erhalten, aber sie sind nicht fähig, ihre Echtheit zu bezweifeln. Doch diese falsche Kommunikation bringt letzten Endes eine psychologische Entwicklung der Frau herbei. Das Böse schneidet die Bande der Menschen entzwei, was aber schließlich diese Bande stärken hilft.

Wie verhält sich die Frau demgegenüber? Gewiß hätte sie die Echtheit des Briefes mit der ungerechten Forderung bezweifeln können. Sie befolgt, was im Brief steht, und sie wählt den Weg der Einsamkeit, die sie ertragen muß. Das ist nicht der Weg, den zum Beispiel ein Held in einem europäischen Märchen gehen würde. Ein männlicher Held würde

der Sache auf den Grund gehen, mit dem Teufel kämpfen und ihn beseitigen. Aber gerade durch ihre Gebete und ihre passive Haltung der Frau verläuft alles gut. Sie bekommt wieder Hände, und die Eheleute finden sich wieder. Sie erlangt das Glück nicht durch Kampf, sondern indem sie wartet, bis es geboren wird. Es ist der Prozeß der Inkubation. Diese Haltung kennzeichnet die Lebensweise der westlichen Frau. In Japan ist das die Lebensweise sowohl von Mann als auch Frau.

Ein Ehepaar mag sich noch so lieben und vertrauen, es kommt die Zeit, in der eine unsägliche Einsamkeit ertragen werden muß. Wird dies bestanden, kommt es zu einer Wiedervereinigung und zum Erreichen des Glücks. Das ist im Osten wie im Westen eine überlieferte Wahrheit. Im Grimms-Märchen wird erzählt, daß noch einmal Hochzeit gefeiert wurde. Wenn ein Ehepaar durch den unvermeidlichen Eingriff des Bösen getrennt wird, hängt eine Versöhnung davon ab, ob es der Einsamkeit standhalten kann. Dazu ist eine tiefe Religiosität erforderlich. Im Hintergrund dieses Prozesses steht im Westen der himmlische Vater. Demgegenüber verläuft er in Japan natürlich. Hier steht sozusagen die Natur dahinter. Dieser Gegensatz in den beiden Kulturen erweist sich hier besonders eindrücklich.

3. Die glückliche Heirat

„Das Mädchen ohne Hände" endet glücklich mit einer Wiedervereinigung. Viele japanische Märchen mit dem Thema von einer glücklichen Heirat finden sich in einer Gruppe von zwanzig „Stiefkindergeschichten". Ungefähr die Hälfte davon sind Geschichten von Kindern, die durch die Stiefmutter verfolgt werden und nach dem Überstehen der Bedrohung zu einer glücklichen Heirat gelangen. Die andere Hälfte erzählt hauptsächlich die Art der Verfolgung und wie die Stiefmutter nach der Aufdeckung dafür bestraft wird, zum Beispiel dadurch, daß sie aus Versehen ihr eige-

nes Kind tötet. In der ersten Gruppe sind „Das Mädchen ohne Hände" und „Die Schwester, der weiße Vogel" enthalten. In der anderen befinden sich zum Beispiel „Das Stiefkind und der Vogel" und „Das Stiefkind und die Flöte". Die zwei Gruppen unterscheiden sich nicht nur darin, ob das Heiratsthema vorkommt oder nicht, sondern auch in anderen Punkten.

Die Geschichten, die mit einer glücklichen Heirat enden, sind lang und abwechslungsreich. Im Gegensatz dazu sind die Geschichten in der anderen Gruppe kurz und einförmig. Es scheint, daß ihr Schwerpunkt auf der Beschreibung der Mißhandlungen durch die Stiefmutter liegt. Die Kritik von ausländischen Märchenforschern, daß japanische Märchen mehr Sagen gleichen und nur ein unbestimmtes Ende haben, gilt auf alle Fälle nicht für die Stiefkindgeschichten, die mit einer glücklichen Heirat enden. Sie erwecken geradezu einen westlichen Eindruck. Zusätzlich zu „Das Mädchen ohne Hände" gibt es in dieser Gruppe „Die sieben Schwäne", „Der Mantel der alten Frau" und „Komebuku-Awabuku", die alle eine große Ähnlichkeit mit westlichen Geschichten haben. Sie entsprechen den Grimms-Märchen „Die sechs Schwäne", „Allerleirauh" und „Aschenputtel". „Komebuku-Awabuku" ist aus zwei Geschichten zusammengesetzt, die zweite Hälfte entspricht „Aschenputtel".

Das wirft wieder die Frage nach der Übermittlung auf. Bejaht man die Möglichkeit einer Übermittlung, muß jedoch die Tatsache in Betracht gezogen werden, daß gerade diese Art Geschichten übernommen wurden und nicht solche von männlichen Helden. Es ist aber auch möglich anzunehmen, daß solche ähnliche Geschichten in verschiedenen Gegenden auf natürliche Weise entstanden sind. Doch die Tatsache, daß es diese Geschichten gibt, die nach der Verfolgung durch die Stiefmutter mit einer Heirat glücklich enden, ist hier als Hauptsache anzusehen.

Die Deutung von „Das Mädchen ohne Hände" zeigt, daß die Frau selbständig werden kann, wenn sie die negative Seite der Mutterrolle erfährt. Vom Ende der Entwicklung

3. Die glückliche Heirat

her gesehen, kann gesagt werden, daß gerade diese negative Erfahrung die Entwicklung der Tochter fördert. Letzten Endes erweist sie sich als ein Gewinn. Es ist nötig, daß die Tochter diese negative Seite von der Mutter erkennt. Wenn nur die gute Seite der Mutter erfahren wird, kann die Tochter nicht selbständig werden. Diese Weisheit ist von altersher in japanischen Märchen enthalten. Der Entwicklungsprozeß, der zum Beispiel in „Das Mädchen ohne Hände" beschrieben wird, gilt nicht nur für die Frau, sondern auch für den Mann. Wie kommt es heraus, wenn ein Mann die Hauptfigur einer solchen Geschichte ist?

Unter all den Stiefkindergeschichten, die das Thema der Heirat haben, hat nur „Der Aschenjunge" einen Mann als Hauptfigur. Von der Erzählungsform her sollte diese Geschichte in die Gruppe „Heiratsgeschichten" eingeteilt werden. Auf alle Fälle hat sie eine männliche Hauptfigur und endet mit einer glücklichen Heirat. Sie erzählt folgendes: Mamichigane, ein Sohn eines Fürsten, wird als Folge der Intrige der Stiefmutter von Zuhause weggeschickt. Zur Abreise erhält er vom Vater ein gutes Pferd und prächtige Kleider. Unterwegs trifft er einen alten Mann, bekommt von ihm ein Arbeitskleid und läßt sich bei einem Edelmann als Diener einstellen. Dort wird er für das Kochen von Reis zuständig. Der Hausherr schätzt seine Arbeit und lädt ihn eines Tages ein, mit ihm ins Theater zu kommen. Das lehnt Mamichigane ab, aber hinterher geht er sich umkleiden und erscheint in seinen prächtigen Kleidern zu Pferd auf dem Theaterplatz. Alle meinen, ein Gott sei gekommen. Nur die Tochter des Edelmanns sagt: „Das ist unser Aschenjunge. Am linken Ohr hat er einen schwarzen Fleck." Die Eltern weisen sie für diese Respektlosigkeit zurecht. Zum nächsten Theaterbesuch zieht sich Mamichigane wieder um und will hingehen. Da kommt die Tochter zurück mit dem Vorwand, sie habe ein Paar Strohsandalen vergessen. Er muß sie nun notgedrungen mitnehmen und sie gehen zusammen auf dem Pferd zum Theaterplatz. Da sein Pferd fliegt, meinen die Leute wieder, daß eine Gottheit, diesmal

mit seiner Gemahlin, gekommen sei, und alle erweisen ihre Ehrerbietung. Darauf legt sich die Tochter zu Hause krank ins Bett. Eine Wahrsagerin meint, daß sie in einen Diener des Hauses verliebt sei. Jeder Diener stellt sich vor und wird abgewiesen. Aber am Schluß kommt der Aschenjunge in prächtigen Kleidern auf seinem Pferd, und die Tochter gibt zu erkennen, daß sie ihn liebt. Es kommt zu einer großartigen Hochzeitsfeier. Danach macht sich der junge Bräutigam auf, seinen Vater zu besuchen. Seine junge Frau mahnt ihn, unterwegs keine Früchte vom Maulbeerbaum zu essen. Er befolgt den Rat nicht und stirbt. Das Pferd bringt seine Leiche zu seinem Vater. Dieser legt sie in ein Reisweinfaß. Die Frau ahnt, daß er gestorben ist, und geht ihn mit Wiederbelebungswasser erwecken. Der Vater versucht, seinen Sohn mit den Worten zurückzuhalten, er könne seinen einzigen Sohn nicht fortlassen. Die Frau schlägt dem Vater vor, mitzukommen, aber ihr Mann widerspricht ihm: „Ich kann nicht gleichzeitig zwei Vätern dienen. Ich schicke dir Geld, und du kannst einen Sohn adoptieren. Ich will im Haus meiner Frau dienen, da sie mir das Leben gerettet hat." Die beiden kehren in das Haus der Frau zurück und „sie leben glücklich bis an den heutigen Tag".

Das ist wahrhaftig eine Geschichte, die vom Einsatz einer männlichen Hauptfigur erzählt und mit einer Heirat endet. Aber sie unterscheidet sich ziemlich von einer typisch westlichen Heldengeschichte. Das Verhalten von Mamichigane gleicht mehr einem Trickster als einem Helden. Er vertilgt weder Ungeheuer, noch vernichtet er Unheil, sondern er wendet ungehindert seine Täuschungsmanöver an, wie es typisch ist für einen Trickster. Doch die Tochter des Edelmanns durchschaut seine Verstellung und verliebt sich in ihn. Die Geschichte verläuft in der zweiten Hälfte nach dem Willen der Frau. Es ist, als ob sie nun die Hauptfigur sei. Die Aussage, daß Mamichigane im Haus seiner Frau dienen wolle, bestärkt diese Vermutung. Das Verhalten der Frau im „Aschenjungen" gleicht der Schwester in „Schwester und Bruder". Beide Geschichten kommen von der Insel Oki-no-

3. Die glückliche Heirat 163

erabu und haben wohl eine Beziehung miteinander. Auch die Frau vom Aschenjungen hat etwas von einem Trickster. Deshalb unterscheidet sich die Heirat der beiden ziemlich von der Heirat eines Prinzen und einer Prinzessin in einer westlichen Geschichte.

Noch ein Merkmal zeigt, daß der „Aschenjunge" eine Geschichte der Frau ist: Nach der Heirat dauert das Glück nicht lange, wie in „Das Mädchen ohne Hände". Es kommt auch hier zu einer Trennung, auch wenn sie hier kürzer ist. Erst nach dem Wiederfinden kommt es endgültig zu einem glücklichen Ende. Das Thema der Wiederheirat kommt öfters in Geschichten vor, in denen die Frau die Hauptfigur ist. Der Titel ist wohl „Der Aschenjunge", und es wird von einem jungen Mann erzählt, der durch die Intrige der Stiefmutter von zu Hause fortgeschickt wird. Das erinnert an eine westliche Geschichte mit einer männlichen Heldenfigur, die sich von der Mutter trennt. Doch nachher ist der Verlauf wie in einer Geschichte von einer Frau. Gerade in diesem Punkt zeigt sich die Eigenheit der japanischen Märchen.

Es gibt noch weitere Heiratsgeschichten mit einer männlichen Hauptfigur. Da ist zum Beispiel die Geschichte „Herr Pferdekind", die von der gleichen Insel wie „Der Aschenjunge" kommt. Ferner sind es die Geschichten „Der schlafende Tarô nebenan" oder „Die Taubenlaterne". In diesen Geschichten kommt der Trickster-Charakter der Hauptfigur deutlich zum Ausdruck. In „Herr Pferdekind" wird von einem armen Mann erzählt, der den Rat des alten Mannes nebenan befolgt, sich als wohlhabenden Mann ausgibt und die Tochter eines reichen Mannes bekommt. Diese Heirat kommt also durch Täuschung zustande. In „Der schlafende Tarô nebenan" und „Taubenlaterne" ist es ein fauler Mann, der in Armut lebt und durch eine List die Tochter des reichen Mannes nebenan heiraten kann. Diese Männer kommen durch trügerische Ränke zu einer glücklichen Heirat. Sie werden also nahezu als Helden betrachtet. In japanischen Geschichten mit einer glücklichen Heirat kom-

men kaum Heldenfiguren vor. Das ist eine Eigenart der japanischen Märchen und der japanischen Seele. In Japan sind vielmehr die duldenden Frauen die Heldenfiguren. Ein Mann in Japan wird notgedrungen zu einem Trickster, weil er sich von der Mutterrolle nur halb gelöst hat. Auch die Helden wie Susano-o und Yamato-takeru in den Mythen haben aus dem gleichen Grund den Charakter eines Tricksters.

Eine weitere Heiratsgeschichte mit einer männlichen Hauptfigur ist „Der Schneckenmann". Es ist zwar eine ungleichartige Heirat, die aber einzigartigerweise glücklich endet. In der Märchensammlung ist sie jedoch in der Gruppe „Geburt" eingeteilt. Zusammengefaßt erzählt die Geschichte folgendes: Ein altes kinderloses Ehepaar bittet den Gott der Reisfelder um ein Kind. Darauf wird eine Sumpfschnecke ihr Sohn. Dieser wünscht sich später die Tochter eines reichen Mannes zur Frau. Der Vater rät ihm, sich das aus dem Kopf zu schlagen. Der Schneckensohn geht aber im Haus des reichen Mannes übernachten. In der Nacht klebt er der schlafenden Tochter Reis an den Mund und behauptet, sie habe seinen Reis gestohlen. Als Entschädigung bekommt er die Tochter zur Frau. Beim Frühlingsfest geht die Frau zu einem Schrein und heftet sich den Schneckenmann an den Kopf. Unterwegs kommt ein Rabe, packt den Schneckenmann und läßt ihn ins Reisfeld fallen. Als die Frau bitterlich darüber weint, steht plötzlich ein schöner Jüngling hinter ihr und sagt, er sei ihr Mann. Er hätte vorübergehend die Gestalt einer Sumpfschnecke gehabt, aber weil sie ihm so treu gewesen sei, habe er die menschliche Gestalt wieder angenommen. Die Heirat wird noch einmal gefeiert und die beiden werden als Ehepaar angesehen und verehrt. Das ist ein glücklicher Ausgang für eine Geschichte, in der ein ungleichartiger Bräutigam vorkommt. Sie ist von einer seltenen Schönheit. Sie hat aber viele Ähnlichkeiten mit dem Aschenjungen. Für beide Geschichten kann gesagt werden: Der Titel trägt den Namen der männlichen Hauptfigur. Der Mann wendet eine List an,

3. Die glückliche Heirat

um die Frau zu bekommen. Die Geschichte endet nicht mit der Heirat, sondern erst durch den Einsatz der Frau wird das wahre Glück erreicht. Der Titel „Schneckenmann" erweckt den Eindruck, daß es sich um die Geschichte eines Mannes handelt. Aber auch das Thema der Frau ist hineinvermischt. Auch hier zeigt sich die duldende Frau. Sie heiratet, ohne Widerspruch einzulegen. Sie ist ihm treu und weint bitterlich, als sie ihn im Reisfeld nicht mehr finden kann. Auch hier hat wieder die Frau den Hebel der Geschichte in der Hand.

In den japanischen Geschichten, die mit einer glücklichen Heirat enden, zeigt sich, wie wichtig die Frau ist, die dulden kann. Auch in Geschichten, die von einem Mann handeln, steht im Hintergrund die Frau, die dulden kann. Die vom ersten Kapitel ausgehende Kette von Assoziationen kann somit fortgesetzt werden: Die Frau, die enttäuscht diese Welt verließ, weil der Mann das Versprechen nicht halten konnte, kommt immer wieder in anderer Gestalt in diese Welt zurück, muß aber jedesmal wieder weggehen. Diesmal entschließt sie sich jedoch, sich vom Land der Mutter zu trennen. Weil es ihr gelingt, zu dulden, kommt es zu einem glücklichen Ende. Die Gestalt der Frau, die dulden kann, hat in Japan sowohl für den Mann wie auch für die Frau eine große Bedeutung. Sie stellt in der Seele der Japaner das Ich dar. Das bedeutet aber auf keinen Fall, daß es schwach ist. Zu sagen, es sei schwach oder passiv, weil es eine Frau ist, wäre falsch. Es gibt in der heutigen Zeit sicher viele Leute, die mit einer solchen Frauengestalt, die nichts anderes tut als dulden, nichts anfangen können. Die Frau im „Aschenjungen" ist aber nicht nur passiv und tut mehr als nur dulden. Sie hat die Fähigkeit, die wahre Gestalt des Aschenjungen zu erkennen. Diese weibliche Weisheit bringt ihr Glück. Diese Fähigkeit, die Wahrheit zu durchschauen, steht im großen Gegensatz zum Märchen „Die Kranichfrau", in dem die wahre Gestalt versteckt wird. In einer Version von „Schneckenmann" zeigt es sich, daß die Tochter im Gegensatz zu den anderen Leuten seine wahre

Gestalt durchschauen kann. Als er vor der Türe abgewiesen wird, sagt sie: „Wenn es so ist, will ich schon seine Frau werden." Ihre Weisheit und ihre positive Einstellung zeigen noch einen weiteren Aspekt der Frau, die dulden kann. Diese positiv eingestellte Frau wird als die „Frau mit Willen" in Kapitel IX zur Sprache kommen. Zuvor ist es aber noch notwendig, die Struktur der Welt zu untersuchen, in die die Frau im letzten Kapitel jeweils zurückgegangen ist.

Kapitel VIII

Der hochbetagte Mann und die schöne Frau

Was für eine Struktur hat die Welt, aus der diese Frauen kommen und in die sie jeweils wieder zurückkehren, nachdem sie eine Weile in der hiesigen Welt erschienen sind? Jene Welt wird am besten in Märchen beschrieben, die vom Drachenpalast im Meer erzählen. Sie berichten von einem Mann, der in den Drachenpalast eingeladen wird. Dort bekommt er von einer schönen Frau, die dort lebt, einen Knaben. Er wird zwar als schmutzig oder häßlich bezeichnet, aber er bringt dem Mann Glück. In diesen Geschichten zeigt sich auf eindrückliche Weise die Struktur der Welt auf dem Meeresgrund. Auch Kunio Yanagita interessierte sich für diese Geschichten und schrieb einen bekannten Aufsatz über das Thema „Der Knabe des Meeresgottes". Im Aufsatz „Die Mutter von Momotarô" von Eiichiro Ishida kommt ebenfalls die Beziehung zwischen einer mütterlichen Frauengestalt und einem kleinen Knaben zur Sprache. In japanischen Märchen ist der Drachenpalast der Ausdruck für die Tiefe der japanischen Seele. Yanagita schreibt dazu: „Der in japanischen Märchen dargestellte Drachenpalast unterscheidet sich von jeder anderen Welt. Es ist fast immer eine junge Frau, welche die Verhältnisse der mystischen Welt im Meer vermittelt. Zudem trägt sie auf den Armen ein eigenartiges Kind und versucht, mit der Welt der Menschen in Beziehung zu treten. Das Meer ist für das japanische Volk

das ewige Land der Mutter." Was für eine Struktur hat eigentlich dieses ewige Land der Mutter für die Japaner? Das läßt sich am Märchen „Hyôtoku" erklären. Die Welt, die darin beschrieben wird, ist nicht der Meeresgrund, sondern das Innere des Berges. Das sind zwei verschiedene Orte, aber sie befinden sich beide in der Tiefe. Sie meinen also psychologisch gesehen dasselbe. Deshalb werden die beiden Geschichten als Varianten bezeichnet.

1. Hyôtoku

Die Geschichte beginnt so: Es waren einmal ein alter Mann und eine alte Frau. Die beiden haben keine Kinder. Dieses Ehepaar lebt wohl zusammen, aber es gibt in dieser Ehe keine Möglichkeit einer neuen Entwicklung. In einem solchen Fall geschieht es in japanischen Märchen oft, daß unerwartet ein Kind wie Momotarô oder Kaguyahime auftritt und es damit zu einer Entwicklung der Geschichte kommt. In dieser Geschichte geschieht das aber anders. Der alte Mann geht in die Berge, um Reisig zu sammeln. Da entdeckt er ein großes Loch im Berg. Er möchte es zustopfen und wirft ein Bündel Reisig hinein. Doch da es im Loch verschwindet, wirft er nach und nach alle Reisigbündel, die er in drei Tagen gesammelt hatte, hinein. Das Loch war weiter und tiefer, als der alte Mann gedacht hatte. Psychologisch gesehen stellt dieser Beginn der Geschichte eine typische Regression dar. Das Bild, wie da der alte Mann Reisig in das Loch hineinfüllt, beschreibt sehr gut die Situation, wie psychische Energie ins Unbewußte fließt. Das Reisig wurde von ihm in drei Tagen gesammelt. Die Zahl drei weist auf eine dynamische Entwicklung hin. In dieser Geschichte wird Reisig ins Loch gestopft. Aber in vielen Varianten von „Der Knabe im Drachenpalast" wirft die männliche Hauptfigur Blumen und Reisig ins Meer, um es dem Gott des Drachenpalastes darzubringen. Zum Dank dafür wird er dann in den Palast eingeladen. Das Reisig wird also für den

1. Hyôtoku

Drachenpalast mit Absicht hineingeworfen. Das ist deutlich der Ausdruck für eine schöpferische Regression. Yanagita sagt über diesen Besuch im Drachenpalast: „Die Frage liegt nahe, warum ein Mensch unter Tausenden ausgewählt wurde, dieses wunderbare Land zu besuchen. Es gibt dafür zwei Erklärungen: Die eine ist, daß der Mensch, der in den Drachenpalast geht, hohe Tugenden besitzt, wie zum Beispiel die Treue zu den Eltern oder die Hilfsbereitschaft gegenüber Tieren, wie das der Fall von Urashima Tarô zeigt. Die andere ist, daß er wegen seiner Darbringung eingeladen wird, wie es in dieser Geschichte vom alten Mann, der Reisig hineinwirft der Fall ist." Yanagita macht darauf aufmerksam, daß in Japan und in südlichen Inseln Geschichten wie „Der Drachengott, der Blumen verkauft" weit verbreitet sind und viele schöne Variationen haben. Woher kommt die Vorliebe für diese Geschichten und weshalb entsteht diese Verbreitung? Yanagita bemerkt, daß ihn diese Frage seit 20 Jahren beschäftigt habe. Er stellt fest, daß diese Geschichten mit den Themen „Blumen verkaufen" und „Reisig sammeln" eine Eigenart für Japan und naheliegende Gegenden darstellen. Märchen, in denen die Hauptfigur etwas als Darbringung ins Meer oder ins Erdinnere wirft und dafür eingeladen wird, gibt es kaum in anderen Ländern. Als eine Parallele von „Der Knabe vom Drachenpalast" ist in der japanischen Märchensammlung das Grimms-Märchen „Der Fischer und seine Frau" angegeben. Der Fischer gibt den Fisch, der ein verzauberter Prinz war, wieder ins Meer zurück. Darauf werden ihm verschiedene Wünsche erfüllt. Das ist das Thema der Vergeltung einer Wohltat. Im Grimms-Märchen „Die drei Federn" geht die männliche Hauptperson ins Erdinnere. Aber seine Wünsche werden dort erfüllt, ohne daß er etwas darbringt. Er geht, um etwas zu bekommen, und nicht, weil er eingeladen ist. Der ausschlaggebende Punkt liegt an einem anderen Ort, und somit unterscheidet es sich in der Form ganz vom japanischen Märchen. Im Grimms-Märchen geht die Hauptperson ins Erdinnere, um etwas zu bekommen. Das

ist der Ausdruck dafür, daß diese Geschichte von der Welt, die über der Erde liegt, gesehen wird. Das Märchen „Hyôtoku" wird hingegen vom Reich unter dem Meer aus gesehen. Zu dieser Schlußfolgerung kam der russische Märchenforscher Tchistov bei der Untersuchung des japanischen Märchens „Die Leber des Affen". Wenn eine Person zum Dank eingeladen wird, weil sie mit oder ohne Absicht Blumen oder Reisig hineingeworfen hat, ist das ein Zeichen dafür, daß diese Geschichten von der Sicht des Reiches unter dem Meer oder unter der Erde gesehen werden. Diese Sichtweise kann als eine Eigenart der japanischen Märchen betrachtet werden. Im psychologischen Sinn heißt dies, daß die Augen, mit denen die Japaner die Welt sehen, in der Tiefe des Unbewußten liegen und nicht im Bewußtsein, wie das im Westen der Fall ist. Das klingt wie ein Widerspruch. Es ist angemessener, von einem Sehen mit halbgeschlossenen Augen zu sprechen. Das rührt vom Gedanken her, daß die Welt mit halbgeschlossenen Augen besser wahrgenommen werden kann als mit klar geöffneten Augen. Was geschieht nun in der Geschichte „Hyôtoku" weiter? Nachdem der Alte das in drei Tagen gesammelte Reisig ins Loch geworfen hatte, kam eine schöne Frau heraus, dankte für die Gabe und bat ihn herein. Fließt eine große Energie in die Welt des Unbewußten, kommen von dort bedeutungsvolle Bilder zum Vorschein. In diesem Fall erscheint eine schöne Frau. Sie hat eine Beziehung mit der Frau in „Das Land der japanischen Nachtigall". Der Unterschied besteht darin, daß der Mann nicht wie in jenem Märchen unvorbereitet die schöne Frau trifft, sondern etwas dazu beiträgt. Er bringt Blumen oder Reisig dar und wird darauf von der Frau eingeladen. Somit kann er in eine tiefere Welt gehen. In „Hyôtoku" wird beschrieben, daß in der Höhle ein atemberaubend schönes Haus steht. Neben dem Haus ist das Reisig ordentlich aufeinandergelegt. Der Alte wird ins Zimmer geführt und trifft dort die Bewohner des Hauses. Sie bestehen aus einer Frau, einem hochbetagten Mann mit einem prächtigen weißen Bart und einem Knaben, den der Alte

1. Hyôtoku

beim Abschied als Geschenk bekommt. Das sind drei außergewöhnliche Gestalten. Der Knabe hat ein unbeschreiblich häßliches Gesicht und spielt unablässig mit seinem Bauchnabel. Die Zusammenstellung dieser drei Gestalten ist von besonderer Bedeutung. Aber nicht in allen Versionen sind es immer drei Personen. Das eine Mal ist es nur die Otohime und ein Knabe. Er heißt Toho und hat eine rinnende Nase und einen geifernden Mund. Ein anderes Mal ist es ein hochbetagter Mann mit weißem Bart und eine schöne Frau. An Stelle des Knaben bekommt hier der Alte eine Kugel, die „Shijiguban" genannt wird. Wird sie auf den Ahnenaltar gestellt, verhilft sie zum Essen, ohne daß gearbeitet werden muß. In „Hyôtoku" sind alle drei Gestalten beisammen. Die häßliche Figur des Knaben ist interessant. Yanagita sagt von ihr, daß er nicht nur häßlich sei, sondern daß auch der Name keinen guten Klang habe. Er wird „Yokenai" oder „Untoku" genannt. Die Bedeutung davon ist unklar, aber gut klingt es nicht. Den Namen Hyôtoku deutet Yanagita mit „Blasebalg", und er sieht darin einen Zusammenhang mit der Maske von „Hyottoko", die mit runden Backen und gewölbten Lippen einen Blasebalg darstellt. Diese Knaben haben nicht nur schlecht klingende Namen, sondern sehen verunstaltet aus und scheinen keinen Wert zu haben. Aber paradoxerweise bringen sie der Hauptfigur unwahrscheinlich viel Glück. Wird das, was von der Welt des Unbewußten kommt, nur mit dem Bewußtsein beurteilt, erscheint es unbedeutend und häßlich. Es gewinnt nur dann an Wert, wenn es richtig behandelt wird. In einer Variante aus einer Provinz in Kyûshu wird vom „verehrten Knaben mit der rinnenden Nase" gesprochen. Yanagita meint dazu, daß für gewöhnliche Leute so eine ehrenvolle Bezeichnung schwer zu verstehen sei. Das ist der Grund dafür, daß nur ein ehrfürchtiger alter Mann, dem eine rinnende Nase nichts ausmacht, zu dieser besonderen Gunst kommt. Das ist eine treffende Meinung. Solch unscheinbare und verunstaltete Wesen müssen mit Ehrfurcht behandelt werden. Der alte Mann behandelt den Knaben

gut, aber seine Frau verhält sich aus lauter Geiz falsch. Aus dem Nabel des Knaben kommen Goldstücke. Die alte Frau will noch mehr davon und sticht ihn mit einer Feuerzange in den Nabel. Als Folge davon stirbt er. In diesem Fall begeht die Frau den Fehler. Aber es gibt auch Geschichten, in denen der alte Mann seine positive Haltung ändert und der Knabe weggeht. In einer Variante aus der Präfektur Niigata ist ein armer Mann die Hauptperson, der in den Drachenpalast eingeladen wird aus Dank für die Blumen, die er der Otohime darbringt. Dort bekommt er von ihr einen Knaben, der Toho heißt. Sie gibt ihm das Kind mit den Worten: „Er hat zwar eine rinnende Nase und einen geifernden Mund. Aber wenn du gut für ihn sorgst, werden all deine Wünsche in Erfüllung gehen." Der Mann wird dank Toho sehr reich. Aber weil Toho so schmutzig ist, befiehlt er ihm, sich die Nase zu putzen und andere Kleider anzuziehen. Weil sich Toho weigert, schickt er ihn weg. Darauf wird der Mann wieder arm wie zuvor. Zuerst war ihm der Knabe nützlich. Aber nachdem er reich geworden ist, kann er die äußerliche Häßlichkeit nicht mehr aushalten. Das führt zu seinem Unglück. In der Geschichte heißt es, daß er in Verzweiflung gerät. Das heißt auf japanisch „Toho ni kureru", was eine Anspielung auf den Namen Toho ist.

Das gewöhnliche Denken der Hauptperson oder deren naher Verwandten verursachen in fast allen Varianten von „Der Knabe vom Drachenpalast" den Verlust des Glücks. In den meisten Fällen wird die Katastrophe durch die Habgier des Bruders oder der Frau herbeigeführt. Das gleiche gilt auch für das Grimms-Märchen „Der Fischer und seine Frau". Darin ist die Morallehre enthalten, daß man alles verliert, wenn man habgierig ist. Aber auf der anderen Seite kann auch gesagt werden, daß der Wunsch, etwas zu erlangen und ein angenehmes Leben zu haben, die Kultur der Menschen gefördert hat. Daraus entstand zugleich das menschliche Bewußtseinssystem. Wenn zwischen Wunsch und Wunschlosigkeit ein Gleichgewicht besteht, wird das Leben sinnvoll. In den japanischen Märchen wird die Hab-

gier sehr drastisch dargestellt, wie das am Beispiel „Die Kranichfrau" gezeigt wird. Das heißt, das Gewicht liegt stark auf der Forderung nach Wunschlosigkeit. Bei Grimm gibt es neben der Art von Märchen wie „Der Fischer und seine Frau" auch das anfangs erwähnte Märchen „Die drei Federn". Wird letzteres mit „Hyôtoku" verglichen, ist folgender Unterschied zu erkennen: In beiden Fällen handelt es sich um die Welt im Erdinnern, aber im Grimms-Märchen bringt der Held nicht nur nützliche Gegenstände zurück, sondern die Kröte, die er erhält, verwandelt sich auf der Welt in eine schöne Prinzessin. Sie kann also in der Welt auf der Erde leben. Das heißt, diese Geschichte wird von dieser Welt her konzipiert. Der Knabe aus dem Drachenpalast jedoch behält die Eigenschaften aus der anderen Welt. Wird er mit der Habgier und dem gewöhnlichen Denken der Menschen konfrontiert, kehrt er wieder in die andere Welt zurück. Mit anderen Worten: Er behält die Eigenschaft der unbewußten Welt bei. Obwohl er in der Welt des Bewußtseins Nutzen bringt, geht er wieder in die Welt des Unbewußten zurück, weil er von einem gewissen Grad an die Bewußtwerdung nicht ertragen kann. Im Märchen „Die drei Federn" geht der Held aus der Welt des Bewußtseins in die Welt des Unbewußten, und es gelingt ihm, das, was er dort erlangt hat, ins Bewußtsein zu integrieren. In „Der Knabe vom Drachenpalast" wird der Held (so heldenhaft ist er zwar nicht) von der Welt des Unbewußten eingeladen und bekommt etwas. Er kann es für eine Weile in der Welt des Bewußtseins behalten, aber es kehrt schließlich wieder in die Welt des Unbewußten zurück. In Japan ist die Anziehungskraft des Unbewußten unwiderstehlich stark.

2. Das Senex-Bewußtsein

Was aus jener Welt in diese Welt gelangt, geht am Schluß wieder auf den Meeresgrund zurück, weil die Anziehungskraft von dorther so stark ist. Sei es nun „Der Knabe vom

Drachenpalast" oder „Das Land der japanischen Nachtigall": Wie auch die anderen behandelten Märchen weisen sie immer und immer wieder auf diesen Umstand hin. Vereinfacht man und setzt diese Welt mit dem Bewußtsein und jene Welt mit dem Unbewußten gleich, so entsteht der falsche Eindruck, daß das Ich, das heißt das Bewußtsein der Japaner, in den japanischen Märchen als hinfällig dargestellt wird im Vergleich mit westlichen Märchen. Das kann aber auch anders betrachtet werden. Wird es mit „halbgeschlossenen Augen" gesehen, erweist sich das Reich unter dem Meer nicht einfach als das Unbewußte, sondern es kann als eine Art Bewußtsein angesehen werden, das auch das Unbewußte enthält und eine unbestimmte Ganzheit bildet. Dieses Bewußtsein unterscheidet sich vom Ich-Bewußtsein, das in westlichen Märchen zum Ausdruck kommt. Die Struktur der Seele, die im Märchen „Der Knabe vom Drachenpalast" zum Vorschein kommt, ist somit nicht die Struktur eines schwachen Ichs, sondern vermittelt eine bedeutungsvolle Erkenntnis. Um diese zu erfassen, ist es nötig, die Beziehung der Bewohner im Reich unter dem Meer zu untersuchen. Was hat zum Beispiel der hochbetagte Mann für eine Bedeutung?

In „Hyôtoku" verhält sich der Hochbetagte mit dem prächtigen weißen Bart wie der Vorsteher des Hauses. Einen älteren Vorsteher dieser Art gibt es sowohl in „Der Knabe vom Drachenpalast" als auch in Varianten von „Urashima Tarô". In der Chronik „Kojiki" wird im Mythos von „Umisachi und Yama sachi" der Gott des Meeres als ein hochbetagter Mann dargestellt, der eine Tochter namens Toyotama hat. Analog kann vermutet werden, daß auch in „Hyôtoku" der hochbetagte Mann mit dem weißen Bart der Vater der schönen Frau ist. Im japanischen Märchen „Schwester und Bruder" ist es ein hochbetagter Mann mit einem weißen Bart, der seine Hilfe anbietet. Er ist zwar weder ein Bewohner des Meeresgrundes noch des Erdinneren, aber er hat eine außergewöhnliche Weisheit, die nicht

2. Das Senex-Bewußtsein 175

von dieser Welt ist. Somit hat er die gleiche Bedeutung wie die älteren Vorsteher im Meer und im Erdinnern.

In einer Variante von Urashima Tarô wird von einem Mann erzählt, der in den Wald geht, um Brennholz zu sammeln. Dort sieht er zwei Einsiedler Go spielen. Das Spiel dauert lange, und dazwischen wird der Mann von den beiden zum Essen eingeladen. Beim Zuschauen lehnt er sich auf den Stiel seiner Axt. Als das Spiel zu Ende ist, wird er darauf aufmerksam gemacht, daß der Stiel seiner Axt verfault sei. Er kann das nicht verstehen, da eine Axt auch nach hundert Jahren nicht fault. Aber als er in sein Dorf kommt, hat sich dort alles verändert. Er hört von den Leuten, daß ein Mann vor langer Zeit in den Wald ging, um Brennholz zu holen und nicht mehr zurückkam. Das wichtige Motiv in dieser Geschichte ist die ungewöhnliche Zeiterfahrung in der anderen Welt. Außerdem kann gesagt werden, daß diese Einsiedler, die hundert Jahre lang Go spielen, zu dieser anderen Welt gehören. Jeder Stein, den sie aufs Brett legen, steht wohl im Zusammenhang mit einem geschichtlichen Ereignis auf der Welt während eines Jahrhunderts. Natürlich tritt diese seltsame Gestalt des hochbetagten Mannes auch in anderen Märchen der Welt auf. Sie entspricht sozusagen einer allgemeinen Vorstellung aller Menschen. Doch scheint ihr Auftreten in Japan häufiger zu sein als in westlichen Märchen, obwohl das statistisch schwierig zu beweisen ist. Der deutsche Märchenforscher Röhrich bezeichnet das häufige Auftreten von alten Leuten als besonderes Merkmal der japanischen Märchen. Vielleicht rechnet er auch den alten Mann und die alte Frau, die oft als Hauptpersonen auftreten, neben dem Mann mit dem weißen Bart dazu. Auf alle Fälle ist es eine Eigenart der japanischen Märchen, daß alte Leute wichtig genommen werden. In europäischen Märchen treten alte Leute selten als Hauptperson auf. Der alte Mann, der in japanischen Märchen als Hauptperson auftritt, widerspiegelt vermutlich auch die Vorstellung des hochbetagten Mannes mit dem weißen Bart aus der anderen Welt. In diesen Geschichten

kommt das Bewußtsein des alten Mannes zum Ausdruck. Es entspricht aber auch in einem gewissen Maße dem Bewußtsein der Japaner. Im Westen sind auf diesem Gebiet neue Ideen entwickelt worden, die über die Theorie von Neumann hinausweisen. Was James Hillman über das „Senex-Bewußtsein" veröffentlicht hat, weist in eine neue Richtung. Zusammengefaßt läßt sich darüber folgendes sagen: Das Interesse von Hillman am Senex-Bewußtsein hängt mit seinem Interesse am Puer aeternus zusammen. Die Gestalt des Puer aeternus wurde in Kapitel V unter dem Aspekt der Beziehung von Mutter und Sohn behandelt und vermittelte einen eher negativen Eindruck. Dieser negative Aspekt des Puer aeternus stand bei den Analytikern der Jung-Schule am Anfang im Vordergrund. Aber Hillman versucht, die Gestalt des Puer aeternus unter einem anderen Blickwinkel zu erfassen. Schematisch gesagt, sieht er es wie folgt: Er teilt die Gestalt des Jungen in drei Figuren ein: Sohn, Held und Kind (Puer). Dabei haben der Sohn und der Held eine starke Beziehung zur Mutter. Der Sohn verharrt in der Unterwerfung, der Held überwindet die Mutter, wobei „Mutter" symbolisch verstanden werden muß. Mit anderen Worten: Sie unterscheiden sich darin, ob eine symbolische Muttertötung vorgenommen worden ist oder nicht. Das Kind (Puer) muß, wie es Hillman betont, im Zusammenhang mit dem alten Mann und nicht mit der Mutter gesehen werden. Er kommt zum Schluß, daß es richtiger sei, den alten Mann und das Kind als einen Archetyp zusammengesetzt zu sehen. Der Senex-Archetyp kann nicht ohne Puer-Archetyp gesehen werden, und der Puer-Archetyp hat viele Eigenschaften, die zum Senex-Archetyp gehören. Beide sind nur schwer voneinander zu trennen, und so muß von einem einzigen Archetyp gesprochen werden, ob er nun Senex oder Puer genannt wird. Jeder Archetyp enthält eine Dualität von Gegensätzen. In diesem Fall ist das besonders deutlich. Das Zusammenbestehen von Senex und Puer erscheint unmöglich und unverständlich. Aber diese Vorstellung ist in der chinesischen Kultur stark vorhanden und ist

2. Das Senex-Bewußtsein 177

somit auch Japanern vertraut, da die japanische Kultur von der chinesischen stark beeinflußt worden ist. Die Kenntnis vom Senex-Bewußtsein könnte daher sehr nützlich sein, um die chinesische Kultur zu verstehen. Einen Einblick in die chinesische Welt gibt das Buch von Mikio Omuro „Studien über Go-Märchen". Es ist voll von Gestalten, die Kind und Greis zugleich sind. Go ist offenbar ein Spiel, das mit dem Alter in Beziehung gebracht wird. Das kommt auch in der schon erwähnten Variante von Urashima Tarô, in der die Einsiedler Go spielen, zum Ausdruck. Von „Chuang-tsu" erzählt Omuro folgende Geschichte: Der Kaiser verirrt sich in den Bergen. Er fragt einen Hirtenknaben nach dem Weg und ist erstaunt, daß sich dieser so gut auskennt. Er fragt ihn darauf um Rat, wie er das Land regieren solle. „Mache es wie ich", sagt dieser und erzählt ihm seine Erfahrungen. Der Kaiser verneigt sich zweimal vor ihm und preist ihn als einen Lehrer des Himmelreichs. Der Knabe hat die Unschuld des Kindes und die Weisheit des Alters, und Omuro meint, er habe wohl ein hohes Alter gehabt. Das ist ein Beispiel dafür, wie der Alte und das Kind zusammen bestehen. Damit läßt sich erklären, was Hillman über Senex und Puer meint. Ein Merkmal des Senex-Archetyps ist seine doppelseitige Natur. Auf der einen Seite stellt er die Gestalt des älteren Vorstehers dar, der die hergebrachten Gesetze streng befolgt, auf der anderen Seite hat er die Tendenz, auf einmal die starrsinnige Einstellung zu zerstören, wie es dem Charakter des Puer entspricht. Einerseits wirkt diese Figur kalt, hart und konservativ, aber im Innersten brennt ein selbstvernichtendes Feuer, das auf einmal ausbricht. Das Vorhandensein einer großen Spannung zwischen den beiden Gegensätzen ist ein Merkmal dieses Archetyps. Einerseits ist „bittere Wahrheit" und „kalte Wirklichkeit" das Kennzeichen für das Senex-Bewußtsein, andrerseits besitzt es eine Weisheit, die vor nichts zurückschreckt. Es betrachtet die Welt aus der allerletzten Tiefe des Erdbodens und sieht die Dinge aus kühler Distanz. Das führt manchmal dazu, daß es die Dinge von der umgekehrten Seite sieht und ihre Beschaffenheit

aufdeckt. Es schaut das Leben bereits von der Seite des Todes an. Dabei kann es leicht zu einer pessimistischen und zynischen Weltanschauung kommen, die bis zum Nihilismus führt. Diese Weisheit ist wohl kühl, aber weil sie beständig ist, hält sie Recht und Ordnung aufrecht. Doch diese Beständigkeit kann auch zu einer Starrheit führen. Die Folgen davon sind Schwermut und Mutlosigkeit. Wer in der Pubertät stark von diesem Bewußtsein beeinflußt wird, erlebt eine schwere Depression. Dabei kann es zur Gefahr des Selbstmords kommen. Die Merkmale des Senex-Bewußtseins werden noch deutlicher, wenn es mit dem von Neumann dargestellten Ich-Bewußtsein verglichen wird. Das westliche Ich-Bewußtsein wird ebenfalls mit einer männlichen Gestalt zum Ausdruck gebracht. Als Gegenüberstellung zum Senex-Bewußtsein wollen wir es an dieser Stelle Heldenbewußtsein nennen. Der Blickpunkt des Senex-Bewußtseins kommt aus dem Erdboden und ist düster. Das Heldenbewußtsein kann am besten mit der am Himmel leuchtenden Sonne verglichen werden. Wie es in den Mythen von Drachenkämpfen symbolisch dargestellt wird, trennt sich das Selbst vom mütterlichen Ursprung. Das bedeutet, daß das Bewußtsein beginnt, die Dinge klar zu unterscheiden. Aber im Laufe der Zeit wird der Platz des Helden von einem anderen streitig gemacht. Das heißt, daß das Heldenbewußtsein von Fortschritt und Entwicklung geprägt ist. Im augenfälligen Kontrast dazu steht die Starrheit des Senex-Bewußtseins. Das Heldenbewußtsein trägt zur Entwicklung der Zivilisation bei, das Senex-Bewußtsein nimmt daran nicht teil. Hingegen ist das Heldenbewußtsein immer von Tod und Verfall bedroht. Das Senex-Bewußtsein ist jedoch von der Bedrohung ausgeschlossen, weil es den Tod miteinschließt. Erreicht die Starrheit des Senex-Bewußtseins ihren Höhepunkt, tritt auf einmal der Puer in Aktion. Dabei kommt es zu einer Selbstzerstörung oder es entsteht ein anarchischer Zustand. Als ein Beispiel dafür kann das alte römische Fest der Saturnalien gesehen werden, das für den Gott Saturnus bestimmt war. Es hatte die

2. Das Senex-Bewußtsein

Bedeutung, die durch das Senex-Bewußtsein entstandene Starrheit zu zerstören. Es war ein ausgelassenes Fest. Die Amtsgeschäfte wurden eingestellt, keine Strafen verhängt und die Sklaven befreit. Nach diesem heftigen Ausbruch kehrte dann alles wieder in den alten Zustand zurück. Es kommt bezeichnenderweise zu keinem Fortschritt. Das Senex-Bewußtsein ersteht wieder. Starrheit und Erregung halten sich hier die Waage. In diesem Sinne besteht eine Koexistenz von Senex und Puer. Wie verhalten sich der Held und der Senex zur Frau? Zwischen den beiden Erscheinungen zeigt sich ein bedeutender Unterschied. Es gehört zum Prozeß der Bewußtwerdung des Helden, daß nach dem Überwinden der „Mutter" das Erlangen der Frau erfolgt. Der Senex hingegen braucht keine Frau. Der alte Mann, der in den Märchen die Weisheit vertritt, erscheint oft allein. Von Saturnus wird gesagt, daß er der Schutzgott der Eunuchen und des Zölibats war. Seine Merkmale sind Kälte, Härte und Impotenz. Aber er wurde auch als Fruchtbarkeitsgott verehrt und mit sexuellen Ausschweifungen in Verbindung gebracht. Hier zeigen sich die zwei Seiten des Senex-Bewußtseins. Die Impotenz gegenüber Frauen einerseits und der Hang zu sexuellen Ausschweifungen andrerseits sind ein Merkmal des Senex-Bewußtseins. Wenn beide Extreme zusammenkommen, entstehen sexuelle Phantasien, das heißt, die in Wirklichkeit vorhandene sexuelle Impotenz wird durch sexuelle Phantasien ersetzt. Eine Frau, die mit dem Senex zusammen auftritt, ist schwermütig und düster. Ursprünglich wurde Saturnus als Junggeselle angesehen, aber später wurde er mit der Göttin Lua zusammen verehrt. Lua kommt etymologisch von „lues", was Seuche heißt. Die Begleiterin des Senex bringt Finsternis und Krankheit in die Welt. Das bedeutet, daß die Senex-Weisheit im Hintergrund eine depressive Stimmung hat. Wird diese Düsterkeit mit dem erwähnten Hang nach Ausschweifungen kombiniert, erscheint die Begleiterin des Senex als eine Gestalt, die an die alles in die Erde hineinziehende Yamauba erinnert. In der Geschichte „Hyôtoku" lebt der hochbe-

tagte Mann mit einer schönen Frau zusammen. Es kann also auch eine Jungfrau mit ihm zusammen auftreten, wie das in verschiedenen Märchen der Fall ist. Das bedeutet, daß die Senex-Weisheit im Verborgenen eine empfindsame Stelle hat. Auch wenn der Senex Kühle, Härte und Beständigkeit bewahrt, ist er an einer Stelle verwundbar. Das kann zu Zornausbrüchen führen und eine unerwartete Schwäche zum Vorschein bringen. Dadurch entsteht die erwünschte Möglichkeit, daß sich das Senex-Bewußtsein verändert.

3. Die Vater-Tochter-Konstellation

Außer in „Hyôtoku" treten auch in weiteren japanischen Märchen und Mythen die Jungfrau und der hochbetagte Mann als Paar auf. In „Urashima Tarô" lebt Otohime mit dem Drachenkönig, der offenbar ihr Vater ist. Im Zusammenhang damit steht der Mythos „Umisachi, Yamasachi", in dem der Meeresgott als der Vater von Toyotama-hime dargestellt wird. In einer Variante werden zwar ihre Eltern erwähnt, denen sie ihre Begegnung mit Prinz Hohodemi mitteilt. In anderen Varianten erscheinen aber nicht mehr die Eltern, sondern es ist nur noch vom Vater die Rede. Die Mutter spielt offenbar in dieser Erzählung keine große Rolle. Die Beziehung von Vater und Tochter ist von Bedeutung. Der Vater läßt die Heirat ohne weiteres zu, aber schließlich kehrt die Tochter zu ihm zurück. Das zeigt die Stärke der Beziehung von Vater und Tochter. Die Vater-Tochter-Beziehung läßt an den griechischen Mythos von Kronos und Aphrodite denken. Kronos ist wie Saturnus eine Verkörperung des Senex. Nach der Beschreibung von Hesiod wurde Uranos, der Gott des Himmels, von seinem Sohn Kronos entmannt. Aus dem Schaum, der sich um die ins Meer geworfenen Genitalien bildete, kam Aphrodite hervor. Psychologisch gesehen kann Kronos als der Vater von Aphrodite betrachtet werden. Symbolisch gesehen ist sie aus dem Meer geboren und hat die gleiche Bedeutung wie

3. Die Vater-Tochter-Konstellation 181

Toyotama-hime, die Tochter des Meeresgottes. Hillman deutet die Geschichte von Kronos und Aphrodite wie folgt: Das Senex-Bewußtsein entwickelt sexuelle Phantasien, die aber verdrängt und ins Unbewußte geworfen werden. Dort verbleiben sie aber nicht, sondern sie tauchen in der Gestalt der Tochter wieder auf. Das Prinzip des Himmels (hier von Uranos vertreten) und die Tiefe des Meeres (mit anderen Worten das Unbewußte) verbinden sich und bilden eine Phantasie (in der Gestalt von Aphrodite), die ins Senex-Bewußtsein zurückkehrt. Kronos und Aphrodite sind ein Vorbild für die Konstellation von Vater und Tochter. Im Hintergrund des beständigen und kühlen Senex-Bewußtseins ist eine Sanftheit verborgen, die sich als schöne Frau in der Gestalt der Tochter zeigt. Die psychologische Bedeutung der Vater-Tochter-Konstellation kann wie folgt erklärt werden: Sowohl die Vater-Sohn- als auch die Mutter-Tochter-Konstellation stellt die Dualität der Gegensätze des menschlichen Bewußtseins dar. Die erstere beschreibt die männliche Bewußtwerdung. Die letztere kann nicht als ein Bewußtsein bezeichnet werden, weil sie einen der Natur nahen Zustand zum Ausdruck bringt. Zwischen diesen Gegensätzen stehen die Konstellationen von Vater-Tochter und Mutter-Sohn. Sie haben eine vermittelnde oder kompensatorische Funktion. Jung weist darauf hin, daß die Überbetonung der Vater-Sohn-Achse in der christlichen Kultur von der Mutter-Sohn-Achse kompensiert wird. Eine Kompensation von zwei äußersten Gegensätzen kommt erst zustande, wenn sie etwas Gemeinsames haben. Die Beziehung von Vater-Sohn und Mutter-Tochter sind zu extrem, als daß sie kompensatorisch wirken könnten. Aber die Mutter-Sohn-Konstellation kann kompensatorisch wirken, weil der Sohn ein gemeinsamer Teil ist und die Möglichkeit der männlichen Bewußtseinsentwicklung vertritt. Auch für die Mutter-Tochter-Konstellation gilt dasselbe. Die Vater-Sohn-Konstellation kann nicht kompensatorisch wirken. Erst wenn die Tochter als gemeinsamer Teil auftritt, kommt es zu einer Kompensation, und die männliche Autorität kann

wirksam werden. Wird das europäische männliche Bewußtsein als Höhepunkt der psychologischen Entwicklung angesehen, kann die Reihenfolge lauten: Mutter-Tochter, Vater-Tochter, Mutter-Sohn, Vater-Sohn. Aber es muß festgehalten werden, daß das nicht die einzige Art von Deutung ist. Jedes Bewußtsein hat seine eigene Bedeutung und muß als solche berücksichtigt werden. Es ist eine freie Einstellung erforderlich. Unter diesem Aspekt seien einige Märchen untersucht, in denen die Vater-Tochter-Konstellation eine Rolle spielt. Das japanische Märchen „Ogin Kogin" ist eine Stiefmuttergeschichte. Aber sie endet nicht mit einer Heirat sondern mit der Herstellung einer Vater-Tochter-Beziehung. Sie handelt von zwei Töchtern. O Tsuki ist die Stieftochter, O Hoshi ist die eigene Tochter. Die Stiefmutter versucht, O Tsuki zu töten, aber O Hoshi hilft ihrer Schwester jedesmal mit ihrer Geistesgegenwart. Die beiden werden schließlich vom Fürsten des Landes im Palast aufgenommen. Eines Tages sehen sie vom Fenster aus einen blinden Bettler, der einen Gong schlägt und singt: „O Hoshi, O Tsuki, was ist mit euch geschehen? Ihr seid mehr wert als Himmel und Erde. Wenn ihr noch am Leben wärt, müßte ich nicht diesen Gong schlagen... kan... kan..." Die beiden Schwestern erkennen ihren Vater und umarmen ihn. Ihre Tränen fallen in seine blinden Augen, und er kann wieder sehen. Tief gerührt und voller Hochschätzung nimmt der Fürst die drei bei sich auf. Dazu läßt sich folgendes sagen: Die abweisende Haltung der Mutter bewegt die Tochter zuerst, wegzugehen und selbständig zu werden. Aber zum Schluß kommt es zur Vereinigung von Vater und Tochter. Symbolisch bedeutet das: Wird die negative Seite der Mutter zu stark, übernimmt der Vater die Funktion der mütterlichen Liebe und sorgt für das Wohlergehen der Tochter. Aber die Vater-Tochter-Beziehung hat in diesem Fall psychologisch gesehen eine ähnliche Bedeutung wie die Mutter-Tochter-Beziehung und verhindert dabei eine Heirat der Tochter. In europäischen Märchen stellt der Vater, der für seine Tochter sorgt, den Heiratskandidaten

3. Die Vater-Tochter-Konstellation

schwierige Aufgaben, die sie lösen müssen, um die Tochter zu bekommen. Da zeigt sich ein deutlicher Unterschied zum Märchen „Ogin Kogin", das als ein Beispiel für die Stärke der Vater-Tochter-Konstellation in Japan gelten kann. Auch in anderen asiatischen Ländern, in denen die Mutter-Tochter-Beziehung stark ist, gibt es Geschichten, in denen die Vater-Tochter-Konstellation als Kompensation auftritt. Ein Beispiel dafür ist das pakistanische Märchen „Wer sorgt für dich?" Ein König hat sieben schöne und sittsame Töchter. Die Jüngste aber ist die allerschönste und zudem die beste Köchin im Land. Der König fragt jeden Morgen seine Töchter, wer für ihr Essen sorge. Außer der Jüngsten sagen alle sechs, daß es der König sei, der für sie sorge. Eines Tages verlangt der König auch von seiner jüngsten Tochter eine Antwort. Sie sagt: „Es ist Gott, der für uns sorgt." Der König vertreibt sie darauf wütend in den Dschungel. Dort trifft sie einen Flötenspieler, der ihr Diener wird. Sie gehen auf die Suche nach einer Unterkunft. Unterwegs findet der Mann in einem Bach Rubinsteine und macht sich auf, herauszufinden, woher sie kommen. Er findet einen Palast mit einer gefangenen Feenkönigin. Weil sie sich geweigert hatte, einen Zaubergott zu heiraten, wird sie von ihm gefoltert. Die Rubine entstehen aus ihrem vergossenen Blut. Der junge Mann hilft ihr, sich zu befreien und führt sie zur Königstochter. Die zwei Frauen werden wie Schwestern. Die Feenkönigin erstellt für die Königstochter einen Palast, und sie veranstalten ein Fest, zu dem auch der König eingeladen wird. Die Königstochter kocht die Gerichte, und der König wird beim Essen schmerzlich an seine jüngste Tochter erinnert. Er erzählt der Feenkönigin von seiner vertriebenen Tochter und daß er sie noch einmal sehen möchte, bevor er sterbe. Da gibt sich die Königstochter zu erkennen und fragt ihn: „Ist es nicht doch Gott, der für alle sorgt? Du hast deine verlorene Tochter nicht finden können, aber ich bin zu einem Palast und zu Schätzen gekommen." Der König gibt ihr von Herzen recht, und sie leben fortan glücklich zusammen.

Auch in dieser Geschichte kommt es zu keiner Hochzeit. Sie endet damit, daß Vater und Tochter glücklich zusammenleben. Somit gleicht sie dem japanischen Märchen „Ogin Kogin". Im pakistanischen Märchen wird die Mutter nicht erwähnt. Dazu läßt sich das gleiche sagen wie am Beispiel von Toyotama-hime und ihrem Vater. Die Bindung von Vater und Tochter ist stark, und der Mutterrolle kommt keine Beachtung zu. Sechs Töchter leben ohne Vorbehalt unter dem Schutz ihres Vaters. Einzig die siebte Tochter ist anders. Es ist aus dem Lauf der Geschichte zu vermuten, daß sie einen männlichen Gott meint. Die Vater-Tochter-Konstellation steht hier nicht auf der Stufe der Blutsverwandtschaft oder einer persönlichen Beziehung. Sie geht von der Beziehung zum himmlischen Vater aus. Von dieser wichtigen Bedeutung der Vater-Tochter-Konstellation ist in dieser Geschichte die Rede. Die vom zornigen Vater vertriebene Tochter trifft einen attraktiven jungen Mann, aber zu einer Heirat kommt es nicht. Das läßt an Athene denken, die eine typische „ewige Tochter" des Vaters bleibt. Ist bei einer Frau die Vater-Tochter-Konstellation überbetont, hat ein gleichaltriger Mann nur die Möglichkeit, ihr Diener zu werden. (Es gibt in Wirklichkeit manchmal solche Frauen, die einen Diener haben, der sich Ehemann nennt.) Dieser junge Mann ist ein begabter Flötenspieler. Es gibt auch ein vietnamesisches Märchen mit einem Flötenspieler. Die Tochter des Kaisers wird von den Tönen seiner Flöte angezogen und verliebt sich in ihn. Aber dem Kaiser gelingt es, die Liebe zu verunmöglichen. In Japan gibt es ein Märchen mit dem Flötenspieler als Bräutigam. Das Thema der Vater-Tochter-Konstellation ist hingegen nicht vorhanden. Die Figur des Flötenspielers ist bemerkenswert. Die Töne der Flöte dringen über Gräben und Zäune ins Herz der Tochter, auch wenn der Vater um sie einen Schutzwall errichtet. Diese durchdringende Kraft ist der Grund für das häufige Auftreten des Flötenspielers. Aber im pakistanischen Märchen wird er nicht der Geliebte, sondern der Diener der Königstochter. Die vom Teufel gefangene junge Fee ist das

andere Selbst der Königstochter. Hier wird noch eine weitere Form von Vater-Tochter-Konstellation dargestellt. Die Tochter wird von einem jungen Mann befreit, wie das in europäischen Märchen oft der Fall ist. Aber der Schluß unterscheidet sich ganz. Diese Geschichte zeigt weder das Durchbrechen der Vater-Tochter-Konstellation noch eine Kompensation für die Vater-Sohn- oder Mutter-Tochter-Konstellation. Die Geschichte beginnt und endet mit der Beschreibung der Vater-Tochter-Konstellation in ihren verschiedenen Formen. Diese zeigen sich in der Beziehung von König und Königstochter, Teufel und Fee, Himmlischer Vater und Königstochter. Sie bringt die wichtige Bedeutung der Vater-Tochter-Konstellation im Osten zum Ausdruck. Es ist aber zu beachten, daß der Vatergott, der hier dargestellt wird, nicht auf der Vater-Sohn-Achse steht wie in Europa, sondern im Hintergrund der Tochter als Hauptfigur. In diesem Fall besteht aber die Bedeutung der Vaterfigur nicht allein darin, die negative Mutterrolle zu kompensieren oder die Tochter zu beschützen. Wie es in der Beziehung vom Teufel und der Fee zum Ausdruck kommt, führt die Beschützung dazu, daß die Tochter die Freiheit verliert. Nur eine noch höher stehende Vaterrolle kann das durchbrechen und der Tochter die Stärke geben, gegen den Willen des eigenen Vaters selbständig zu werden. Mit dieser höheren Vaterrolle im Hintergrund findet die Tochter ihr Glück. Auch für die Betrachtung der Beziehung der Bewohner auf dem Meeresboden in „Der Knabe vom Drachenpalast" ist diese Bedeutung der Vater-Tochter-Konstellation in Betracht zu ziehen.

4. Die Triade auf dem Meeresgrund

Für die Japaner ist der Meeresgrund das „Land der ewigen Mutter", wie es Kunio Yanagita genannt hat. Da leben der Hochbetagte mit dem weißen Bart, die schöne Frau und das unansehnliche Kind. Zu der Mutter-Sohn-Konstellation

kommt der Hochbetagte. Diese Triade eignet sich gut, die Struktur des Landes der ewigen Mutter zu erklären. Die Mutter-Sohn-Konstellation spielt in der Mentalität der Japaner eine wichtige Rolle. Aber die Vater-Tochter-Konstellation hat eine kompensatorische Funktion oder tritt als Gegensatz auf. Somit hat diese Triade eine passende Struktur. Unter Blutsverwandten wäre es eine Beziehung von Großvater, Mutter und Sohn. Die Frau steht dabei zwischen zwei Männern. In einer Familie wäre es die Beziehung von Vater, Mutter und Kind, wobei Vater und Mutter nicht blutsverwandt sind. In der Verbindung Großvater, Mutter und Sohn sind alle blutsverwandt, deshalb kann sie als „naturnah" bezeichnet werden. Die Merkmale dieser Triade werden noch deutlicher, wenn sie mit Triaden in anderen Kulturen verglichen wird. Das bringt zuallererst die Gedanken auf die Trinitätslehre im Christentum. Darin wird Gott als Trinität von Vater, Sohn und heiliger Geist verstanden. Für Nichtchristen ist es sehr schwierig, diese Trinität als einen Gott zu begreifen. Die Triade auf dem Meeresgrund kann nicht als eine Einheit verstanden werden. Für C. G. Jung war das psychologische Phänomen der Trinitätslehre eine Lebensaufgabe. Er betrachtete es nicht vom theologischen oder philosophischen Standpunkt aus, sondern vom psychologischen. Das heißt, er stellte fest, wie die Trinitätslehre auf die menschliche Seele wirkt. Im Zusammenhang mit der japanischen Triade lassen sich die Gedanken von Jung folgendermaßen zusammenfassen: Die in der Religionsgeschichte entstandene Triade ist ein Archetyp. Schon vor dem Christentum kommen wichtige Triaden in alten Religionen oder Mythen vor. In Babylon gab es in der Frühzeit die Triade Anu, Enlil und Ea. Anu ist der Gott des Himmels, Enlil (oder Bel) ist der Gott des Sturms und der Sohn von Anu. Ea ist der Gott des Wassers, der Tiefe und der Weisheit. Die Triade der Spätzeit besteht aus Sin, dem Gott des Mondes, Shamash, dem Gott der Sonne, und Adad, dem Gott des Sturms. Dem entspricht interessanterweise die höchste japanische Triade von Amaterasu, der Göttin der

4. Die Triade auf dem Meeresgrund

Sonne, Tsukuyomi, dem Gott des Mondes, und Susano-o, dem Gott des Sturmes. In der Regierungszeit von Hammurabi änderte sich diese Triade. Sie bestand aus Anu, Marduk (dem Sohn von Ea) und dem König als Verkünder der beiden. Auf diese Weise wurde das Königtum gefestigt. Eine ähnliche Tendenz zeigte sich in der Triade Gott, Pharao und Ka in Ägypten. Hier kann von einer Trinität gesprochen werden, weil Gott und der Pharao als Vater und Sohn durch Ka verbunden werden. Ka ist der Geist, der einen einzelnen Menschen wie einen Zwilling lebenslang begleitet, ihn am Leben erhält und für das weitere Leben nach dem Tod sorgt. Ka hat eine Ähnlichkeit mit dem heiligen Geist, der ebenfalls Vater und Sohn verbindet. Jung wies darauf hin, daß die damals zum Christentum übergetretenen Ägypter das Konzept von Ka auf das Konzept des heiligen Geistes übertragen konnten. Dieser Geist hat die Rolle des Vermittlers, und es würde der Natur entsprechen, wenn er auf eine weibliche Figur projiziert würde. Der Gnostizismus im Frühchristentum sah denn auch im Heiligen Geist die Mutter. Die Vater-Sohn-Mutter-Triade ist als eine natürliche Form anzusehen. In Babylon bildete sich daher aus der Triade Sin-Shamash-Adad die Triade Sin-Shamash-Ishtar, wobei Ishtar (auch Ashtarte genannt) eine große weibliche Gottheit darstellt. Diese Form von Triade entspricht auch der japanischen Triade auf dem Meeresgrund. Es ist ein Merkmal der christlichen Trinität, daß sie aus Vater, Sohn und Heiliger Geist besteht und dabei die Mutter ausschließt. Die Vater-Mutter-Sohn-Triade ist wohl eine natürliche Form, aber sie paßt kaum in das Konzept des Monotheismus. Die gleichartige männliche Verbindung von Vater, Sohn und heiligem Geist bildet den Monotheismus, auf die Gefahr hin, daß die Natur ausgeschlossen wird. Hier zeigt sich ein Unterschied zum Polytheismus. In der Vorstellung des dreieinigen Gottes ist ein Gegensatz nicht zugelassen. Durch die harmonische Existenz gleichartiger Elemente kommt es zur Einheit. Vater und Sohn werden nicht durch die leibliche Mutter verbunden, sondern durch

den Atem, den Geist. Jung mißt dem Weiblichen als kompensatorischer Funktion zur männlichen Trinität eine große Bedeutung zu. Er sieht das Symbol der Ganzheit in der Quaternität. Die europäische Kultur hat aber die Natur ausgeschlossen und ein männliches Gottesbild geschaffen, das durch menschliche Reflexion entstanden ist, wobei auch das Unbewußte eine gewisse Rolle spielt. Der Heilige Geist, der Vater und Sohn verbindet, hat die Kraft, Leben zu schaffen, schließt aber dabei die Mutter aus. Die Vater-Sohn-Beziehung wird über die natürliche Beziehung von Mutter und Sohn gestellt. Sie wird durch den Atem des Geistes auf die höhere Stufe des männlichen Prinzips gehoben. Die Trinitätslehre ist auch ein Ausdruck für die geistige Entwicklungsgeschichte der christlichen Kultur. Zusammengefaßt sagt Jung darüber folgendes: Der Vater ist der Urgrund und Schöpfer. Solange der Sohn als Gegensatz nicht bewußt ist, kommt es zu keiner Reflexion, und der Vater ist absolut. Dabei besteht kein Raum für Kritik oder moralische Konflikte. Die Autorität des Vaters wird nicht verletzt. Was nicht dazu gehört und anderes ist, wird abgespalten und tritt nicht ins Bewußtsein. Als ein typisches Beispiel für diese „Vaterkultur" beschreibt Jung seine Beobachtungen bei einem afrikanischen Stamm auf dem Berg Elgon. Dieses Volk glaubte an einen Schöpfer, der alles gut und schön gemacht hat. Es betrachtete das Leben am Tag voll und ganz optimistisch. Nach dem Sonnenuntergang kam aber die andere Welt der Finsternis. Sie wurde als die Welt der Gefahr, der Angst und des Bösen empfunden. Daraus entstanden Beschwörungsrituale als Schutz gegen böse Mächte und Geister. Am Morgen kam dann der Optimismus wieder zurück, und von der Bedrohung der Nacht war nichts zu merken. Das kann als ursprünglichste Form einer Vaterkultur bezeichnet werden, stellt Jung fest. Als weitere Entwicklung folgt die Welt des Sohnes. Sie beginnt damit, daß die abgespaltene und unbewußte Welt der Finsternis bewußt wird. Der Vater gilt nicht mehr als absolut, sondern es entsteht ein Gegensatz, und es kommen deshalb

4. Die Triade auf dem Meeresgrund

Zweifel gegen ihn auf. Aber dennoch lebt der Mensch in einer Welt voller Sehnsucht nach dem Heil und der Vollkommenheit der früheren Zeit, in der er mit dem Vater noch eins war. Doch eine Rückkehr in die alte Zeit ist unmöglich, weil das Bewußtsein inzwischen unabhängig geworden ist und nicht mehr rückgängig gemacht werden kann. Auf der dritten Stufe hebt der Heilige Geist die Dualität, die durch den Sohn entstanden ist, auf. Da er sowohl dem Vater als auch dem Sohn gemeinsam ist, stellt er als Dritter die Einheit wieder her. Auf den Prozeß der Bewußtwerdung bezogen, bedeuten diese drei Stufen folgendes: Die erste Stufe ist ein Zustand der Abhängigkeit. Um von der ersten Stufe auf die zweite zu gelangen, muß diese kindliche Abhängigkeit geopfert werden. Von der zweiten auf die dritte Stufe muß die exklusive Unabhängigkeit aufgegeben werden. Diese Erklärungen von Jung zeigen die Bewußtwerdung des westlichen Ichs und die Bedeutung der Entstehung des Christentums in der Geistesgeschichte des Westens. Doch das heißt noch lange nicht, daß das westliche Ich das einzige und beste sei. Es ist deshalb ratsam, nicht allein auf diesem Blickpunkt zu beharren. Jungs Betrachtungen zeigen die Stabilität, die hinter dem westlichen Ego steht, und das Wissen dieser Tatsache ist sehr wichtig. Mit dieser psychologischen Betrachtung über die christliche Trinität im Sinn sei anschließend die Bedeutung der japanischen Triade auf dem Meeresgrund erklärt. Die Triade von Großvater, Mutter und Sohn enthält beide Geschlechter und kann kaum eins werden. Aber auf eine Art ist sie doch eine Einheit, weil sie durch die Blutsbande gleichartig ist. Und auch diese Triade kann im Sinne von Jungs Deutung als entwicklungsfähig bezeichnet werden. Die Stufe der Mutter entspricht der Stufe des Vaters in der christlichen Trinität. Beide sind absolut. Auf der Stufe des Vaters wird die Absolutheit durch das Recht geschützt, und durch das Abspalten des Bösen wird das absolut Gute bewahrt. Auf der Stufe der Mutter hingegen wird die absolute Einheit dadurch bewahrt, daß Gut und Böse ungetrennt

und vermischt eine Ganzheit bilden. In diesem einheitlichen Gefühl wird alles bejaht. Es kann als optimistisch bezeichnet werden. Kommt es zu einer Wandlung von der Stufe der Mutter zur Stufe des Sohnes, zeigen sich ähnliche Punkte wie bei der Veränderung vom Vater zum Sohn. Es entsteht ein Gegensatz von Mutter und Sohn oder es kommen Zweifel gegen sie auf. Der Vater-Sohn-Konflikt ist sehr scharf. Beim Mutter-Sohn-Konflikt hingegen wirkt die alles festhaltende Kraft der Mutter, und er wird in eine unbestimmte Ganzheit aufgenommen. Der Gegensatz, der Zweifel und der Widerspruch werden umschlossen, und die Ganzheit wird durch ein feines Gleichgewicht bewahrt. Es braucht keinen Vermittler wie den Heiligen Geist beim Vater-Sohn-Konflikt. Die Mutter-Sohn-Triade ist somit stabiler. Damit läßt sich erklären, warum die Kombination von einer Mutter-Sohn-Gottheit in verschiedenen Religionen und Mythologien auftritt. Die Dyade von Mutter und Sohn hat für die japanische Mentalität eine wichtige Bedeutung. Tritt der Großvater hinzu, bildet sich eine Triade, aus der eine Entwicklung entsteht. Wohl ist die Dyade von Mutter und Sohn stabil, aber wenn die männlichen Züge des Sohnes stärker werden, wird das als eine Einschränkung empfunden. Es kommt unfehlbar zu einer Änderung. Dabei wird die mütterliche Ganzheit abgelehnt. Symbolisch kommt es zur Muttertötung, wie das beim westlichen Ego der Fall ist. Tritt aber der Großvater hinzu, wird die Macht der Mutter kompensiert. Dadurch verläuft die Entwicklung nicht so drastisch. Das hat den Vorteil, daß die Achse von Mutter und Sohn nicht zerstört wird und die Schwäche des Sohnes im Hintergrund gedeckt bleibt. Die Großvater-Mutter-Sohn-Triade enthält drei Dyaden. Das sind der alte Mann und der Knabe, Vater und Tochter, Mutter und Sohn. Diese drei Dyaden sind alle bereits eingehend behandelt worden. Das westliche und das japanische Ich unterscheiden sich wie folgt: Das westliche Ich des Helden beruht auf dem dreieinigen Gott. Das japanische Ich wird von der Triade auf dem Meeresgrund bestimmt. Aber weil in diesem

Fall die Triade keine absolute Einheit ist, entstehen verschiedene Möglichkeiten: je nachdem ist das japanische Ich bestimmt vom Senex, vom Puer oder vom weiblichen Bewußtsein. Manchmal ist es eine Mischung von allen dreien. Das weibliche Bewußtsein wird im nächsten Kapitel behandelt. Zuvor soll noch das Problem der Trinität und Quaternität zur Sprache kommen.

5. Das Vierte

Jung behandelte die psychologische Bedeutung der christlichen Trinitätslehre und würdigte deren epochemachende Rolle in der Geistesgeschichte. Er vertritt die Meinung, daß die Ganzheit der Seele besser in der Quaternität ihren passenden Ausdruck findet. Diese Schlußfolgerung zog er aus seinen Studien von Mythen und Religionen und aus seinen Untersuchungen der Struktur des Unbewußten, die er bei seinen Patienten machen konnte. Aus seinen Erfahrungen schließt er, daß die menschliche Seele ein Gottesbild hervorbringt, das deren Ganzheit widerspiegelt (damit ist nicht Gott an und für sich gemeint). Dieses Gottesbild läßt sich besser in der Quaternität zum Ausdruck bringen. Kommt zur Trinität von Vater, Sohn und Heiliger Geist das vierte hinzu, nimmt die Ganzheit Form an. Jung versteht dieses Gottesbild in der Seele des Menschen vom psychologischen Standpunkt aus. Das wurde aber mißverstanden und als ketzerisch betrachtet, weil es als Kritik am Dogma der Trinität angesehen wurde. Es kam zu Auseinandersetzungen mit Theologen, aber dabei wurde aneinander vorbeigeredet. Es ist jedoch nötig, für die Betrachtung der japanischen Triade auf dem Meeresgrund das von Jung dargestellte Phänomen der Quaternität einzubeziehen. Jungs Theorie läßt sich wie folgt zusammenfassen: Der Mensch sieht sich gezwungen, sich in seiner Seele mit dem Bösen auseinanderzusetzen. Wie läßt es sich erklären, daß in der Welt, die Gott schuf, das Böse existiert? Die Kirchen-

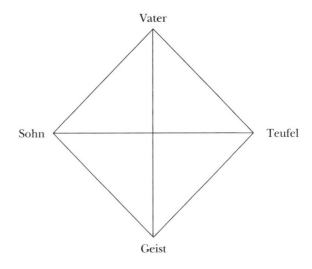

Skizze 8. *Die Quaternität nach einer Skizze von C. G. Jung*

väter anerkannten das Böse nicht, weil es der theoretischen Zurechtlegung vom absolut guten Gott zu widersprechen schien. Sie erklärten das Böse als „privatio boni", als „Fehlen des Guten". Jung konnte aber diese Einstellung nicht anerkennen, weil er von psychologischen Erfahrungen ausging. Das Gute existiert gerade dadurch, weil das Böse als Gegensatz dazu wirkt. Jung berief sich auf apokryphische Schriften und gnostische Lehren und zog den Schluß, daß der Sohn die lichte Seite von Gott vertritt und Satan die dunkle. Auch Satan ist ein Sohn von Gott. Der Gegensatz von Gut und Böse wird vom Heiligen Geist verbunden und versöhnt, wie das in Skizze 8 dargestellt ist. Werden Gott und Satan ganz voneinander getrennt, kommt es zu einem Kampf der Gegensätze, an dem auch der Mensch teilnimmt. Das hat zur Folge, daß es für ihn fast unmöglich wird, ausschließlich dem absolut guten Gott zu folgen. Auch wenn er sich noch so bemüht, das Böse abzulehnen, wird er von ihm miteinbe-

zogen. Es geht nicht darum, nur nach dem absolut Guten Ausschau zu halten. Vielmehr braucht der Mensch die Stärke, zwischen Gut und Böse zu stehen und standzuhalten. Dann wird er eine Erfahrung machen, die seine Vernunft übersteigt: Er wird von Gott, der sich in der Quaternität zeigt, gerettet. Die Seite von Vater, Sohn und Heiligem Geist beruht auf dem männlichen Prinzip. Die Seite von Vater, Satan und Heiligem Geist wird vom weiblichen Prinzip bestimmt, weil das weibliche Prinzip das Böse sublimiert. Die Quaternität entsteht durch die Vereinigung des männlichen und weiblichen, des väterlichen und mütterlichen Prinzips. Diese Vereinigung hat eine hohe symbolische Bedeutung. Der Heilige Geist, der diese Vereinigung bewirkt, erscheint somit zwitterartig. Es kann auch vorkommen, daß Satan und das Weibliche zusammenfallen. Die Vereinigung von Männlich und Weiblich hat auf jeden Fall einen hohen Stellenwert im Zusammenhang mit der Trinität.

Im Zusammenhang damit läßt sich über das bisher Gesagte schematisch folgendes sagen: Das Ich des westlichen Menschen wird in der Gestalt des Mannes dargestellt, weil es vom dreieinigen Gott gestützt wird. Diese männliche Gestalt geht ins Erdinnere, gewinnt eine Frau und heiratet sie. Die Frau kompensiert als das Vierte die himmlische Trinität. Das formell männliche Prinzip des Christentums wird in den Märchen durch die Heirat kompensiert. Dies ist der Grund, warum es in westlichen Märchen so oft zu einer Heirat kommt.

Im Vergleich zur westlichen Kultur steht es in der japanischen Kultur mit der Quaternität nicht so einfach. In der westlichen Kultur kann alles genau in zwei Teile eingeteilt werden, weil Gott männlich und absolut ist, und deshalb läßt sich auch die Kompensation mit einer klaren Struktur darstellen. In Japan ist aber die Macht der Muttergottheit so stark, daß alles ungenau erscheint und es schwierig ist, zu unterscheiden, was traditionell oder formell ist. Deshalb ist es nicht ratsam, das westliche Schema anzuwenden. Aber es lassen sich trotzdem analoge Schlüsse ziehen. Als die Funk-

tion des Vierten kann bis zu einem gewissen Grade der Mann im Märchen angesehen werden, der von der Triade auf dem Meeresgrund eingeladen worden ist. Im Westen, wo die himmlische Trinität vorherrscht, geht der Mann ins Erdinnere und holt die Frau als das Vierte herauf. In Japan, wo die Triade auf dem Meeresgrund vorkommt, ist der Mann, der hinuntersteigt, das Vierte. Im westlichen Märchen kommt es zur Heirat, und es zeigt sich eine Veränderung von der Trinität zur Quaternität. Im japanischen Märchen kommt es nicht zur Heirat. Obwohl der Mann der schönen Frau begegnet, kehrt er allein auf die Erde zurück. Wie ist das zu erklären?

Die Begegnung mit der schönen Frau führt zum „Nichts". Dieses Thema ist typisch für japanische Märchen und findet sich wie schon erwähnt besonders ausgeprägt in „Das Land der japanischen Nachtigall". Es durchzieht als Hauptthema alle Kapitel in diesem Buch. Im Vergleich zum absoluten Gott im Christentum existiert in Japan der Gott des absoluten „Nichts". Das Ich des westlichen Menschen geht von einem einzigen Gott aus und zeigt sich in einer männlichen Gestalt. Das Ich des Japaners zeigt sich im „Nichts", oder es kann auch als ein „Nicht-Ich" bezeichnet werden. Das ist wohl der Grund, warum Asiaten „Menschen ohne Ich" genannt werden. Das „Nicht-Ich" der Japaner wird nicht von einem alleinigen himmlischen Gott gestützt, sondern von der „Leeren Mitte", die in den japanischen Mythen zum Ausdruck kommt. In diesen spielt die Triade Amaterasu, Tsukuyomi und Susano-o eine große Rolle. Tsukuyomi steht in der Mitte. Er ist das Symbol für das „Nichthandeln". Das „Nichts" steht dabei im Mittelpunkt. Es braucht keine Kompensation, wie das in der westlichen Kultur der Fall ist. Das ist der Grund, warum in Japan das Thema der Vereinigung von Männlich und Weiblich keine große Bedeutung hat. Das „Nichts" stellt an und für sich eine Vollendung dar. Als Symbole der Ganzheit betrachtete Jung die geometrischen Figuren von Kreis und Quadrat. Als Symbol für die Ganzheit des „Nichts" eignet sich ebenfalls der Kreis. Aber das Pro-

blem der Trinität oder der Quaternität spielt beim „Nichts"
keine Rolle. Es ist nicht nötig, dem „Nichts" etwas beizufügen. Hingegen wäre eine Strukturierung notwendig, was
aber dem „Nichts" zuwiderläuft. Eine Strukturierung des
„Nichts" kommt dem Unterfangen gleich, dem absolut guten Gott das Böse hinzufügen zu wollen. Auf dieser Erde
basiert das „Nichts" oder das „Nicht-Ich" auf der seltsamen
Triade im Meer. Sie besteht aus dem Hochbetagten, der
schönen Frau und dem kleinen Knaben. Sie hat somit eine
Art Struktur. Diese Personen versuchen, mit den Menschen
auf der Erde in Beziehung zu treten. In den Märchen in
diesem Buch fällt besonders das Verhalten der schönen
Frau immer wieder auf. Sie versucht wiederholt, mit den
Menschen Kontakt aufzunehmen, und bemüht sich, zu dulden. Aber ihre Bemühungen sind umsonst. Diese Triade
setzt sich dafür ein, das Senex-Bewußtsein oder das weibliche Bewußtsein in der Welt des „Nicht-Ich" zu verwirklichen. Das ist auch als eine Art Kompensation zu betrachten.
Ihre Absicht ist es, der Welt des „Nichts" eine Struktur zu
geben, das heißt, sie bewußt zu machen. Das steht aber ganz
und gar im Gegensatz zum „Nichts". In der christlichen
Geistesgeschichte sah man sich genötigt, das weibliche Prinzip einzuschließen. Um den Gegensatz zu verbinden, entstand das Symbol der Quaternität. Das führte zu einer hohen Bewertung des mysterium coniunctio. Analog dazu
sollte in Japan der Versuch unternommen werden, die Triade auf dem Meeresgrund mit der Welt des Nichts zu verbinden. Jungs Lehre von der Quaternität hat den Westen dem
Osten nahe gebracht. Auf gleiche Weise könnte der Osten
versuchen, dem Westen nahezukommen. Darüber soll im
nächsten Kapitel noch gesprochen werden. An dieser Stelle
ist aber noch ein anderer Punkt zu erwähnen. Die Quaternitätslehre von Jung wurde als Abweichung vom christlichen Dogma betrachtet und streng verurteilt. Der Kampf
gegen ihn war so heftig, daß er die Meinung äußerte, in
früheren Zeiten wäre er auf dem Scheiterhaufen verbrannt
worden. Einer seiner Jünger versuchte zwar, den Disput zu

schlichten, indem er eine Deutung veröffentlichte, die allen genehm sein soll. Zu dieser ganzen Frage möchte ich als der Verfasser dieses Buches folgendes sagen: Theologisch wird der dreieinige Gott als vollkommen betrachtet. Die Menschen jedoch leben von dieser Vollkommenheit weit entfernt, weil sie viel Böses in sich haben. Die Gestalt dieses Gottes ist gewiß nicht zu beanstanden. Aber für Psychotherapeuten, die mit der Schwäche und dem Bösen der Menschen konfrontiert werden, ist sie unerreichbar. In Wirklichkeit ist es oft so, daß bei einer Therapie die Existenz des Bösen akzeptiert werden muß. Das will aber nicht heißen, es als gut anzunehmen. Aus dem langwährenden Konflikt zwischen Gut und Böse heraus muß ein Weg gefunden werden, der beides verbindet. Das ist der Grund, warum Jungs Gottesbild auch das Böse miteinschließt. Bildlich gesprochen kann folgendes gesagt werden: Den Theologen ist die Religiosität angeboren, was sie dazu führt, sich selbst im Paradies zu wähnen. Deshalb stellen sie sich den Gott, von dem sie sprechen, im Paradies vor. Im Vergleich dazu sieht Jung Gott durch ein Guckloch aus der Hölle. Es ist eindeutig, daß der Gott der Theologen vollkommener und erhabener ist. Aber eine solche Vorstellung ist für Menschen in der Hölle nicht gerade hilfreich. Analog läßt sich über das Nichts und die Triade auf dem Meeresgrund folgendes sagen: Das absolute Nichts ist an und für sich vollständig und es hat es nicht nötig, daß etwas zugefügt wird. Im Gegenteil, alles, was es braucht, ist, das Ich zu beseitigen. Jegliche Art von Bewußtsein ist unnötig. Im Vergleich zum absoluten Nichts ist das Senex-Bewußtsein und das weibliche Bewußtsein unbedeutend, wenn man es vollkommen logisch ansehen will. Doch es ist für die Japaner wichtig geworden, die Bedeutung des Bewußtseins in Betracht zu ziehen, weil sie mit der westlichen Zivilisation in Berührung gekommen sind und deren Errungenschaften genießen. Es geht darum, im Zusammenhang mit dem Nichts neue Symbole zu finden. Die Darstellungen in diesem Buch bemühen sich zu zeigen, wie das Bewußtsein beschaffen ist und wie notwendig es ist, sich

etwas bewußt zu machen. Im Märchen „Der Knabe vom Drachenpalast" bringt der Mann der Welt auf dem Meeresgrund ein Geschenk dar und wird eingeladen. Das läßt vermuten, daß er unbefriedigt war und etwas auf dieser Welt vermißte. Er hegte die Hoffnung, etwas Neues aus der anderen Welt mitbringen zu können. Aber schließlich brachte der Kontakt mit der anderen Welt nichts Neues, und das Nichts blieb, wie es ist. Natürlich ist es auch möglich, das Nichts positiv zu betrachten, wie es in Kapitel I gezeigt wird, und es ist nicht leicht zu beurteilen, ob es gut oder schlecht ist. Die Triade auf dem Meeresgrund bringt in die Welt des Nichts eine Strukturierung und hat somit eine kompensatorische Funktion. Diese Art Märchen wollen eben gerade auf das Vorhandensein dieser Triade aufmerksam machen. Es besteht somit eine Hoffnung auf die Vereinigung der zwei Welten, auch wenn es auf einer anderen Ebene geschieht als im Westen. Märchen enthalten Material des kollektiven Unbewußten, das allen Kulturen gemeinsam ist. In ihnen zeigen sich die Vergangenheit und die Gegenwart der menschlichen Geistesgeschichte. Doch andrerseits bergen sie auch den Keim der Zukunft in sich. Aus diesem Grund kommt im nächsten Kapitel die Gestalt der Frau zur Sprache. Sie vollbringt eine neue Verbindung, die in die Zukunft weist. Sie versucht, über die bisher dargestellte Frauengestalt hinauszugehen. Das Bild von der Frau, die weggeht und damit ein trauriges Mitgefühl erweckt, macht somit eine Veränderung durch.

Kapitel IX

Die Frau mit Willen

Im ersten Kapitel ist zum Ausdruck gekommen, daß die Frauengestalt, die in den japanischen Märchen vorkommt, das japanische Ich passend darstellt. Von dieser Sicht aus sind im weiteren Verlauf die besonderen Eigenschaften der japanischen Märchen betrachtet worden. Im vorigen Kapitel hat es sich zudem herausgestellt, daß der Unterschied zwischen dem westlichen und dem japanischen Ich auf dem Unterschied zwischen dem dreieinigen Gott und dem absoluten Gott des Nichts beruht. Abgesehen von der wichtigen Bedeutung der Gottheit ist deutlich geworden, daß das Ich, beziehungsweise das Bewußtsein eine wichtige Rolle hat. Die Frauengestalt, die sich in den Märchen zeigt, gibt über das Bewußtsein der Japaner Auskunft. In diesem Kapitel kommt eine Frauengestalt zur Sprache, die den Höhepunkt in der Darstellung des weiblichen Bewußtseins erreicht. Zieht man die gegenwärtige Situation des japanischen Volkes in Betracht und schließt Erfahrungen mit Patienten mit ein, so kommt man zum Ergebnis, daß diese Frauengestalt über die Zukunft Aufschluß geben kann. Diese Frauengestalt tritt in Märchen auf, die allgemein unter dem Titel „Der reiche Köhler" bekannt sind. Sie sind in Japan weit verbreitet und werden oft als Legenden erzählt. Auch Kunio Yanagita schenkte diesen Märchen seine Aufmerksamkeit und veröffentlichte einen Aufsatz über den „Köhler

Kogoro". Seine darin geäußerten Ansichten werden im Verlauf ebenfalls einbezogen.

1. Der reiche Köhler

In der Sammlung japanischer Märchen ist „Der reiche Köhler" in der Kategorie „Schicksal und Reichtum" eingeordnet. Es gibt drei Typen: „Der reiche Köhler" (Erste Heirat), „Der reiche Köhler" (Wiederheirat) und „Das Gespräch der Schicksalsgötter". Als Kern ist allen Typen gemeinsam, daß eine Frau von meist vornehmer Herkunft zu einem armen Köhler kommt und ihn bittet, sie zu heiraten. Es endet damit, daß die beiden zu Wohlstand kommen. Dabei kann das bei der ersten Heirat erfolgen oder erst nach einer weiteren Heirat. Es gibt Geschichten, in denen die Frau 13- oder 49-mal heiratet, was die Handlung recht kompliziert macht, besonders wenn noch die Weissagungen von Gottheiten hinzukommen. In der hier ausgewählten Geschichte treten zwei reiche Leute auf, und es wird erzählt, daß bei jedem ein Kind geboren wird. Der Reiche im Westen hört das Gespräch von zwei Gottheiten und vernimmt das Schicksal der Kinder: Das Kind des Reichen im Osten wird ein Mädchen und bekommt den hohen Rang von einem Shô Salz (1,8 Liter). Das Kind vom Reichen im Westen wird ein Knabe und bekommt den niedrigen Rang von einem Bambus. Der Gott, der die Ränge verteilt, ist der Gott vom Drachenpalast. Das Mädchen, das in diesem Märchen die Hauptfigur wird, hat also eine geheime Beziehung mit der Triade auf dem Meeresgrund. Der Reiche im Westen versucht jedoch, das über seinen Sohn verhängte Unglück abzuwenden. Es gelingt ihm, eine Heirat von beiden Kindern im voraus zu bestimmen. Es ist natürlich, daß Eltern alles versuchen, ein unglückliches Schicksal von ihren Kindern abzuwenden. Aber die Macht des Schicksals setzt sich über menschliches Ermessen hinweg. „Das Schicksal eines Neugeborenen" ist ein weitverbreitetes Thema in

Mythen und Märchen. Ein Beispiel dafür ist das japanische Märchen „Die Bremse und die Axt". Es gehört in die Kategorie „Das Gespräch der Schicksalsgötter". Der Vater erfährt, daß sein Sohn mit 15 oder 16 Jahren von einer Bremse gestochen wird und sterben muß. Er versucht das zu verhüten, indem er seinen Sohn zu einem Böttcher als Lehrling schickt. Als Bauer wäre die Gefahr zu groß, von einer Bremse gestochen zu werden. Aber als der Sohn 15 Jahre alt ist, wird er bei der Arbeit von einer Bremse bedroht. Mit dem Werkzeug schlägt er auf sie los. Aber aus Versehen schneidet er sich das eigene Ohr ab und stirbt daran. Die Bemühungen, das Schicksal zu verhindern, machen also die Sache noch schlimmer. In der bekannten Ödipussage bemühen sich die Eltern ebenfalls, das Schicksal zu verhüten. Aber gerade dadurch geschieht das Unheil. Der Ausspruch von Max Lüthi trifft hier zu, daß je mehr man versucht, das Schicksal zu verhüten, man es desto mehr heraufbeschwört. Die Vorkehrungen des Reichen im Westen, das Unglück seines Sohnes abzuwenden, sind vorübergehend erfolgreich. Aber kaum nach der Heirat der beiden jungen Leute kommt es zur Katastrophe. Die Frau bemüht sich sehr, aber der Mann erweist sich als überheblich. Darauf faßt die Frau einen Entschluß: Sie hinterläßt dem Mann Haus und Hof und zieht weg. Diese Frauengestalt ist in jeder Beziehung wunderbar. Sie hat von Geburt an einen höheren Rang. Deshalb hat sie in dieser Heirat die Rolle der duldenden Frau. Aber als der Mann das Gedeck mit dem Gerstengericht wegstößt, wird aus der duldenden Frau eine Frau mit Willen. Dieser zeigt sich darin, daß sie sich von diesem Mann trennt und sich ein neues Leben einrichtet. Damit unterscheidet sie sich auffallend von den bisherigen Frauen. Der Rang von einem Shô Salz deutet an, daß diese Frau eine Beziehung mit dem ewigen Land der Mutter unter dem Meer hat. Damit läßt sich ein weiterer Zusammenhang herstellen: Die Frau, die zuerst erschien, versuchte, mit einem Menschen in dieser Welt Kontakt aufzunehmen. Aber der Mann übertrat das Verbot, und sie ging

1. Der reiche Köhler 201

voller Gram wieder weg. Daraufhin erschien sie in Tiergestalt, aber auch damit hatte sie keinen Erfolg. Einzig als duldende Frau gelang es ihr, in dieser Welt zu bleiben. In dieser Geschichte beschließt jedoch die Heldin, nicht mehr zu dulden, sondern sich selbst eine neue Welt zu erschließen, in der sie bleiben kann. Aber obwohl sie eine Frau mit Willen ist, verhält sie sich zuerst passiv und geht die von ihrem Vater bestimmte Heirat ein. Erst nachher kommt es zum Ergreifen der Initiative. Das ist eine beeindruckende Wende. Ihr positives Verhalten zeigt sich besonders auch in der Art, wie sie dem Köhler Goro einen Heiratsantrag macht. Nachdem er ihn abgelehnt hat, erbittet sie seine Zustimmung mit den Worte: „Ich wünsche es. Bitte, nimm mich zur Frau!" Im Westen sind wohl kaum Märchen von einer Frau zu finden, die von einem solchen positiven Verhalten erzählen. Bis jetzt sind keine direkten Parallelen mit diesem Thema bekannt. Das Thema, daß die Frau den Heiratsantrag stellt, ist in diesem Buch schon öfters vorgekommen. Der Mann ließ sich jeweils zu schnell überreden. In „Kranichfrau" führte das dazu, daß die Frau nur noch dulden mußte. In dieser Geschichte ist sich aber der Mann voll über den großen Unterschied zwischen sich und der Frau bewußt, und er schätzt seine Situation realistisch ein. Er sagt das so: „Wenn jemand wie ich eine so vornehme Frau heiratet, trifft ihn die Strafe." Doch in diesem Fall werden die Schwierigkeiten durch die Heirat überwunden. Der Beweggrund zum Weggehen ist in dieser Geschichte ganz anders als bisher. Von „Das Land der japanischen Nachtigall" bis zu „Kranichfrau" geht die Frau dann weg, wenn der Mann ihre wahre Gestalt entdeckt. Aber in „Der reiche Köhler" ist die Situation ganz anders. Der erste Mann weiß nichts über ihren höheren Rang und ihre tiefe Beziehung zum Drachenpalast. Hier ist es umgekehrt: Weil der Mann sich ungerecht verhält, erkennt die Frau seine wahre Natur und faßt den Entschluß, wegzugehen. Ihre Fähigkeit, ihren Mann zu durchschauen, zeigt eine Weisheit, die ihr nachher hilft, den Köhler Goro als wahren Gatten zu erkennen.

Dies ist nicht mehr die Frau, die Angst haben muß, daß der Mann ihre wahre Natur entdeckt. Sie entdeckt umgekehrt die wahre Natur des Mannes. Diese Weisheit steht hinter ihrem aktiven Verhalten.

Die Gottheiten des Speichers führen ein Gespräch über den Köhler Goro. Die Frau hört das und macht sich auf, Goro zu suchen. Diese Gottheiten stellen die in ihrem Innersten verborgene Weisheit dar. Es war ja der Drachenkönig, der ihr den Rang von einem Shô Salz gab. Noch etwas tiefer gesehen entsteht die Vermutung, daß er auch ihre erste Heirat in die Wege geleitet hat. Das Märchen sagt nichts über den hinter ihr stehenden Schicksalsgott. Aber man kann sich gut den alten Mann mit dem weißen Bart vorstellen, der hinter der Jungfrau steht. Diese Frau besitzt die Kraft, die Weisheit des alten Mannes in dieser Welt zu verwirklichen. Es entsteht sogar die Vermutung, daß diese Frau eine Inkarnation von Otome ist. Psychologisch gesehen ist sie eine Frauengestalt, die eine tiefe Beziehung zur Welt des Unbewußten hat. Die Weisheit der Frau, die wahre Natur des Mannes zu durchschauen, kam schon in Kapitel VII zur Sprache. Sie ermöglicht in den japanischen Märchen das Entstehen einer glücklichen Heirat. Sie manifestiert sich zum Beispiel auch in den Gottheiten des Speichers. In „Schneckenmann" zeigt sie sich in den arglosen Worten der Frau: „Wenn es so ist, will ich ihn heiraten." Beim „Aschenjungen" ist es auch die Frau, die seine wahre Gestalt erkennt, wobei sich alle anderen von seiner Verkleidung täuschen lassen. Das Erkennen der wahren Natur bildet die Voraussetzung für eine glückliche Heirat. Zudem wird im Märchen „Der reiche Köhler" die gesellschaftliche Stellung durchbrochen. Von außen gesehen, haben die beiden Kinder den gleichen Stand. Die erste Heirat ist also standesgemäß. Die von den Gottheiten gegebenen unterschiedlichen Ränge sind innerlich gemeint. Die Frau geht aber eine zweite Ehe mit einem Mann eines niedrigen Standes ein und verläßt damit den ihr gemäßen Stand. Dieser Mut ist einzigartig. Sie fordert dadurch das japani-

sche soziale System frontal heraus. Sie kommt den tapferen Helden in westlichen Märchen gleich, die es wagen, eine Prinzessin trotz des großen Standesunterschieds zu heiraten. In einer Variante heiratet die Tochter eines Fürsten auf Grund eines Orakels einen Mann, der als der Ärmste in der Welt bezeichnet wird. Da wird der Standesunterschied besonders hervorgehoben. Die Frau setzt sich frei über die gesellschaftlichen Stände hinweg und verkörpert damit eine ganz neue Frauengestalt. Am Morgen nach der Heirat findet das Ehepaar in den Brennöfen Gold. Es wird nicht erklärt, wie sie darauf kamen, dort nach Gold zu suchen. Dieser Schatz ist wohl ein Zeichen für ihre außergewöhnliche Heirat. In vielen anderen Varianten wird folgende Episode erwähnt: Die Frau gibt dem Mann ein kleines Goldstück, um Reis zu kaufen. „Wie kann man mit einem solchen Stein Reis kaufen" wundert sich der Mann. Sie erklärt ihm, daß das ein Goldstück sei. Da sagt er ihr, daß bei den Brennöfen viele solche Stücke liegen. Er wußte also nicht, daß in seinen Öfen ein Schatz verborgen war. Hier zeigt sich wiederum auf eindrucksvolle Weise die Fähigkeit der Frau, den inneren Wert zu erkennen. Sie fördert den Schatz zu Tage, der in Goro bis jetzt latent vorhanden gewesen war, und macht ihn nutzbar. Verschiedene Varianten enden mit der glücklichen Heirat. Aber es gibt eine ganze Anzahl von Versionen, in denen vom Schicksal des ersten Mannes erzählt wird. Dazu gehört auch die hier aufgeführte Geschichte. Der Mann wird immer ärmer und kommt schließlich als Hausierer zum Haus des reichen Köhlers. Die Frau nimmt ihn freundlich auf, aber er merkt zuerst nicht warum. Als er sie erkennt, nimmt er sich aus Scham das Leben. Zu diesem tödlichen Schicksal bemerkt Yanagita folgendes: „Als der Mann seine frühere Frau erkennt, kann er die Scham nicht ertragen. Er fällt neben dem Ofen hin und stirbt. Damit er vom Köhler nicht gesehen wird, weist die Frau einen Diener an, ihn hinter dem Ofen zu begraben. Der Tote wird dann zum Schutzgott des Hauses. Daraus läßt sich auch der Herdgott ableiten. Es ist seltsam, daß gerade die Feuerstelle, die

als reiner Platz gilt, zum Bestattungsort von Toten wird, obwohl diese als unrein angesehen werden. In Japan ist es ein weitverbreiteter Brauch, eine Maske mit einem häßlichen Gesicht neben die Feuerstelle zu hängen. Das muß einen tieferen Grund haben." Yanagita erkennt einen Zusammenhang mit der Geschichte von Hyôtoku. Je nachdem ist vielleicht auch der Mann vom Rang eines Bambus nicht wertlos, und es läßt sich sogar eine geheime Übereinstimmung mit dem häßlichen Knaben denken. Ein Märchen weist unerwartet viele verschiedene Schichten auf. Die Art und Weise, wie sich diese Frauengestalt entwickelt hat, ist erstaunlich. Sie hat deutlich an Boden gewonnen. Sie ist zwar keine Heldenfigur, die Ungeheuer vernichtet. Über eine längere Zeit versteht sie zu dulden. Aber sie findet den Mut zu einer aktiven Haltung. Sie bringt dem Mann seine verborgenen Schätze zum Bewußtsein. Sie hat die Rolle, das Licht des Bewußtseins anzuzünden, und vertritt das japanische Ich, ob männlich oder weiblich. Sie hat für die Zukunft der Japaner eine große Bedeutung. Wie ist ihre Eigenart psychologisch zu erklären?

2. Das weibliche Bewußtsein

Mit dem weiblichen Bewußtsein ist nicht das spezifische Bewußtsein der Frau gemeint. Es ist auch nicht das Bewußtsein, das man von einer Frau verlangt. Es bedeutet eine Art Ich-Bewußtsein, das sowohl die Frau als auch der Mann haben kann. Aber in der Gestalt der Frau kommen seine besonderen Eigenschaften am besten zum Ausdruck. Es steht deutlich im Gegensatz zum westlichen Ich-Bewußtsein, das nach Neumann von männlichen Helden dargestellt wird. Neumann unterscheidet zwischen einem matriarchalen und patriarchalen Bewußtsein. Er vertritt die Auffassung, daß in der heutigen Zeit sowohl Männer als auch Frauen das patriarchale Bewußtsein besitzen müssen. Gleichzeitig anerkennt er aber die Bedeutung des matriar-

2. Das weibliche Bewußtsein

chalen Bewußtseins. Obwohl die heutigen Menschen ein patriarchales Bewußtsein haben, herrscht in den frühen Entwicklungsstadien das matriarchale Bewußtsein vor. Das gleiche gilt auch, wenn beim Mann seelische Krisen und schöpferische Prozesse auftreten. Vom Standpunkt der Entwicklung aus stellt Neumann das patriarchale Bewußtsein höher. Aber er weist auf die Bedeutung des matriarchalen Bewußtseins beim schöpferischen Prozeß hin. Vor allem bewirkt es bei seelischen Krisen in einem schöpferischem Moment eine Umkehrung der Werte. Das weibliche Bewußtsein, von dem hier die Rede ist, hat viele Ähnlichkeiten mit dem matriarchalen Bewußtsein. Aber schließlich ist es doch anders. Bevor noch weiter darauf eingegangen wird, sei noch kurz Neumanns Beschreibung des matriarchalen Bewußtseins betrachtet: Er stellt das matriarchale Bewußtsein mit dem Mond in Beziehung. Nimmt man an, daß sich das männliche Bewußtsein auf die Sonne bezieht, dann symbolisiert der Mond, der in der Finsternis scheint, das matriarchale Bewußtsein. Es ist nicht grelles Tageslicht, sondern ein matter Schein. Das matriarchale Bewußtsein ist nicht vom Unbewußten getrennt, sondern steht in äußerster Harmonie und Übereinstimmung damit. Manchmal kommt es zu einer Veränderung, was wie eine Laune wirkt. Sie ist aber eine Reaktion auf die Botschaften, die aus dem Unbewußten kommen, und führt zu wunderbaren Ideen oder Inspirationen. Deshalb ist das matriarchale Bewußtsein für den schöpferischen Prozeß notwendig. Es hängt zudem mit der Zeit und dem Schicksal zusammen. Der abnehmende und zunehmende Mond haben einen zeitlichen Rhythmus, der auch den Lebensrhythmus der Menschen bestimmt. Auch die Erde hat einen eigenen Rhythmus, der eine Art Zyklus darstellt. Mit diesen Rhythmen bildet das matriarchale Bewußtsein eine Harmonie. Das patriarchale Bewußtsein zeigt sich hingegen am folgenden Beispiel: Der Rhythmus von Tag und Nacht wird dadurch aufgehoben, daß die Nacht beleuchtet wird. Dadurch kann Tag und Nacht gearbeitet werden, was eine Steigerung der

Leistungsfähigkeit mit sich bringt. Die Menschen können Fahrzeuge erfinden, die sie in kurzer Zeit in die Ferne bringen. Den Rhythmus, der ihnen angeboren ist, können sie dadurch übersteigen. Das patriarchale Bewußtsein führt zur Überheblichkeit. Das zeigt sich darin, daß der Mensch glaubt, über alles herrschen zu können. Wenn es dann zu unvorhergesehenen Ereignissen wie Autounfällen kommt, verwünscht er das Schicksal. Im Gegensatz dazu hat das matriarchale Bewußtsein eine starke Affinität zum Schicksal. Es versteht es, das Schicksal anzunehmen, anstatt es zu verwünschen. Wenn man das Schicksal annimmt und wartet, wendet es sich zum Guten. Durch die Fähigkeit zu warten entfalten sich außerordentliche Kräfte. Dem patriarchalen Bewußtsein ist das Warten nicht vertraut. Es will kämpfen und überwinden. Das matriarchale Bewußtsein wartet, ohne zu kämpfen. Es mag noch so Schlimmes geschehen, es duldet und wartet. Der Mensch kann gegen das Schicksal nicht ankämpfen. Dazu sagt Neumann: „Ebenso ist in den weiblichen Urmysterien des Kochens, Backens, Gärens und Brennens das Reifwerden, Garwerden und Verwandeltwerden immer an einen abzuwartenden Zeitablauf gebunden. Das Ich des matriarchalen Bewußtseins ist gewohnt stillzuhalten, bis die Zeit günstig, der Ablauf vollendet, die Frucht des Mondbaums reif geworden ist als Vollmond, d.h. bis die Erkenntnis aus dem Unbewußten geboren wird." Beim matriarchalen Bewußtsein kann der Prozeß der Erkenntnis dem Wesen nach mit dem Prozeß der Schwangerschaft verglichen und erfaßt werden. Ein besonderes Merkmal ist vor allem die Passivität. Es ist selbst nicht aktiv. Die Erkenntnis beginnt damit, daß etwas, das von außen eindringt, aufgenommen wird. Der Prozeß von der Empfängnis bis zur Geburt braucht den ganzen Einsatz von Leib und Seele. Was dabei entsteht, ist selbstverständlich und braucht keine logische Erklärung. Für die Erkenntnis, die im Sinne des matriarchalen Bewußtseins entstanden ist, erweist sich eine Erklärung an und für sich als überflüssig. Sie wird von allen verstanden, die das gleiche erfahren

2. Das weibliche Bewußtsein

haben. Aber für Menschen, die es nicht erfahren haben und die nur auf Grund einer Erklärung etwas verstehen, erscheint sie unverständlich und wertlos. Zur Passivität des matriarchalen Bewußtseins sagt Neumann: „Es verhält sich mehr oder weniger abwartend, ohne willentliche Ich-Intention." Ein weiteres Merkmal des matriarchalen Bewußtseins ist die Relativierung. „Denn es ist weniger auf die absolute Eindeutigkeit der Wahrheit als auf eine Weisheit bezogen, die eingebettet bleibt in das kosmisch-psychische System der sich wandelnden Mächte." Hinter dem patriarchalen Bewußtsein steht der absolute Vater-Gott. Es hat eine unbezogene abstrakte Gesetzesordnung und erklärt den allgemein absoluten Geistcharakter für das Höchste. Demgegenüber bleibt das matriarchale Bewußtsein mit dem Unbewußten und mit dem Gegenstand verbunden. Es hat eine Tendenz zur Bezogenheit und ist somit relativistisch. Das ist, zusammengefaßt gesagt, was Neumann über das matriarchale Bewußtsein schreibt. Das weibliche Bewußtsein, das im Märchen „Der reiche Köhler" zum Ausdruck kommt, hat eine große Ähnlichkeit damit. Zugleich muß aber die Verschiedenheit in Betracht gezogen werden. Für Japaner macht es den Anschein, daß das Konzept von Neumann das patriarchale Bewußtsein an erster Stelle sieht und als Basis voraussetzt. Es vergleicht und unterscheidet das patriarchale und matriarchale Bewußtsein mit einem dualistischen Denken, das dem patriarchalen Bewußtsein entspringt. Die Überlegenheit des patriarchalen Bewußtseins wird dabei streng beibehalten, und dem matriarchalen Bewußtsein wird nur beim schöpferischen Denken eine Bedeutung eingeräumt. Im Grunde genommen erlaubt das weibliche Bewußtsein diese Art von klarer Trennung und Gegenüberstellung nicht. Diese Art von deutlicher Beschreibung ist im eigentlichen Sinn unmöglich. Wie verhält sich nun das weibliche Bewußtsein unserer Heldin in „Der reiche Köhler" mit dem matriarchalen Bewußtsein, das Neumann beschreibt? Sowohl das weibliche als auch das matriarchale Bewußtsein haben eine enge Beziehung zum Unbewußten.

Das zeigt sich deutlich darin, daß der Drachenkönig oder die Gottheiten des Speichers das Verhalten der Heldin bestimmen. Ihre Ohren können die Stimmen der Gottheiten vernehmen. An der Oberfläche gesehen erscheint es wie ein launischer Einfall, daß sie ihren hohen Stand verläßt und einen armen Köhler heiratet. Aber diese Tat öffnet einen ganz neuen Horizont. In dieser Geschichte kommt auch die Einstellung zur Zeit und zum Schicksal gut zum Ausdruck. Von Geburt an war ihr Schicksal vom Drachenkönig bestimmt. Sie hat eine weise Einstellung zum Schicksal und wartet auf den günstigen Zeitpunkt, um zu handeln. An dieser Stelle ist zu bemerken, daß im Zusammenhang mit dem Schicksal nicht die Mutter steht. Eine Beziehung von Mutter und Tochter wird nicht erwähnt. Auf einen matriarchalen Zusammenhang kann also nicht geschlossen werden. Hinter der Frau stehen eindeutig der Drachenkönig und die Speichergottheiten. Dabei wird ihr Geschlecht nicht erwähnt, aber sie tragen stark männliche Züge und lassen an die Gestalt des alten Mannes denken. Das weibliche Bewußtsein geht aus der Beziehung der Frau mit dem alten Mann hervor. Es wird weiblich genannt, weil die Frau die Handelnde ist. Es kann jedoch nicht einfach in ein matriarchales und patriarchales Bewußtsein getrennt werden. Besonders ihre Entschlußkraft und ihr aktives Verhalten können nicht ausschließlich als weiblich eingestuft werden. Bei der ersten Heirat befolgt sie passiv die Anordnung ihres Vaters. Aber bei der Scheidung zeigt sie ihre eigene Initiative und kehrt auch nicht in den Schutz ihres Elternhauses zurück. Sie verläßt das Haus aus eigenem Entschluß, befolgt dann aber den Hinweis der Speichergottheiten. Ihr entschiedenes Verhalten unterscheidet sich ganz vom matriarchalen Bewußtsein. Darin zeigt sich die besondere Eigenschaft des weiblichen Bewußtseins. Bei der Heirat mit Goro ergreift sie die Initiative, aber nachher verharrt sie nicht bei diesem resoluten Verhalten. Sie findet ihr Glück nicht dadurch, daß sie sich weiter aktiv verhält, sondern weil sie die verborgenen Schätze in ihrem Mann entdeckt. Ihr

2. Das weibliche Bewußtsein 209

Verhalten ist sowohl passiv als auch aktiv und ist nicht einfach auseinander zu trennen. In der Alchemie wird männlich und weiblich in aktiv und passiv aufgeteilt. Das weibliche Bewußtsein läßt eine solche Aufteilung nicht zu. Diese einzigartige Frauengestalt stellt das Bewußtsein der Japaner dar, unabhängig von Mann und Frau. Märchen sind vorwiegend eine Kompensation für eine bestehende Einstellung und nehmen somit die Zukunft voraus. Diese Frauengestalt zeigt deshalb eine zukünftige Orientierung der japanischen Seele. Aber das gilt im weiteren Sinne nicht nur für Japan. Zieht man das zurzeit angeschlagene Ich des Westens in Betracht, so bekommt diese Frauengestalt eine Bedeutung für die ganze Welt. „Der reiche Köhler" wird als Legende in vielen Gegenden erzählt. Das ist ein Zeichen für den Unabhängigkeitssinn in den äußeren Provinzen gegen die herrschende Haltung im Zentrum des Landes. Die Seele des japanischen Volkes hat wahrhaftig eine bewundernswerte Frauengestalt geschaffen. Es gibt verschiedene Märchen in der Welt mit einer Frauengestalt als Hauptperson. Diese Art Wandlung von Passivität zur Aktivität zeigt sich auch in ihnen, obwohl es nicht so ausgeprägt erscheint wie in „Der reiche Köhler". Im Westen haben sie einen Zusammenhang mit dem Thema „Die verbotene Kammer". Das Verbot wird meistens von der Frau gebrochen. Ein Beispiel dafür ist „Der Mann mit drei Augen". Die Frau befolgt zuerst wohl die vom Vater bestimmte Heirat. Das Verbot ihres Mannes befolgt sie jedoch nicht. Das ist weniger eine Veränderung von passiv zu aktiv als vom Unbewußten zum Bewußtsein. Doch es gleicht der Haltung der Heldin in „Der reiche Köhler". Beide Frauen heiraten nach dem Willen des Vaters, aber die Heirat endet unglücklich. Doch am Ende kommt es zu einer glücklichen Wiederheirat. Aber genau gesehen ist ein Unterschied zu erkennen: In „Der Mann mit drei Augen" ist der erste Mann ein Ungeheuer und wird von einem König besiegt. Am Ende erfolgt die Heirat mit dem König. Das ist eine Geschichte aus einer Kultur, in der das patriarchale Bewußtsein vom Unbewußten völlig getrennt

ist. Sie erzählt von der Bewußtwerdung des weiblichen Ichs in einer patriarchalen Kultur. Darin besteht ein gewisser Beziehungspunkt mit dem weiblichen Bewußtsein im japanischen Märchen. Das weibliche Bewußtsein ist relativistisch wie das matriarchale Bewußtsein. Diese Relativierung ermöglicht eine Beziehung zum entgegengesetzten Bewußtsein. Das bringt das Thema der Heirat zur Sprache und erklärt, warum es im Märchen „Der reiche Köhler" zu einer glücklichen Heirat kommt, was in japanischen Märchen eher selten ist. Der Unterschied zu westlichen Märchen, die von der Heirat eines männlichen Helden erzählen, ist aber nicht zu übersehen. Zudem wird eine Art Beziehung zum ersten Mann beibehalten. Er wird nicht beseitigt wie der „Mann mit drei Augen". An diesen besonderen Merkmalen läßt sich das japanische Ich erkennen.

3. Die heilige Hochzeit

Geschichten wie „Der reiche Köhler" haben nicht die glückliche Heirat oder das glückliche Ende als Ziel, wie das in westlichen Märchen der Fall ist. In Märchen aus dem Westen treten wohl unterschiedliche Hauptfiguren auf, aber der Heiratspartner hat eine höhere Stellung wie zum Beispiel ein König oder eine Prinzessin. Die Heirat an und für sich gilt als das Glück. Im Märchen „Der reiche Köhler" macht die Frau einem armen Mann einen Heiratsantrag. Er steht also auf einer ganz unteren Stufe. Aber nach der Heirat findet er unverhofft einen Schatz bei sich. Seine Armut ist also relativ gemeint. Eine weitere Abweichung von einem reinen Heiratsmärchen ist das Wiedersehen mit dem ersten Mann. Das zeigt, daß die Heirat in japanischen Märchen eine leicht andere Bedeutung hat. Aber ihr symbolischer Charakter ist ebenso hoch wie in westlichen Märchen.

Die Verbindung von männlich und weiblich ist zwar allen Lebewesen gemeinsam. Auf der Ebene des Instinkts bezweckt sie vor allem die Fortpflanzung. Geschieht sie auf der

3. Die heilige Hochzeit

geistigen Ebene, bekommt sie eine hohe symbolische Bedeutung. Auf der instinktiven Ebene entsteht die Verbindung von Mann und Frau auf natürliche Art und muß nicht speziell als Geschichte erzählt werden. Damit eine Geschichte entsteht, muß etwas ersonnen werden, das über das bloß Naturhafte hinausgeht. Das geschieht nicht auf natürliche Weise, sondern es müssen Aufgaben erfüllt werden. Dies setzt die Willenskraft und die Einsatzbereitschaft des Menschen voraus. Darin liegt der Grund, warum in westlichen Märchen der Partner auf einer höheren Stufe steht und vor dem Zustandekommen der Heirat viele Aufgaben gestellt werden. Ist aber die Hauptperson eine Frau, muß sie zuerst ein schreckliches Ungeheuer heiraten. Oft kommt es zu einer sogenannten Todeshochzeit, wie das zum Beispiel in „Die schöne Frau und das Biest" der Fall ist.

Im Märchen „Der reiche Köhler" ist die Situation anders. Bei der ersten Heirat kommen beide aus einer reichen Familie. Von einer symbolischen Bedeutung kann erst gesprochen werden, wenn sich zwei Teile verbinden, die verschieden sind. Damit diese Bedeutung entsteht, müssen zuerst beide Partner eine Abtrennung erfahren. Als Zeichen für die Todesheirat gelten der Sieg über das Ungeheuer oder die Verwandlung. Das Töten eines Ungeheuers bedeutet eine Abtrennung. Die Verwandlung bedeutet, daß das Alte stirbt und wieder geboren wird. Das kann auch als eine Abtrennung verstanden werden. Das weibliche Bewußtsein muß bis zu einem gewissen Grade vom Unbewußten abgetrennt werden, weil es ein Bewußtsein ist. Aber wird es ganz vom Unbewußten getrennt, würde es gleich wie das männliche Bewußtsein werden. Dann wäre das Auftreten einer männlichen Gestalt, wie sie in westlichen Märchen erscheint, nicht möglich. In „Der reiche Köhler" wird dieses Dilemma auf schöne Weise gelöst. Die Frau nimmt selbst die Rolle des Abtrennens auf sich. Obwohl sie zuerst passiv in die erste Heirat einwilligt, entscheidet sie sich selbst zur Scheidung. Sie ist nicht mehr die Frau, die nur duldet, und trennt sich von der passiven Rolle. Aber ihr Schwert ist nicht

so scharf wie das von westlichen Helden, die Ungeheuer besiegen. Die Trennung verläuft angemessen mild und läßt die Möglichkeit eines Wiedersehens mit dem ersten Mann zu. Diese Frau, die an einem gewissen Punkt aufhört zu dulden und sich entscheidet zu handeln, stellt ein neues Ich dar, das große Beachtung verdient. Bedenkt man, daß diese Geschichte aus einer Zeit kommt, in der von Frauen verlangt wurde, sich dem Willen des Mannes zu fügen, gewinnt diese Gestalt an Bedeutung. Solche willensstarke Frauen sind in erstaunlich vielen japanischen Märchen zu finden. In einem Märchen wird zum Beispiel erzählt, daß eine junge Frau den armen Sohn von „Takoya Chôbei" heiratet. Das ist wieder eine Geschichte von einer Frau, die sich entscheidet, einen Mann von einem niederen Stand zu heiraten. Aber im Haus von „Takoya Chôbei" erscheint jede Nacht ein Gespenst, vor dem sich Vater und Sohn fürchten. Die Frau bewirtet es aber unbekümmert mit Kuchen. Erstaunt über ihren Mut gesteht es ihr, daß es das Gespenst des Goldes sei, das in der Ecke des Hauses vergraben liege. Die zwei Männer graben es aus, und sie werden reiche Leute. Der Mann, der als arm betrachtet wird, besitzt in Wirklichkeit Gold, von dem er aber nichts weiß. Es wird von der Frau entdeckt, die ihn heiraten kommt. Dieses Thema hat offensichtlich in japanischen Märchen eine wichtige Bedeutung. Allgemein gilt in Japan die Devise, daß der Mann sich mutig zeigen müsse und die Frau liebenswürdig. Deshalb ist es erstaunlich, daß es in Japan Märchen gibt, die von einer mutigen und starken Frau handeln. Es gibt sogar ein Märchen, in dem eine Frau den Mut der Freier auf die Probe stellt. Jeder Mann, der ins Haus kommt, um sie zu freien, erblickt sie im Innern des Hauses mit aufgelösten Haaren und einem weißen Kleid. Sie nimmt aus einem Sarg eine Kinderleiche und ißt sie. Alle rennen vor Schrecken davon. Nur einer sieht genauer hin und merkt, daß sie die Maske eines Oni trägt und eine Puppe aus Reiskuchen ißt. Er fragt, ob er auch ein Bein davon haben könne. Die Frau freut sich, daß ein mutiger Mann gekommen ist, und sie

3. Die heilige Hochzeit

heiraten. Die Frau steht hier eigentlich über dem Mann, weil sie den Mut hat, seinen Mut zu prüfen. Doch es ist nicht nur eine Mutprobe, die sie da aufstellt. Sie trägt die Maske eines Oni und ißt Kinder. Das erinnert an die Yama-uba. Diese Frau kennt die wahre Natur, die in ihrem Innern verborgen liegt, und gibt sie von Anfang an zu erkennen. Sie sucht einen Mann, der bereit ist, ihre wahre Natur anzunehmen. Dadurch können Komplikationen wie im Märchen „Die Frau, die nichts ißt" vermieden werden. Das ist ein eindrückliches Beispiel für eine Frau mit Willen. Auf diese Weise ist sie nicht gezwungen, ihre wahre Natur zu verstecken. Aufgrund ihrer Selbsterkenntnis ist es ihr möglich, sich aktiv zu verhalten. Die Frau in „Der reiche Köhler" hat sowohl Liebenswürdigkeit als auch Mut. Wer ist aber der Mann, den sie heiratet und für den sie ihren hohen Stand verläßt? In den Legenden hat dieser Mann Namen wie „Magosaburo" oder „Kogoro". Nach Yanagita sind das Rufnamen für Diener, die bei reichen Leuten angestellt sind. Zur Zeit, als diese Geschichten entstanden, gab es in jedem reichen Haus einen Diener mit einem solchen Namen. Vielleicht fand man diese Erfolgsgeschichte eines Dieners amüsant. Aber in anderen Varianten stehen diese Namen im Zusammenhang mit Angehörigen von Hachiman, dem japanischen Kriegsgott. Diese Leute haben somit zwei Seiten: Sie haben auf der einen Seite einen niederen Stand, sind aber auf der anderen Seite Angehörige eines Gottes. Yanagita sagt über die Gestalt des Köhlers: „Vom heutigen Gesichtspunkt aus erscheint der Beruf eines Köhlers als minderwertig. Aber in früheren Zeiten hatte er eine ganz andere Bedeutung. Leute, die den Blasebalg betätigten oder Kohle herstellten, konnten auch Metalle bearbeiten und Metallgeräte herstellen. Diese Tätigkeit stand über der Kapazität eines Bauern, und es ist deshalb verständlich, daß dieser Beruf des Köhlers mit einem Gott in Zusammenhang gebracht wurde." Diese zwei Seiten kommen auch in Goro zum Ausdruck. Einerseits ist er von niederem Stand, andrerseits könnte er auch ein Gott sein. Obwohl Goro eine

gewisse Beziehung mit einem Gott hat, besitzt er fast nichts, als die Frau ihn heiraten kommt. Die Bezeichnung „Der ärmste Mann der Welt" trifft auch auf ihn zu. Zudem kann von ihm gesagt werden, daß er nichts weiß. Das zeigt sich besonders kraß in einer anderen Geschichte, in der von einem Köhler Kogoro erzählt wird. Als er von seiner Frau ein Goldstück bekommt, um Reis zu kaufen, meint er, es sei ein Stein und wirft es einer Ente in einem Teich nach. Er kennt nicht einmal den Wert von Goldstücken. In all diesen Geschichten kann über diesen Köhler gesagt werden: Er hat nichts und weiß nichts. Er ist sozusagen eine Verkörperung des Nichts. Das bringt das Hauptthema in diesem Buch wieder zur Sprache. Die Reihe der Assoziationen erweitert sich dabei wie folgt: In „Das Land der japanischen Nachtigall" wird der Holzfäller allein zurückgelassen. Daraufhin verläßt er alles, was er hat, und zieht sich in die Tiefe der Wälder zurück. Dort arbeitet er als Köhler und lebt in einer Welt des Nichts. Kaum hat er sich an dieses Leben gewöhnt, tritt diesmal umgekehrt und unerwartet die Frau hinzu. Sie ist nun nicht mehr die gleiche. Sie hat unterdessen verschiedene Erfahrungen gesammelt. Ihre Lösung ist jetzt nicht mehr, wegzugehen oder zu dulden, sondern sie sucht als eine Frau mit Willen eine Verbindung mit dem Bewußtsein des Nichts einzugehen. Auch der Mann verhält sich nun anders. Er ist sich der Schwierigkeit einer Heirat bewußt und stimmt nicht leichtsinnig zu. Er will nicht leichtfertig ein Versprechen geben, von dem er weiß, daß es vielleicht nicht gehalten werden kann. Erst nach vorsichtigem Überprüfen kommt es zur Heirat. Der Mann, der das Nichts-Bewußtsein verkörpert, und die Frau, die das weibliche Bewußtsein verkörpert, gehen eine Heirat ein. Das kann als eine heilige Hochzeit betrachtet werden. Das Ergebnis davon zeigt sich in einer unermeßlichen Fülle von Gold. Das Nichts-Bewußtsein, das dieser Mann verkörpert, ist nicht das gleiche wie das in einem westlichen Sinn verstandene Unbewußte. Im Westen verkörpert der Mann das Bewußtsein und holt die Frau, die er heiratet, aus der Welt des Unbewußten.

In westlichen Märchen hat die Heirat die Bedeutung einer Kompensation für eine Kultur, die einen absoluten Vatergott an der Spitze hat. In den Märchen „Der reiche Köhler" bedeutet die Heirat eine Kompensation für die japanische Kultur, die den Gott des Nichts im Zentrum hat. Die japanische Kultur ist geprägt von einer Sehnsucht nach dem Nichts, was ein Grund ist für die Vorliebe einer übermäßigen Sentimentalität. Die hier dargestellte Frau mit Willen hebt sich in einer erfrischenden Weise davon ab.

4. Die Ganzheit

Die hier dargestellte Heirat ist reich an Bedeutung, und als Zeichen dafür bekommen die beiden Hauptpersonen eine Fülle von Gold. Sie können den Schatz nutzen, der beim Mann unbewußt und latent vorhanden gewesen war. Dabei steht nicht mehr das aktive Verhalten der Frau im Mittelpunkt. Damit ist aber die Geschichte noch nicht zu Ende. Es wird nachträglich noch vom Wiedersehen mit dem ersten Mann erzählt. Was bedeutet das? In einer Variante wird folgendes berichtet: Er kommt unabsichtlich in das Haus der Frau. Sie erkennt ihn und gibt ihm einen Sack Reis. Beim zweiten Mal unterrichtet sie ihren Mann vom Besuch des ersten Mannes. Der Köhler rät ihr, den Mann als Diener anzustellen. So lebt der erste Mann fortan als Diener im Haus des Köhlers, ohne die Frau je zu erkennen. Er wird also aus Erbarmen aufgenommen. Dieser Ausgang hat eine besondere Bedeutung und ist in westlichen Märchen wohl kaum zu finden. Diese Besonderheit ist ein Kennzeichen des weiblichen Bewußtseins. Es versucht, die einmal abgeschnittene Beziehung auf eine gewisse Art wiederherzustellen. Es schließt nicht aus, sondern nimmt auf. Aber es ist nicht gänzlich passiv wie das matriarchale Bewußtsein, das Neumann beschreibt. Jung stellt oft der Vollkommenheit die Vollständigkeit gegenüber. Die Vollkommenheit schließt Fehler und das Böse aus. Die Vollständigkeit

schließt sie ein. Das patriarchale Bewußtsein strebt die Vollkommenheit an. Mit einem scharfen Schwert wird das Böse abgetrennt und beseitigt. Das weibliche Bewußtsein nimmt alles auf und strebt die Vollständigkeit an. Aber dadurch wird es gezwungen, auch die Vollkommenheit aufzunehmen. Das erfordert das Zulassen eines inneren Widerspruchs. Darin liegt die Schwierigkeit der Vollständigkeit. Das zeigt sich eindrücklich am Ende unseres Märchens. Der erste Mann versucht, das Schicksal zu umgehen, das ihm von Geburt an gegeben ist, und fügt sich dem Plan seines Vaters. Die Frau lebt in enger Beziehung zum Schicksal und nimmt es an. Sie muß deshalb auch den ersten Mann, der sich gegen das Schicksal stellte, auf irgendeine Weise annehmen. Es entsteht eine schwierige Situation, mit beiden Männern zusammenleben zu müssen. Das wird dadurch gelöst, daß der erste Mann ein Diener wird. Ist es dem Empfinden nach unmöglich, diese Lösung zu erlangen, kommt es wie in der hier aufgeführten Geschichte dazu, daß der Mann trotz der Freundlichkeit der Frau stirbt. Eine andere Lösung ist, daß der gestorbene Mann zum Schutzgott wird. Auf alle Fälle wird in den japanischen Märchen versucht, diesen bedauernswerten Mann auf irgendeine Weise in die Ganzheit aufzunehmen. Trotz all den Bemühungen, die ihm entgegengebracht werden, wird dieser erbarmenswürdige Mann leicht als minderwertig betrachtet. Das ist besonders auch in den japanischen Mythen am Fall von Hiruko ersichtlich. Es ist ein mißgebildetes Kind japanischer Götter und wird in einem Boot auf dem Meer ausgesetzt. In der Göttertriade Amaterasu, Tsukuyomi und Susano-o kann Hiruko eigentlich als das Vierte betrachtet werden. Das gleiche läßt sich vom unglücklichen Mann im Märchen sagen. Obwohl in den japanischen Mythen eine starke Tendenz vorherrscht, alles einzuschließen, wird Hiruko als das Vierte ausgeschlossen. In verschiedenen japanischen Märchen wird aber versucht, das Vierte einzuschließen. Im Märchen „Der reiche Köhler" besteht die Triade aus der Frau, dem Schicksalsgott, der hinter ihr

4. Die Ganzheit

steht, und dem Köhler. Sie entspricht der Göttertriade in den Mythen. Der erste Mann hat somit die Bedeutung des Vierten. Neumann stellt das patriarchale Bewußtsein über das matriarchale, weil es auf einer höheren Entwicklungsstufe steht. Aber für den schöpferischen Prozeß mißt er dem matriarchalen Bewußtsein eine Bedeutung zu. Daraus läßt sich die Folgerung ziehen, daß weder das patriarchale noch das matriarchale Bewußtsein eine unveränderliche Stufe darstellt. Auch wenn der Einzelne eine dieser Stufen erreicht hat, kann sie sich je nach den Verhältnissen verändern. Auch das patriarchale Bewußtsein muß nicht ein endgültiger Zustand sein. Er ist darauf angewiesen, daß sich sein Bewußtsein je nachdem in einen anderen Zustand verändern kann. Das verhindert, daß der Einzelne an ein bestimmtes Bewußtsein gefesselt wird. Ist es nicht hoffnungsvoller, je nach Bedarf verschiedene Möglichkeiten von Bewußtsein zu haben? Vor allem das weibliche Bewußtsein besitzt die Möglichkeit, sich zu verändern. Zugespitzt kann folgendes gesagt werden: In der christlichen Kultur des Westens herrscht die Vorstellung eines einzigen Ichs. Das bringt eine Vereinheitlichung mit sich. Aber für Japaner ist es sinnvoller, eine Vielfalt von Ich zu haben. Da es in der Welt eine Vielfalt von Kulturen gibt, ist es für Japaner ein Vorteil, verschiedene Möglichkeiten von Ich zu haben, wenn sie mit anderen Ländern Beziehungen pflegen wollen. Erst wenn alle Arten von Bewußtsein wie Senex, Puer, Männlich und Weiblich erreicht sind, kann eine Ganzheit entstehen. Wobei gesagt werden muß, daß auch diese Aussage einen inneren Widerspruch enthält. Weil das weibliche Bewußtsein innere Widersprüche aufweist, kann es nicht leicht integriert werden. Es ist schwierig, die Ganzheit vor dem Zerfallen zu bewahren. Erst wenn der einzelne Mensch die Möglichkeit besitzt, das Symbol der Ganzheit in seiner Seele genau zu erfahren, kann das weibliche Bewußtsein entstehen. Im Märchen „Der reiche Köhler" ist die Symbolik der Ganzheit vorhanden. Doch die Ganzheit hat die Tendenz, sich stets zu verändern. Deshalb können alle Ka-

pitel in diesem Buch als verschiedene Beschreibungen der Ganzheit betrachtet werden. All die Frauengestalten in diesem Buch müssen so verstanden werden, daß sie als vielfältige Schichten gleichzeitig zusammenbestehen. Für Menschen ist es höchst schwierig, etwas synchronistisch darzustellen oder zu denken. Der Aufbau in diesem Buch erscheint wie eine Reihe von Sequenzen. Aber diese verschiedenen Frauengestalten stellen nicht einzelne Entwicklungsstufen dar, sondern müssen als einen stets sich verändernden Zustand betrachtet werden. Sie überdecken sich alle und bilden eine wunderbare Ganzheit. Diese vielgestaltige Frauenfigur stellt trefflich die japanische Seele dar. Zieht man einen Vergleich mit der Musik, kann das folgendermaßen erklärt werden: Die Darstellung von Kapitel I bis IX ist nicht eine Komposition von neun Sätzen, sondern eine Partitur für ein neunstimmiges Orchester. Es muß gleichzeitig gespielt und gehört werden. Diese Frauengestalten müssen alle miteinander gesehen werden. Versucht jemand, sich allein als Frau mit Willen zu verhalten, ohne die tragenden Baßstimmen einzubeziehen, kann das verheerende Folgen haben. Die Ganzheit enthält ein Dilemma. Versucht man, sic gcnau zu erfassen, wird ihre Vollständigkeit beschädigt. Versucht man, sie zu erklären, verliert sie an Klarheit. Das menschliche Bewußtsein kann den Gott der Ganzheit nie vollständig erfassen. Will man sie beschreiben, kommt es je nach dem Zustand des Bewußtseins zu einer Verzerrung. Jung hat den Gott der Quaternität als Symbol der Ganzheit dargestellt, um die wirklichen Verhältnisse einzubeziehen. Diese Vier, die er als Zahl der Vollständigkeit aufstellte, kann als ein Quadrat dargestellt werden. Es kommt jedoch der Wirklichkeit näher, sie als vier Dimensionen zu verstehen. Wenn der Mensch sich etwas bewußt macht, projiziert er die vier Dimensionen auf zwei Dimensionen. Die Vorstellung der Quaternität ist ein Ausdruck dafür. Da aber die Japaner ein anderes Bewußtsein als das von Jung erarbeitete haben, stellen sie die Ganzheit in einer anderen Form dar. Die Ausdrucksform mag wohl verschie-

4. Die Ganzheit

den sein, aber sie meint das gleiche, nämlich die Ganzheit. Ob es genau das gleiche ist, vermag wohl niemand zu sagen. In den japanischen Märchen kann eine ähnliche Triade und das zugefügte Vierte wie bei Jung festgestellt werden. Die Struktur ist ähnlich, aber der betreffende Inhalt ist selbstverständlich verschieden. Die Struktur dieser vier Elemente hat verschiedene Nuancen, wie in den letzten zwei Kapiteln ersichtlich geworden ist. Aber es ist nicht nötig zu bestimmen, welche Struktur die richtige sei. Noch einmal sei festgehalten, daß die Frauengestalt in diesem Buch das japanische Ich darstellt, sei es nun Mann oder Frau. Natürlich ist es auch möglich, diese Frauengestalt auf das einzelne Leben der Frau zu beziehen und zu deuten. Gewiß wäre das auch sinnvoll. Die Absicht in diesem Buch war jedoch, die japanische Kultur in den Mittelpunkt zu stellen. Dieser Versuch einer Analyse der japanischen Kultur ist hier versucht worden, um es Japanern möglich zu machen, sich auf die eigene Kultur zu besinnen. Das ist vor allem für Japaner notwendig, die stark vom westlichen Ich beeinflußt worden sind. Diese Analyse betrifft nicht nur das einzelne Ich, sondern die Ganzheit der menschlichen Existenz. Da die Märchen eine tiefe Beziehung zur inneren Struktur der menschlichen Seele haben, handeln sie nicht nur von der Gegenwart, sondern nehmen auch die Zukunft voraus. Zu guter Letzt kann gesagt werden, daß die Frauengestalt, die sich hier in diesen Märchen zeigte, nicht nur für Japaner eine Bedeutung hat, sondern über Erwarten auch für Menschen in anderen Kulturen.

Nachtrag

Die Tragödie des „Geteilten Menschen"
Eine Aufgabe für die Japaner von heute
aus der Sicht japanischer Märchen

1. Japanische Märchen und die Gegenwart

Märchen stellen dar, was auch heutige Menschen beschäftigt, und sie geben je nachdem Hinweise zur Lösung dieser Probleme. Ihr Inhalt wurde von der Seele des Volkes weitergegeben, und sie verbinden deshalb die Menschen in der Tiefe der Seele. Sie haben daher eine Bedeutung über alle Zeiten hinaus. Da ich mich als Psychotherapeut mit den Problemen und Sorgen der heutigen Japaner befasse, habe ich ein tiefes Interesse für japanische Märchen.
Der Inhalt der Märchen spricht die Seele der Menschen in der Tiefe an, und das gilt allgemein für das ganze Menschengeschlecht. Ob nun die Märchen überall in der Welt von selbst entstanden sind oder durch Übermittlung, sei dahingestellt. Es ist jedenfalls eine bekannte Tatsache, daß an allen Orten der Welt gleichartige Geschichten und Motive vorkommen. Obwohl gleiche Anhaltspunkte vorhanden sind, ergeben sich jedoch je nach den Kulturen oder Zeiten mehr oder weniger große Unterschiede. Anders ausgedrückt: Auch wenn das Material gleich ist, entsteht durch den Einfluß der Kultur und der Zeit ein anderer Ge-

schmack. In den Märchen findet man einerseits eine gemeinsame Disposition aller Menschen, andrerseits kann man die Besonderheiten der betreffenden Kultur in den Unterschieden erkennen.

Mit Studienaufenthalten in den USA und in der Schweiz konnte ich mir meine Kenntnisse der Psychotherapie aneignen. Ich habe die vom Schweizer Tiefenpsychologen C. G. Jung dargestellte Psychologie als Grundlage genommen und hier in Japan Psychotherapie praktiziert. Die Jungsche Psychologie mag wohl allgemein für alle Menschen gültig sein, aber da sich jeder Psychotherapeut mit den im eigenen Land vorhandenen Verhältnissen befassen muß, wird es wie in meinem Fall unvermeidlich, die Unterschiede in der Kultur in Betracht zu ziehen. Was bei Jung auf die christliche Kultur bezogen ist, wird nicht ohne weiteres hier in Japan verstanden. Für mich ist am wichtigsten, wie ich den Leuten, die mich aufsuchen, helfen kann. Es geht mir darum zu überlegen, wie die Betreffenden in ihren Verhältnissen leben können, und nicht darum, wie getreu ich die Jungsche Psychologie in Japan vertrete. Man kann in der Tiefenpsychologie nicht einfach die eigentliche Lebenssituation unberücksichtigt lassen. Aus diesem Grund habe ich im Jahre 1982 ein Buch über die Lebensart der Japaner im Zusammenhang mit japanischen Märchen geschrieben. Die Analyse japanischer Märchen gab mir wichtige Hinweise auf die japanische Kultur. Ein weiterer Grund ist, daß in letzter Zeit der kulturelle Austausch mit verschiedenen Ländern zugenommen hat und die internationalen Kontakte, aber auch die Konflikte wider Erwarten größer geworden sind. Als Folge davon kann das Denken eines einzelnen Volkes nicht mehr als allein gültig angesehen werden, sondern es sind verschiedene Denkweisen und Gesichtspunkte möglich geworden. Man hat begonnen, über die Bedeutung der verschiedenen Kulturen nachzudenken. Bis dahin stand die Denkweise Europas und Amerikas stark im Mittelpunkt, weil diese Länder durch die Vormacht der Naturwissenschaften als führend betrachtet wurden. Doch diese Vor-

1. Japanische Märchen und die Gegenwart

rangstellung wurde immer mehr in Frage gestellt. Deshalb gab es in Japan immer mehr Leute, die den großen Wunsch hegten, mehr über die eigene Denkart zu erfahren. Meine Aussagen über die japanische Kultur stießen deshalb auf großes Interesse. Im Laufe der Zeit bekam ich auch vermehrt Gelegenheit, im Ausland Vorträge zu halten. Im Oktober 1984 wurde ich vom Jung-Institut in Los Angeles eingeladen, das Buch, das ich über japanische Märchen geschrieben hatte, in einem Vortrag vorzustellen.

Freunde in Amerika bewogen mich dazu, dieses Buch auf englisch zu übersetzen, und damit mir die englische Sprache vertrauter würde, luden sie mich nach Los Angeles ein. So war ich gezwungen, das Buch in einer anderen Sprache noch einmal eingehend zu bearbeiten. Dabei bemerkte ich eine schwerwiegende Unterlassung. In Kapitel III habe ich im Zusammenhang mit dem Märchen „Das Lachen der Oni" das Oni-Kind „Kozuna" erwähnt. In dieser Geschichte tritt ein Wesen auf, das halb Oni, halb Mensch, also ein Kind von einem Oni und einem Menschen ist. Ich schrieb an jener Stelle, daß eine Deutung ziemlich schwierig sei, daß ich aber später noch darauf zurückkommen wolle. Doch nun mußte ich feststellen, daß ich das gar nicht getan hatte. „Katako" ist die tragische Geschichte eines „Geteilten Menschen", der als Kind eines Oni und eines Menschen in die Welt der Menschen zurückkehrte, sich aber das Leben nahm, weil er nicht in diese Welt paßte. Als ich bei der Übersetzung des Buches diese Unterlassung bemerkte, wurde mir die tiefe Bedeutung des Problems von „Katako" bewußt. Dabei überfiel mich ein Gefühl der Traurigkeit. Eine solche Erfahrung machte auch ich, als ich von meinem Studienaufenthalt im Ausland wieder nach Japan zurückkam. Ich litt unter den Schwierigkeiten, wie ich das, was ich im Westen gelernt hatte, in Japan vertreten könnte. Es war eine harte Erfahrung für mich. Die Geschichte von „Katako" ist für mich keine fremde Angelegenheit, sondern geht mir persönlich nahe. Vermutlich wollte ich, als ich das Buch

schrieb, unbewußt dieses Thema vermeiden. Deshalb hatte ich vergessen, es später zu behandeln.

Als ich aus Amerika zurückkam, las ich möglichst viele Schriften, die sich auf „Katako" beziehen, und mein Interesse vertiefte sich zunehmend. Im April 1985 veranstaltete das Deutsch-Japanische Institut in Osaka ein Symposium zur 200-Jahrfeier der Gebrüder Grimm. Da hatte ich Gelegenheit, meine Untersuchungen über das Oni-Kind in den japanischen Märchen bekanntzumachen. Später bekam ich Kenntnisse von den Forschungen der Kulturanthropologen Rodney Niedam und Kazuhiko Komatsu. Das erregte immer mehr mein Interesse.

Im Frühling 1986 hielt ich in San Francisco bei einer Veranstaltung des C. G. Jung-Instituts einen Vortrag über „Vergleichende Psychologie der Japaner und Abendländer". Dabei berührte ich nebenbei das Thema des Geteilten Menschen „Katako". Ich erwähnte, daß ich mich mit „Katako" gleichsetze. Aus der Reaktion der Zuhörer merkte ich aber, daß sich jeder einzelne über seinen eigenen inneren „Katako" Gedanken machte. Viele Menschen der Gegenwart sind sich offenbar irgendwie über einen in der Länge gespaltenen Zustand im eigenen Inneren bewußt. Durch diese Vorträge in Amerika kam ich auf den Gedanken, daß der in japanischen Märchen erscheinende „Katako" für die Menschen der Gegenwart eine Bedeutung hat. Ein Artikel von K. Komatsu in der Zeitschrift „Hermes" bewegte mich dann dazu, selber zur Feder zu greifen. Der Artikel behandelte die Themen „Die Welt ungleichartiger Gatten", „Oni-Kind" und „In der Länge geteilte Menschen". Es ist eine genaue Untersuchung über verschiedene Arten von „Geteilten Menschen". Ich werde, wenn nötig, seine Erörterungen in Betracht ziehen. Aber ich bin ein Psychotherapeut, der sich mit der Gegenwart befaßt und die Lebenssituation der heutigen Menschen miteinbeziehen muß. Meine Einstellung ist deshalb von Komatsus Argumenten ziemlich verschieden.

2. Die Geschichte von „Katako"

Diese Geschichte ist ein japanisches Märchen und gehört zu der Gruppe „Oni-Kind Kozuna". In ihr kommt das Kind „Katako" vor, das halb Oni, halb Mensch ist. Sie ist in der Sammlung japanischer Märchen in der Gruppe „Auf der Flucht" zu finden. Sie kann aber auch in die Gruppe „ungleichartige Heirat" eingeteilt werden, wie es Komatsu tat. Im Buch über japanische Märchen erwähnte ich das „Oni-Kind Kozuna" im Zusammenhang mit „Das Lachen der Oni". Diesmal will ich es unter dem Thema „Ungleichartige Heirat" behandeln. Die Geschichte „Katako", die ich anschließend zusammenfasse, kommt aus Nordostjapan. Es folgen noch weitere Varianten, so daß ich der Einfachheit halber alle mit Nummern versehen will.

1) Ein Holzfäller war bei seiner Arbeit. Da kam ein Oni und fragte ihn, ob er Reiskuchen gerne habe. Der Mann antwortete, er habe sie so gern, daß er seine Frau dafür hergeben könnte. Er stopfte sich mit den Reiskuchen voll, die ihm der Oni gab. Aber als er nach Hause kam, war zu seinem Schrecken seine Frau nicht mehr da. Er machte sich auf die Suche nach ihr und kam nach zehn Jahren auf die Insel der Oni. Dort war ein 10-jähriges Kind, auf der rechten Hälfte war es Oni, auf der linken Seite Mensch. Es erzählte, es heiße Katako, sein Vater sei der Häuptling der Oni und die Mutter eine Japanerin. Es führte ihn in das Haus des Oni, und dort traf er seine Frau. Er machte sich mit ihr auf, wegzugehen, aber der Oni forderte ihn zu einem Wettkampf heraus. Es kam zum Wettstreit im Reiskuchenessen, im Holzfällen und im Reisweintrinken. Katako half ihm, den Oni zu besiegen. Als der Oni betrunken war, flohen die drei mit dem Schiff. Der Oni bemerkte ihre Flucht und trank das Meereswasser aus, um das Schiff zum Stranden zu bringen. Der Mann befolgte den Rat von Katako und brachte den Oni zum Lachen. Dieser mußte das Wasser wieder ausspeien, und die drei kamen unversehrt nach Japan zurück. Katako wurde im Laufe der Zeit Oni-Kind genannt.

Niemand wollte etwas mit ihm zu tun haben, und er litt daran, daß er keine Aufnahme fand. Da sagte er den Eltern: „Wenn ich sterbe, zerstückelt den halben Körperteil, der Oni ist, steckt ihn auf Spieße und macht diese an der Haustür fest. Das wird den Oni abschrecken, und er wird das Haus nicht betreten. Wenn das nichts nützt, werft ihm Steine in die Augen!" Nachdem er das gesagt hatte, stürzte er sich von der Spitze eines Zelkowabaums in die Tiefe. Die Mutter weinte sehr, aber sie führte aus, was ihr Katako gesagt hatte. Als der Oni kam, sagte er zornig: „Was für eine grausame Frau ist die Japanerin, die ihr Kind auf Spieße steckt." Er versuchte, hinter dem Haus einzubrechen. Aber das Ehepaar warf ihm Steine nach, und der Oni ergriff die Flucht. Von dieser Geschichte kommt ein in ganz Japan verbreiteter Brauch: Am Tag vor dem Frühlingsbeginn werden getrocknete Sardinen an Spieße gesteckt und geröstete Bohnen ausgestreut.

Als ich diese Geschichte las, war ich vom Selbstmord von Katako ganz erschüttert. Katako erscheint geradezu als „der gute Mensch". Er leistete mit seinen guten Ratschlägen Hilfe, als der Mann aus Japan seine vom Oni entführte Frau zurückholen kam. Doch es entbehrt jeglicher Vernunft, daß er nach der Rückkehr in Japan zum Selbstmord getrieben wurde, weil er das Leben in Japan nicht ertragen konnte. Und seine Eltern vermögen es nicht, den Selbstmord des erst 10-jährigen zu verhindern. Nach der Rückkehr der drei wäre doch ein glückliches Ende angebracht gewesen.

Es gibt auch Geschichten, in denen diese Tragödie, wie sie der Selbstmord von Katako darstellt, nicht vorkommt. In diesem Fall wird über einen Konflikt wegen der Herkunft von Oni und Mensch nichts gesagt. Erst wenn dieser Konflikt zum Thema wird, folgt meistens ein tragisches Ende.

Geschichten, in denen der Konflikt von Katako erzählt wird, gehen zusammengefaßt wie folgt aus:

2) Das Kind sagt nach der Rückkehr, es könne nicht unter Menschen leben und stürzt sich ins Meer. (Insel Amami-Oshima)

2. Die Geschichte von „Katako"

3) Das Kind hilft der Mutter und verschwindet. (Präfektur Niigata)
4) Das Kind, das Kata heißt, kann nicht in Japan leben, weil es halb Oni ist, und kehrt zu seinem Vater zurück. (Präfektur Miyagi)
5) Das Kind wächst heran und bekommt Lust nach Menschenfleisch. Es macht sich eine Hütte, geht hinein und verbrennt sich darin. Von der Asche steigen Bremsen auf, die das frische Blut der Menschen zu saugen beginnen. (Präfektur Iwate)

Es gibt auch Varianten, die von einem Kind mit einem Horn oder „Einhornkind" sprechen. Sie erwähnen den Konflikt vom Kind mit einem Horn nicht und enden, wenn die drei nach Hause gekommen sind. Als Beispiel sei noch eine Geschichte zur Beachtung erwähnt: (Präfektur Miyagi)

6) Das Kind hat eine in der Quere geteilte Gestalt. Der Oberteil ist Oni, der Unterteil ist Mensch. Weil es Hörner bekommt, kann es nicht ins Haus hinein. Aber da es gerade Neujahr ist, reibt es seine Hörner mit einer Stange, die als Ständer für die Neujahrskiefern vor dem Eingang steht. Damit gehen die Hörner weg.

Weil die meisten Geschichten von Katako so erschütternd sind, suchte ich, ob es nicht welche mit einem guten Ende gibt. Aber sie sind schwer zu finden. Endlich fand ich folgende Geschichte:

7) Das Kind heißt Kôsuke, und die Geschichte geht wie folgt aus: Als das Kind größer wurde, sagte es fast jeden Tag: „Mutter, meine Lust nach Menschenfleisch ist in letzter Zeit so unerträglich geworden. Fülle mich in einen Topf und vergrabe ihn in einer Ecke des Gartens. Wenn drei Jahre um sind, grabe mich wieder aus." Die Mutter meinte, das könne sie unmöglich tun, er aber beharrte darauf, und sie vergrub ihn weinend in einem Topf. Als sie nach drei Jahren den Behälter ausgrub, war er voll von Münzen. Ob man von einem glücklichen Ende sprechen kann, weil sich das Kind in Geld verwandelt, bleibe dahingestellt. Wir wollen es einmal als eine irgendwie sinnvolle Verwandlung annehmen.

Der Name „Kôsuke" enthält das Zeichen für Glück. Es wird offenbar als ein Kind betrachtet, das den Eltern Glück gebracht hat.

Es gibt noch eine andere Art von Ausgang, von dem aber schwer zu sagen ist, ob es ein positives Ende sei:

8) Das Kind verschwindet. Die Eltern suchen es und schlafen unterwegs vor Müdigkeit ein. Ein Schutzgott erscheint im Traum und sagt, sie sollen nicht mehr suchen. Um ihnen zu helfen, sei er zu ihrem Kind geworden. (Präfektur Toyama)

Nehmen wir die Geschichte 1 als Grundlage und denken über sie nach. Der Holzfäller und der Oni treten als Gegensätze gegenüber der Frau auf. Es fällt zudem auf, wenn von der Oni-Insel die Rede ist, daß auch „Japan" als Gegensatz dazu genannt wird. Der eine Mann kann als Japaner gelten. Somit ist der andere ein Ausländer. In diesem Mann aus Japan kommt die Gutmütigkeit oder auch die Unzuverlässigkeit des japanischen Mannes gut zum Vorschein. Es wird höchst geschickt geschildert, wie sich dieser Mann mit süßen Reiskuchen vollißt, die er bekommt, als er sagt, er wolle gern seine Frau dafür tauschen, und wie er dann erfährt, daß seine Frau nicht mehr da ist, und erstaunt sagt, daß er das nicht erwartet habe. Er geht seine Frau suchen, es kommt zum Wettstreit mit dem Oni, dank der Hilfe des Kindes kann er sich aber gut schlagen. Das heißt, er schafft es nicht allein, er siegt nicht direkt. Es ist bemerkenswert, daß das Kind, das ihm beisteht, nicht das eigene Kind ist. Es tut dies aber nicht direkt, um diesem Mann zu helfen. Wahrscheinlich setzt es sich dafür ein, daß der Wunsch seiner Mutter, nach Japan zurückzukehren, in Erfüllung gehen kann. Die Verbindung von Mutter und Kind ist hier wichtig. Nach der Rückkehr nach Japan will aber niemand etwas mit Katako zu tun haben, und das Leben wird ihm immer schwerer gemacht. Das beschreibt zutreffend die Haltung der Japaner, das Andersartige auszuschließen. Dabei legt Katako weder Protest ein noch kämpft er, sondern er wählt den Weg des Selbstmords. Und die Haltung der

Eltern, die das nicht verhindern, ist auch sozusagen japanisch. Auch die Varianten 2 und 5 erzählen vom Selbstmord. In Nummer 4 kehrt er zu seinem Vater zurück, weil er in Japan nicht leben kann. Obwohl er sich mit seinen Ratschlägen im Wettstreit gegen den Oni als überlegen erwies, kann er gegen den allmählich herannahenden Druck innerhalb Japans nichts ausrichten. Das einzige, was er tun kann, ist zu seinem Vater zurückzukehren oder Selbstmord zu begehen. Gehen wir noch einmal auf die Geschichte 1 zurück. Die Mutter befolgt also Katakos Rat und zerstückelt den Oni Teil und steckt ihn an Spieße. Der Oni sagt dazu: „Wie grausam ist doch die Frau in Japan, daß sie ihr Kind an Spieße steckt." Mit „Frau in Japan" ist nicht diese einzelne Frau als Person gemeint. Es geht vielmehr um die matriarchalen Eigenschaften der Japaner im allgemeinen. Die japanische Gesellschaft duldet die Existenz von Katako nicht, weil sie Wert auf das Erhalten der Einheit legt. Die Eltern sehen dem Selbstmord schweigend zu, weil sie es nicht vermögen, der öffentlichen Macht zu widerstehen. Diese Haltung kann man sich nur mit der Vorherrschaft der Mutterrolle unter den Japanern erklären. Der Vorwurf des Oni ist nicht gegen eine einzelne Frau gerichtet, sondern gegen dieses starke matriarchale Prinzip, das allen Japanern ob Mann oder Frau gemeinsam ist. Der Oni ist machtlos dagegen und flieht. Die Japaner vernichten den Oni nicht, aber sie verhindern auf jeden Fall sein Eindringen.

3. Vergleich mit anderen Kulturen

Widerspiegelt die Geschichte von Katako den besonderen Charakter der Japaner? Um das abklären zu können, ist es wichtig, Vergleiche mit Märchen aus anderen Kulturen zu ziehen. Zuerst muß untersucht werden, ob es nicht ganz gleiche Geschichten in anderen Ländern gibt, erst dann kann geklärt werden, ob es sich um eine Eigenart der

Japaner handelt. Dazu untersuchte ich einerseits ähnliche Varianten aus anderen Ländern, andrerseits richtete ich mein Augenmerk darauf, wo „Der geteilte Mensch" oder der Selbstmord der Hauptfigur vorkommt. In der Sammlung japanischer Märchen sind folgende Varianten angegeben: „Die Kinder und der Teufel" (aus Aarne und Thompson) und ein Märchen aus Polen „Das Bett von Madi". Die erste Geschichte gleicht „Hänsel und Gretel". Die Kinder werden vom Teufel gefangen, können aber entfliehen. In der zweiten verkauft ein Kaufmann dem Teufel die Seele seines Sohnes. Als dieser erwachsen wird, kann er sie jedoch wieder zurückbekommen. Doch dem Sinn nach sind diese beiden Geschichten nicht als Varianten zu betrachten. Das zeigt, daß die Geschichte von Katako kaum Varianten in anderen Ländern hat. Sie muß offenbar als ein besonderer Fall betrachtet werden. Sieht man aber von der gesamten Geschichte ab und sucht ausschließlich nach einem ähnlichen geteilten Wesen, können solche „Geteilte Menschen" laut Rodney Niedam in Sagen und Märchen überall in der Welt gefunden werden.

Als ein Beispiel für „Geteilte Menschen" erwähnt Niedam überall in der Welt verbreitete Geschichten von imaginären Menschengestalten, die nur aus einer Seite bestehen. Er meint, daß die Vorstellung von „Geteilten Menschen", zwar nicht gerade allgemein aber doch in der ganzen Welt vorhanden ist. Anschließend nennt er Beispiele, in denen die Gestalt der Länge oder der Breite nach geteilt ist. Seiner Meinung nach müssen auch Erscheinungen berücksichtigt werden, die sich in der Art von Katako unterscheiden. Als Beispiel erwähnt er, daß im Stamme der Ibo (Nigerien) die Vorstellung besteht, daß nach einer gewissen Zeremonie die eine Hälfte des Körpers zu einem Geist wird. Deshalb bemalt man die linke Hälfte des Körpers weiß. Das bedeutet, daß in einem Menschen zwei sich widersprechende Elemente eins werden. Diese in Schwarz und Weiß geteilte Bemalung des Körpers erweckt eine bedeutsame Assoziation an die Kleidung des Narren.

3. Vergleich mit anderen Kulturen

Niedam zieht aus diesen verschiedenen Beispielen den Schluß, daß der „Geteilte Mensch" als ein Symbol einer Kultur angesehen werden kann. Seiner Meinung nach ist dieses Symbol ein Archetyp, der von einem psychologischen Faktor bestimmt ist. Der japanische Forscher Komatsu kommt jedoch zu einer anderen Folgerung. Da er sich nur auf Geschichten in Japan beschränkte und ihre Unterschiede in den Details beachtete, kam er zum Schluß, daß Katako eine ausschließlich japanische Erscheinung sei. Er betrachtet Katako als einen vorzüglichen Auskunftgeber über das im Innern der japanischen Kultur verborgene komplizierte Differenzierungssystem. Den Forschungen von Niedam gegenüber ist er deshalb skeptisch. In dieser Art Forschung sind jedoch unterschiedliche Resultate nicht zu vermeiden. Untersucht man das Symbol einer Kultur, ist es für das Resultat entscheidend, ob man auf die Ähnlichkeiten oder die Unterschiede Gewicht legt. Niedam richtete seinen Blick auf die Ähnlichkeiten der in der Welt vorhandenen „Geteilten Menschen" und zog den Schluß, daß es sich um das Vorhandensein eines gemeinsamen Archetyps handelt.

Ob nun der „Geteilte Mensch" ein Archetyp sei oder nicht, sei vorläufig dahingestellt. Mein Standpunkt ist dies: Vergleicht man das Wesen des japanischen Katako mit der universal verbreiteten Vorstellung vom „Geteilten Menschen", erweist sich ein bedeutender Unterschied (auch Niedam kommt zu diesem Schluß). Daraus lassen sich auf die Seele der Japaner und auf die Eigentümlichkeiten der japanischen Kultur Schlüsse ziehen. Da ich von der Arbeit als Psychotherapeut ausgehe, liegt mir daran, Katako als eine Aufgabe für die Japaner der Gegenwart zu betrachten.

Eines steht fest: Der Selbstmord von Katako ist als höchst ungewöhnlich anzusehen. Das geht auch aus der Abhandlung von Niedam hervor. Es ergibt sich die Frage, ob nicht noch andere Märchen und Sagen in der Welt vom Selbstmord der Hauptperson erzählen. Von den Grimms-Märchen läßt sich sagen, daß es nahezu keine Geschichten mit diesem Thema gibt. In „Der arme Junge im Grab" wird von

einem mißhandelten Waisenkind erzählt, das sich, um nicht totgeschlagen zu werden, in ein Grab legt und stirbt. In „Der Bärenhäuter" töten sich die zwei älteren Schwestern aus Wut darüber, daß sie den Helden nicht heiraten können. Die eine stürzt sich in den Brunnen, die andere erhängt sich. Es gibt noch ein Märchen, das 1812 in der Sammlung der Brüder Grimm enthalten war, aber später weggelassen wurde: Die Geschichte von den Kindern, die Metzger spielen. Dabei tötet der ältere Bruder den jüngeren. Das sieht die Mutter, und im Zorn tötet sie den Älteren. Inzwischen ertrinkt der Säugling im heißen Wasser, und die Mutter erhängt sich aus Verzweiflung. Das ist eine düstere Geschichte und wurde vermutlich deshalb weggelassen. Sie macht nicht den Eindruck von einem Grimms-Märchen. Aus diesen Beispielen erkennt man, daß bei Grimm das Thema des Selbstmords erstaunlich selten ist. In „Der arme Junge im Grab" herrscht wohl eine ähnliche Situation wie bei Katako. Der Junge stirbt, weil ihm das Leben unerträglich wurde. Aber der gesamte Zusammenhang ist ganz anders. Die Geschichte von Katako kann als ein besonderer Fall angesehen werden. Schlägt man im Motivindex von Stith Thompson nach, sind Märchen mit dem Selbstmord als Schluß in anderen Ländern wohl vorhanden, aber sie haben keine Ähnlichkeit mit der Geschichte von Katako. (Seltsamerweise ist „Katako" in diesem Index gar nicht aufgeführt.)

Es gibt eine Geschichte von einem „Geteilten Menschen", die ich noch erwähnen möchte. Es ist ein Werk des modernen Schriftstellers Italo Calvino und heißt „Der entzweigerissene Vicomte". Calvino hat ein großes Interesse für Sagen. Er redigierte sogar selbst italienische Sagen und Märchen. Diese Geschichte wirkt der Art nach auch wie eine Sage. Die Hauptperson, der Vicomte Medardo, geht in den Krieg, wird von Kugeln getroffen und mitten entzweigerissen. Die beiden Teile bleiben aber jeder für sich am Leben. Der eine Teil wird zum ganz guten, der andere zum ganz bösen Menschen. Der wesentliche Punkt liegt darin, wie

diese zwei „Geteilten Menschen" sich wieder zu einem Körper vereinigen. Am Schluß kommt es zu einem Zweikampf des guten und des bösen Teils. Jeder von den beiden schneidet den Gegner von der Scheitel an entzwei. Das heißt, sie schneiden an der Stelle, wo die beiden Stücke auseinandergerissen worden sind. Alle Adern werden durchgeschnitten und das ausströmende Blut mischt sich. Das hat zur Folge, daß sich die beiden auf glückliche Weise zusammenfügen und wieder zu einem Menschen werden. Diese Geschichte wird wie eine Parabel erzählt. Damit beschreibt sie die Spaltung in der Seele des heutigen Menschen und deren Heilungsprozeß. Der „Geteilte Mensch" ist eine zeitlose Erscheinung. Der Schluß kann auch als eine Art Selbstmord angesehen werden. Die Gegner schneiden sich entzwei. Diese Zerstückelung läßt an den Tod von Katako denken. Ist das wohl ein Ausdruck dafür, daß der „Geteilte Mensch" immer mit dem Tod konfrontiert ist?

4. Der Tod des ungleichartigen Gatten

Der Tod von Katako läßt an japanische Märchen denken, die vom Tod des ungleichartigen Gatten erzählen. Katako ist das Kind einer ungleichartigen Verbindung zwischen einem Oni als Vater und einem Menschen als Mutter. Auch Komatsu behandelt im Zusammenhang mit Katako die Verbindung ungleichartiger Wesen in den japanischen Märchen. Dieses Thema interessiert auch mich. Was für eine Bedeutung hat dieser Tod des ungleichartigen Gatten im Zusammenhang mit dem Tod von Katako?

Das Thema der Verbindung ungleichartiger Wesen ist groß und hoch interessant. Alles kann hier nicht behandelt werden. Toshio Ozawa machte bedeutende Forschungen über dieses Thema, und davon ausgehend behandelte ich es in meinem Buch über japanische Märchen. Einen Punkt möchte ich hier noch betonen: Der ungleichartigen Gattin gegenüber ist eine ambivalente Einstellung zu bemerken.

Man stellt sie sich unterhalb oder oberhalb des Menschen vor. Das heißt, daß diese ungleichartigen Wesen etwas Geheimnisvolles darstellen, ob sie nun mehr oder weniger Menschen sind.

Die Einstellung gegenüber dem ungleichartigen Gatten ist anders als diejenige gegenüber der ungleichartigen Gattin. Der Tiermann wird oft getötet, die Tierfrau hingegen geht fort, wenn ihre wahre Natur bekannt wird.

Ein Beispiel für das Schicksal des Tiermannes ist das Märchen vom „Affenbräutigam". Es ist in ganz Japan verbreitet und hat an die 150 Varianten. Es erzählt von einem Vater, der drei Töchter hat. Er macht bekannt, wenn jemand seine Reisfelder mit Wasser fülle, könne er eine seiner Töchter haben. Da füllt ein Affe das Feld mit Wasser und verlangt eine Tochter. Trotz den Bitten des Vaters weigern sich die zwei Älteren. Die Jüngste aber willigt ein und heiratet den Affen. Als sie einen Besuch in ihrem Elternhaus plant, läßt sie den Affen Reiskuchen stampfen, die sie als Geschenk mitnehmen will. Er muß sie darauf mitsamt dem Mörser auf dem Weg zum Elternhaus tragen. Das schafft er nur mit großer Mühe. Unterwegs blühen die Kirschblüten und die Frau gebietet dem Affen, auf den Baum zu klettern und Zweige davon zu pflücken. Der Affe tut, was die Frau sagt, und steigt mitsamt dem Reiskuchenmörser von einem Ast zum anderen. Da bricht ein Zweig, der Affe stürzt in den Fluß und stirbt. Die Frau geht ins Elternhaus zurück und lebt glücklich bei ihrem Vater weiter.

Obwohl der Affe nichts Böses getan hat, wird er durch die List eines Menschen umgebracht. Eigentlich hat er nur Gutes getan. Das deckt sich mit dem Tod von Katako, der sterben mußte, obwohl er Gutes tat. Hier ist es der Fall eines Affen, aber ähnliches wird auch im Fall eines Oni oder einer Schlange erzählt.

Ein Vater, der drei Töchter hat, gibt ein Versprechen, eine Tochter muß ein andersartiges Wesen heiraten, sei es ein Ungeheuer oder wildes Tier. Die zwei älteren Schwe-

4. Der Tod des ungleichartigen Gatten

stern weigern sich, die jüngste aber willigt ein. Diese Form von Erzählung ist im Westen in Geschichten von der „schönen Jungfrau und dem wilden Tier" bekannt. In ihnen verwandelt sich das wilde Tier durch die Liebe der Frau in einen Menschen. Das heißt, er war ein in ein Tier verzauberter Mensch, der erlöst wird. Diese Geschichten haben meist ein gutes Ende. Demgegenüber ist der Verlauf in den entsprechenden japanischen Geschichten ganz verschieden.

Das kann unterschiedlich gedeutet werden. Aber ich empfinde die Ablehnung des Männlichen als den stärksten Beweggrund. Die Geschichte, in der ein andersartiges Wesen in die Welt der Menschen eindringt, kann psychologisch so gesehen werden: Irgendein geistiger Gehalt dringt vom Unbewußten ins Bewußtsein. Dabei trägt die Vorstellung vom andersartigen Gatten irgendein männliches Element. Dieses Männliche wird letzten Endes beseitigt. Was bedeutet dieses männliche Element?

In der Geschichte von Katako treten zwei Männer auf, die mit der Frau in Beziehung stehen. Sowohl der Mann als auch der Oni sind ihr Gatte. Zwischen den beiden Männern entsteht ein Konflikt. Am Ende bleibt der Mann als Gatte bestehen, und der Oni wird ausgeschlossen. Zwischen beiden setzt sich Katako, der halb Oni, halb Mensch ist, ein. Aber seine Existenz wird zum Opfer gemacht. Er stirbt, damit die Eltern in Sicherheit leben können. Das heißt, das Männliche wird in zwei geteilt. Der eine Teil wird gebilligt, der andere Teil wird beseitigt. Das führt auch zur Ablehnung von Katako, dessen Existenz zwischen den beiden liegt. Am Tag, bevor ich, wie schon erwähnt, im April 1986 in San Francisco einen Vortrag hielt, führte ich mit dem bekannten amerikanischen Sagenforscher Joseph Campbell zusammen ein Seminar durch. An den Inhalt seines Vortrags erinnere ich mich wie folgt: Europa war ursprünglich von einem Ackerbauvolk bewohnt. Es hatte als Hintergrund eine Religion, welche die Erdgöttin verehrte, und seine Kultur war von matriarchaler Natur. Nachher kam die Religion des Hirtenvolks, das Christentum, dazu und errich-

tete eine Kultur von patriarchaler Natur. Diese Tendenz setzte sich bis in die Gegenwart fort. Die sozialen Probleme in Amerika werden mit der Vormacht der Vaterrolle in Beziehung gebracht. Campbell betonte, daß diese allzu starke Vaterrolle kompensiert werden müsse. Dazu sei in Amerika die Rehabilitation der Mutterrolle notwendig. Campbell belegte diese Folgerung mit all seinem Wissen und brachte auch ein Abbild der Erdgöttin im Altertum vor. Sein Argument wirkte überzeugend.

Während ich ihm zuhörte, dachte ich folgendes: Viele Leute in Japan predigen in letzter Zeit von der Rehabilitation des Vaters oder von der Notwendigkeit eines starken Vaterbildes. In beiden Ländern geht es um eine Rehabilitation. Aber der Vater, den die Japaner rehabilitieren wollen, gehört durch und durch zum Volk der Ackerbauern. Wenn man die Aussagen von Campbell berücksichtigt und die Weltgeschichte in Betracht zieht, brauchen aber die Japaner vielmehr den Vater eines Hirtenvolks. Ich frage mich, ob man das in Japan noch nicht gemerkt hat. Der japanische Vater kann gar nicht rehabilitiert werden. Es besteht aus der früheren japanischen Kultur kaum ein Vorbild für einen solchen Vater. Es ist vielmehr eine Bereitschaft erforderlich, etwas Neues zu schaffen. Es ist nötig, auf diesen Punkt aufmerksam zu machen.

Dieser Unterschied muß beachtet werden. Der Anspruch auf Rehabilitation der Vaterrolle führt sonst zu der absurden „Spartanischen Erziehung", wie sie in den Schulen aufgekommen ist. Oder es kommt zu der unsinnigen Einführung von militärischen Übungen, welche die alten Zeiten wieder aufleben lassen. Sowohl das Ackerbauvolk als auch das Hirtenvolk haben natürlicherweise eine Vater- und Mutterfigur. Je nachdem, wie sich eine besondere Eigenschaft zuspitzt oder vertieft, entsteht die Vorstellung der Erdgöttin oder des himmlischen Vaters. Eine von beiden spielt in der betreffenden Kultur eine zentrale Rolle. Nach Campbell kann man die Kultur des Ackerbauvolks als matriarchal, diejenige des Hirtenvolks als patriarchal bezeich-

nen. Aber in jeder Kultur läßt sich auch das Vorhandensein der Vater- und der Mutterrolle als Kompensation erkennen. Wir müssen uns bewußt sein, daß die Stärke des japanischen Vaters, die nach dem Krieg im Lied „Vater, du warst stark" besungen wird, durch und durch der Mutterrolle diente. In der Geschichte von Katako zeigt sich das Abbild des japanischen Vaters deutlich darin, daß er wohl die Kraft hat, schweigend auszuhalten, wenn sich das eigene Kind in Todesgefahr begibt, weil es sich der öffentlichen Macht beugen muß. Aber die Kraft, gegen die Öffentlichkeit für Katako zu kämpfen, hat er überhaupt nicht. Wohl wissend, daß Katako ihn und seine Frau aus Todesgefahr gerettet hat, kann er nichts gegen die Öffentlichkeit ausrichten. Wie wäre es, sich den im Gegensatz zu ihm stehenden Oni als Vaterbild vorzustellen? Dieser Oni kann als eine heimliche Manifestation der Vaterrolle eines Hirtenvolkes gesehen werden. Es gibt zu denken, daß die Japaner, die sonst alles ertragen können und die den Eindruck erwecken, als ob sie alles annehmen, gerade das Eindringen dieses Oni unter allen Umständen verhüten wollen.

Oder wie wäre es, sich den Affen in „Der Affenbräutigam" als eine Vaterrolle des Hirtenvolks zu denken? Die alte Bindung von Vater und Tochter, die für immer glücklich zusammen leben wollen (der Vater vertritt hier die Mutterrolle), ist stark. Durch List wird gegen das Eindringen einer neuen Vaterrolle Widerstand geleistet, und auch das Morden wird dabei in Kauf genommen.

5. Eine Aufgabe für die Japaner von heute

Die Heirat ungleichartiger Wesen hat viele interessante Punkte. Sie gibt vielfachen Aufschluß über die japanische Kultur. Besonders wichtig ist festzuhalten, daß die ungleichartige Frau nicht getötet wird, der ungleichartige Gatte aber sein Leben lassen muß. Es gibt eine Variante vom „Affenbräutigam", in der die Frau das Kind, das halb Affe, halb

Mensch ist, wegwirft. Das kommt dem Thema von Katako nahe. Dieses geteilte Kind gibt es nur in Geschichten vom ungleichartigen Gatten. Ist die Frau ungleichartig, gibt es das nicht. Das hängt, wie ich schon gesagt habe, mit dem Problem der Vaterrolle zusammen.

Japan hat zunehmend Kontakte mit dem Westen. Der Lauf der Geschichte verlangt, daß die Japaner von heute die ihnen nicht allzu vertraute Vaterrolle des Hirtenvolks einführen. Mit der hier zitierten Geschichte von Katako gesagt heißt das: Der eigens nach Japan zurückgebrachte Katako darf nicht zum Selbstmord getrieben werden.

Die Tragödie von Katako ist im heutigen Japan oft wahrzunehmen und wird als ein Problem der Gesellschaft anerkannt. Es sei nur an die Tragödie der sogenannten Rückkehrer-Kinder erinnert. Die Eltern dieser Kinder übernehmen eine Stelle einer japanischen Firma im Ausland. Die ganze Familie lebt für eine längere Zeit außerhalb von Japan. Nach der Rückkehr in die Heimat wird es diesen Kindern schwer gemacht, sich einzuleben. Sie werden Opfer von Vorurteilen. Sie finden keinen Anschluß und immer wieder gibt es Kinder, die zum Selbstmord getrieben werden. In der Haltung gegenüber diesen Kindern zeigt sich das Problem von Katako. Die Japaner versuchen, dem Eindringen eines männlichen Elements aus dem Ausland entgegenzuwirken, indem sie es wortlos beseitigen. Der Grund für diese ablehnende Haltung liegt in dem Bestreben der Japaner, die Einheit zu bewahren. Das ist aber eine Eigenschaft der Mutterrolle. Was für Möglichkeiten gibt es, von dieser Haltung wegzukommen? Einen Hinweis kann man in der Geschichte 7 erkennen. Katako wurde in einem Topf in der Erde vergraben. Damit ist eine gewisse Zeit des Ausbrütens gegeben. Das Umschließen bewirkt ein Verwandeln. Katako muß nicht in den Tod getrieben werden. Er soll im Leben in die Arme geschlossen werden. Im Topf fanden sich nach drei Jahren Münzen. Im übertragenen Sinn heißt das, daß sich Katako in etwas Wertvolles verwandelt hat. Aber der Verdacht bleibt, daß diese Geschichte doch den

Tod von Katako meint. So wäre dieser Hinweis etwas zu hochgegriffen. Eine andere Möglichkeit zeigt sich in Geschichte 5. Katako bittet den Großvater, ihn zu töten, weil er unter seiner Lust nach Menschenfleisch leide. Aber der Großvater erhört ihn nicht, und schließlich nimmt er sich das Leben. Das Ersuchen Katakos, getötet zu werden, erinnert an das gleichartige Motiv im GrimmssMärchen „Der goldene Vogel". Darin bittet der Fuchs den Königssohn, dem er stets geholfen hat, ihn zu töten und zu zerstückeln. Als dieser nach mehrmaligem Abweisen die Bitte endlich erfüllt, verwandelt sich der Fuchs in einen Königssohn.

Wäre in Japan auch diese wunderbare Verwandlung geschehen, wenn der Großvater von Katako den Mut gehabt hätte, die Bitte seines Enkels zu erhören? Wahrscheinlich müßte die Antwort mit einem Nein ausfallen. Der Fuchs im Westen war ursprünglich ein Prinz. Da er verzaubert war, wurde er vom Königssohn erlöst. Die Taten von Katako gleichen wohl denjenigen von Grimms Fuchs. Er ist aber nicht verzaubert, sondern ein Kind von einem Oni und einem Menschen. Auch wenn wir noch so eine Verwandlung nach westlicher Art herbeiwünschten und Katako töten würden, etwas derartiges würde sich nicht ereignen.

In Geschichte 5 heißt es, daß sich Katako nach dem Selbstmord verwandelte, und zwar in Bremsen und Mükken. In der Originalform steht sogar, daß er in Blutegel verwandelt worden sei. Damit entsteht eine Verbindung zu Hiruko aus den japanischen Mythen (Hiru bedeutet Blutegel). Hiruko ist das erste Kind der Götter Isanagi und Izanami. Sein Körper war schwächlich, und die Eltern setzten ihn in einem Boot aus. Hiruko hat als erster das Schicksal erlitten, ausgeschlossen worden zu sein.

Die Japaner von heute haben die Aufgabe, Katako am Leben zu lassen. Er soll nicht mehr dem Selbstmord ausgeliefert sein. Auch kann er nicht in Erwartung einer Erlösung, wie sie im Westen geschieht, getötet werden. Wenn die Japaner es ihm ermöglichen, am Leben zu bleiben, entsteht in ihrer Seele eine neue Phantasie. Es ist die Aufga-

be der Japaner, dieser Phantasie Raum zu geben und darauf einzugehen, was sie an Neuem schaffen will.

Bei meinen Vorträgen in San Francisco und Los Angeles erfuhr ich aus der Reaktion des Publikums, daß viele heutige Menschen daran leiden, daß sie in ihrer Seele eine Art von Katako tragen. Im Dankesbrief der Veranstalter stand: „Katako ist keine Gestalt von früher, sondern wir haben gespürt, daß er in der Seele von jedem von uns existiert." In diesem Aufsatz wollte ich anhand der Geschichte von Katako das Problem der für die Japaner neuen Vaterrolle in den Mittelpunkt stellen. Aber denkt man an Niedams allgemeine Vorstellung vom „Geteilten Menschen", so bekommt diese Teilung verschiedene Bedeutungen. Calvino stellte es als die Teilung von Gut und Böse dar und schilderte sehr anschaulich, wie schwer es ist, mit dem vom Bösen getrennten Guten zu leben. Fast täglich erfahren wir, wie schrecklich das absolut Gute ist. Man muß nur daran denken, was Amerika in Vietnam und die UdSSR in Ungarn unternahmen, um das absolut Gute durchzusetzen. Der in Gut und Böse geteilte Katako ist ein ernstes Problem der heutigen Zeit.

Im amerikanischen Publikum gab es Leute, die das Problem von Katako als Trennung von Materie und Geist auffaßten. Und es gab auch japanische Einwanderer der zweiten und dritten Generation, die es als das Problem von Japanern und Amerikanern betrachteten.

Es kann wohl gesagt werden, daß es in der heutigen Zeit niemanden gibt, der nicht das Bewußtsein der Existenz von Katako in der Seele hätte. Und es ist die Aufgabe des heutigen Menschen, diesen Katako nicht zu beseitigen, sondern ihn bis zum Ende leben zu lassen und die neue Phantasie, die er schafft, in sich aufzunehmen.

Anhang:
Japanische Märchen

1. Das Land der japanischen Nachtigall

Es war einmal ein junger Holzfäller, der am Fuße eines Berges lebte. Eines Tages, als er in die Berge ging, sah er zu seinem Erstaunen mitten auf einer Wiese im Wald ein prächtiges Haus, das er bis jetzt noch nie gesehen hatte. Er ging immer in diese Gegend, um Holz für seinen Lebensunterhalt zu fällen. Aber von diesem Haus hatte er weder etwas gewußt, noch etwas davon gehört. Er wunderte sich sehr und ging näher. Aber es war alles seltsam still und von Menschen keine Spur zu finden. Im Innern befand sich ein Garten, der so groß war, daß Dunst über ihm lag. Blumen blühten in Fülle und Vögel sangen. Er ging zum Hauseingang. Da kam eine schöne Frau aus dem Inneren heraus und fragte: „Was machst du hier?" – „Weil das Wetter so schön ist, bin ich guter Dinge gewandert und unversehens hierher gekommen", entgegnete der Holzfäller. Die Frau sah ihn eine Weile an und hielt ihn offenbar für einen rechtschaffenen Mann. „Du kommst gerade zur rechten Zeit. Ich habe eine Bitte an dich", meinte sie. „Womit kann ich dienen?" fragte der Mann. „Weil das Wetter so gut ist, möchte ich in die Stadt gehen. Kannst du mein Haus hüten?" bat ihn die Frau. „Das mache ich gern", antwortete der Mann ohne Zögern. „Aber während ich weg bin, darfst du

nicht in die Zimmer nebenan hineinsehen", beschwor ihn die Frau. Der Holzfäller gab sein Versprechen, und die Frau ging erleichtert weg. Somit war der Mann allein. Das Verbot, die Zimmer nebenan nicht zu sehen, machte ihm aber schwer zu schaffen. Schließlich brach er sein Versprechen, öffnete die Schiebetüre und blickte hinein. Darin waren drei schöne Mädchen, die das Zimmer putzten. Als er hineinsah, verschwanden sie wie Vögel, die wegfliegen. Er fand das seltsam und öffnete das zweite Zimmer. Ein Teekessel kochte auf einem Feuerbecken aus Bronze. Es knisterte wie der Wind in Föhrenbäumen. Daneben stand ein goldener Wandschirm mit chinesischen Malereien. Aber niemand war darin. Im dritten Zimmer sah er Bogen und Pfeil und eine Rüstung aufgestellt. Das vierte Zimmer war ein Pferdestall. Darin stand ein kräftiges schwarzes Pferd mit einem von Gold verzierten Sattel und bunt gewobenen Zügeln. Es stampfte mit den Hufen auf den Boden und die Mähne bog sich wie eine Allee von Zedern im Wind. Im fünften Zimmer war ein Eßtischchen aus rotem Lack mit einer roten Lackschale und einem Porzellanteller aufgestellt. Im sechsten Zimmer erblickte der Mann einen Kübel aus weißem Gold und einen goldenen Schöpflöffel. Aus dem goldenen Kübel tropfte Reiswein in sieben Krüge hinein. Der Mann konnte dem verführerischen Geruch des Reiswein nicht widerstehen und versuchte einen Schluck mit dem Schöpflöffel. Davon wurde er alsbald betrunken. Schließlich kam er ins siebte Zimmer. Es war blau und groß. Ein Duft von Blumen lag darin, und es gab ein Vogelnest mit drei Eiern. Der Mann nahm eines in die Hand, aber ausversehen ließ er es fallen, und es zerbrach. Ein kleiner Vogel flog heraus und rief: „Ho ho ho Kekkyo!" Auch das zweite und dritte Ei zerbrach er, und jedesmal flog ein Vogel heraus und rief: „Ho ho ho Kekkyo!" Wie aus den Wolken gefallen, stand der Mann in Gedanken verloren da. Da kam die Frau zurück. Als sie das Gesicht des Mannes sah, begann sie bitterlich und voller Gram zu weinen. „Auf Menschen ist kein Verlaß. Du hast dein Versprechen nicht gehalten und meine Töch-

ter getötet. Wie vermisse ich sie! Ho ho ho Kekkyo!" Mit diesem Ruf flog sie als Nachtigall davon. Er blickte ihr nach, hob die Axt neben sich auf und gähnte. Als er zu sich kam, stand er verloren im weiten Feld, und vom prächtigen Haus war keine Spur zu sehen.

2. Die Frau, die nichts ißt

Es lebte einmal an einem Ort ein unverheirateter Mann. Da er schon so lange allein war, sorgten sich seine Freunde um ihn und sagten: „Nun ist es an der Zeit. Nimm dir doch eine Frau!" und rieten ihm, zu heiraten. Der Mann aber meinte: „Mir macht es nichts aus, zu warten. Wenn es aber eine Frau gäbe, die nichts ißt, dann besorgt mir eine!" Kurz nachdem er das gesagt hatte, kam bei ihm eines Abends eine schöne Frau vorbei und sagte: „Ich bin auf der Reise. Jetzt hat mich die Dunkelheit überrascht, und ich bitte für eine Nacht um Unterkunft." Der Mann wies sie jedoch mit den Worten ab: „Unterkunft kann ich schon geben, aber zu Essen habe ich nichts." Die Frau aber ließ sich nicht abweisen: „Ich esse nichts. Ich bin eine Frau, die nichts ißt. Eine Unterkunft genügt mir." Der Mann war überrascht, doch er nahm die Frau auf.

Am anderen Tag aber dachte die Frau nicht daran, wegzugehen. Da sie diese und jene Arbeit verrichtete, ließ er sie bleiben. Das Beste an ihr war jedoch, daß sie nichts aß und nur arbeitete. Nach einiger Zeit versuchte der Mann, sie zu bewegen, etwas zu essen. Die Frau aber sagte, daß ihr der Duft der Speisen genüge und sie esse niemals etwas. Der Mann prahlte vor seinen Freunden, er hätte die beste Ehefrau der Welt. Doch niemand schenkte ihm Glauben. Sein bester Freund belehrte ihn mit den Worten: „Was ist mit dir los? Merkst du es nicht? Deine Frau ist kein Mensch. Paß ja gut auf!" Der Mann nahm es jedoch nicht ernst und meinte: „Das gibt es doch nicht." Der Freund drang aber weiter auf ihn ein: „Du bist der einzige, der es nicht weiß. Im ganzen

Dorf spricht man davon. Gibt es jemanden auf der Welt, der nicht ißt? Wenn du es nicht glaubst, tue so, als ob du weggehst, steig auf die Decke, ohne daß es deine Frau merkt, und paß auf, was sie macht."

Eines Tages sagte der Mann zur Frau, bevor er wegging: „Vor dem Abend komme ich nicht zurück." Er ging aber kaum 100 Meter, kehrte wieder um und kletterte heimlich, ohne daß es die Frau merkte, auf die Decke. Er sah, wie die Frau, die sich allein glaubte, Reis zu waschen begann, ein großes Feuer machte und ihn darauf kochte. Daraus machte sie 33 Reisklöße, holte drei Makrelen herbei und briet sie auf dem Feuer. Sie setzte sich auf den Boden, richtete ein Bein auf und löste ihre Haare. Der Mann sah, wie sie die Reisklöße und die Makrelen nacheinander in ein großes Maul mitten am Kopf hineinwarf und aufaß. Der Mann erschrak, stieg heimlich von der Decke hinunter und flüchtete ins Haus des Freundes. Dieser riet ihm: „Verrate nicht, was du gesehen hast. Gehe nach Hause und tue, als ob nichts wäre." Als der Mann, ohne sich etwas anmerken zu lassen, nach Hause kam, lag die Frau mit Kopfschmerzen im Bett. Auf die Frage, was ihr fehle, sagte sie mit einer Stimme wie von einer Katze: „Nichts. Es ist mir einfach nicht gut." Der Mann zeigte sich besorgt: „Das ist aber schlimm. Willst du Medizin nehmen oder einen Gesundbeter kommen lassen?" Darauf entgegnete sie: „Ich weiß nicht", und es sah aus, als ob sie sich jederzeit auf ihn stürzen wollte. „So hole ich einen Gesundbeter." Mit diesen Worten eilte der Mann zu seinem Freund und brachte ihn mit. Dieser sagte in seiner Beschwörung: „Das ist die Strafe für 30 Tassen Reis und drei Makrelen." Als die Frau das hörte, sprang sie auf und schrie: „Wehe euch! Ihr habt mich heimlich gesehen!" Damit stürzte sie sich auf den Freund und fraß ihn kopfvoran auf. Zu Tode erschrocken versuchte der Ehemann zu fliehen. Die Frau packte ihn aber am Nacken, als sei er eine kleine Katze, hob ihn auf den Kopf und floh rasch in die Berge. Wie ein Hase rannte sie über Felder und Hügel. Als sie durch einen Wald kamen, sah der Mann vor seinen

Augen einen Ast hervorragen und klammerte sich geistesgegenwärtig daran. Die Frau, die nicht aß, war aber ein Oni. Sie rannte, ohne es zu merken, polternd weiter. Der Mann stieg vom Baum hinunter und versteckte sich in einem Dickicht von Beifuß und Schwertlilien. Da kam die Onifrau zu seinem Versteck zurück und drohte: „Wo du dich auch versteckt hältst, du entkommst mir nicht!" Und sie wollte sich auf ihn stürzen. Doch im letzten Augenblick schrak sie zurück und jammerte laut: „Ach wie schade! Nichts ist für mich giftiger als Beifuß und Schwertlilien. Berühre ich diese Pflanzen, verfault mein Körper. Wenn diese nicht wären, hätte ich dich aufessen können." Der Mann freute sich, das zu hören, und warf dem Oni die giftigen Pflanzen nach. Es heißt, daß sogar ein Oni an diesem Gift stirbt. (Beifuß wird süßen Reiskuchen beigemischt, die besonders im Mai zum Knabenfest gegessen werden. Er gilt auch als ein Heilkraut. Es vertreibt Krankheiten, also auch Oni. Schwertlilien werden im Zusammenhang mit Kampfgeist und Kampfkunst gesehen. Auch soll ihr Geruch Schlangen und böse Geister vertreiben.)

3. Das Lachen der Oni

Es lebte einmal an irgendeinem Ort ein angesehener Mann. Seine einzige geliebte Tochter sollte nun in ein Dorf heiraten gehen. Am Tag der Hochzeit kamen vom Haus des Bräutigams prachtvolle Sänften, um sie abzuholen. Die Mutter und viele Verwandte gaben ihr das Geleit, und unter den Rufen „Es lebe die Braut" gingen sie über Berge und Pässe. Da kam vom Himmel plötzlich eine schwarze Wolke herab und verhüllte die Sänfte der Braut. Während alle hin und her rieten, was das sei und was sie machen sollten, entführte die schwarze Wolke die Braut in die Lüfte. So wurde die Mutter ihrer geliebten Tochter beraubt, und sie sorgte sich so sehr, daß sie beinahe den Verstand verlor. Sie entschloß sich aber, nicht nachzugeben, bis die Tochter gefunden sei.

Sie packte sich gekochten Reis auf den Rücken und begab sich auf die Suche. So ging sie über Felder und Berge, bis der Abend kam. Da sah sie gegenüber einen kleinen Tempel. Sie ging hin und bat um Unterkunft. Eine Nonne trat heraus und sagte: „Hier gibt es zwar weder Kleider noch Essen, aber Unterkunft gewähre ich gern." Da die Mutter ganz erschöpft war, legte sie sich im Tempel sogleich nieder. Nun gab ihr die Nonne ihr eigenes Kleid anzuziehen und erzählte ihr, was sie von der Tochter wußte: „Die Tochter, die du suchst, wurde ins Haus des Oni entführt. Es steht auf der anderen Seite des Flusses. Aber am Fluß sind riesige Wachhunde, und niemand kann hindurchgehen. Wenn man abwartet, bis sie schlafen, kann man jedoch die günstige Zeit nutzen und unversehrt vorbeigehen. Die Brücke ist ein Rechenbrett. Sie besteht aus vielen Kugeln. Man darf nicht auf die Kugeln treten, sonst fällt man dorthin, wo man geboren worden ist."

Am nächsten Morgen wurde die Mutter von einem Rascheln geweckt. Ringsum war nichts als Schilf, und weder ein Tempel noch die Nonne waren zu sehen. Nur das Schilf raschelte traurig im Morgenwind. Die Mutter sah unter ihrem Kopf einen von Wind und Regen gebleichten Stein einer kleinen Pagode. Die Mutter dankte der Nonne und ging, wie sie es vernommen hatte, zum Fluß. Die Wachhunde schliefen gerade, und sie überquerte die Brücke, ohne auf die Kugeln zu treten. Kaum war sie auf der anderen Seite, hörte sie den Gang eines Webstuhls. „Meine Tochter", entfuhr es ihr, und schon erschien auch die Gesuchte vor ihr. Sie liefen aufeinander zu und umarmten sich voller Freude. Die Tochter kochte der Mutter schnell das Abendessen. Dann aber sagte sie: „Wenn dich der Oni findet, gibt es ein Unglück." Und sie versteckte die Mutter in einer Steintruhe. Als der Oni heimkam, schnüffelte er in der Luft herum und sagte: „Es riecht nach Menschen." Die Tochter meinte, davon wisse sie nichts, aber er solle doch im Garten bei den Blumen nachschauen. Es gab dort eine seltsame Pflanze, an der immer so viele Blüten blühten, wie Men-

schen im Haus waren. An dem Tag blühten aber drei Blumen. Der Oni wurde wütend und schrie: „Du hast Menschen versteckt." Er wollte sich auf sie stürzen. Sie überlegte sich, was sie machen könnte. Da kam ihr ein Gedanke, und sie sagte, sie sei schwanger, deshalb die drei Blüten (der Oni zählt sich auch zu dieser Zahl drei!). Darauf brach der vor Zorn schnaubende Oni in einen Freudentaumel aus. Johlend rief er sein Gefolge und ließ Reiswein und Trommeln holen. Er gab sogar den Befehl, die Wachhunde zu töten. Nach dem Gelage waren alle Oni schwer betrunken und fielen in Schlaf. Die Tochter mußte den Oni zum Schlafen in die Holztruhe schließen (der Oni, wie auch die Yamauba, schläft immer in einer Truhe oder Kiste verschlossen). Sie schloß sie mit sieben Deckeln und sieben Schlössern ab. Dann holte sie schnell die Mutter aus der Steintruhe, und beide flohen aus dem Haus. Da die Wachhunde tot waren, konnten sie ungehindert zum Lagerhaus gehen, wo die Fahrzeuge waren. Sie wußten nicht, welchen Wagen sie nehmen sollten, den 10 000-Meilen- oder den 1000-Meilen-Wagen. Da erschien die Nonne und sagte: „Keiner der Wagen ist von Nutzen. Flieht mit dem Schiff!" So bestiegen die beiden das Schiff und flohen den Fluß hinab, so schnell sie konnten. Der Oni bekam aber Durst in der Holztruhe und verlangte nach Wasser. Doch so oft er auch nach seiner Frau schrie, er bekam keine Antwort, und so brach er gewaltsam die sieben Deckel auf. Aber von seiner Frau war keine Spur zu sehen. „Der Fratz meint, er könne mir entkommen", schnaubte er und weckte das Gefolge. Sie sahen, daß das Schiff weg war und gingen zum Fluß. Das Schiff mit den beiden war schon beinahe in der Ferne entschwunden. „Sauft das Wasser des Flusses aus!" befahl der Oni dem Gefolge. Gehorsamst streckten die Scharen von Oni ihre Köpfe in den Fluß und begannen schlürfend das Wasser auszutrinken. Das Wasser sank, und das Schiff kam mit den beiden in die Reichweite der Oni zurück. Als die beiden keine Hoffnung auf eine Rettung mehr sahen, erschien wieder die Nonne und sagte: „Macht schnell! Hebt die

Röcke! Zeigt euch den Oni!" Sie nahmen alle drei ihre Röcke hoch und entblößten sich. Als die Oni das sahen, brachen sie in ein wieherndes Gelächter aus und wälzten sich vor Lachen am Boden. Dabei spien sie das Wasser wieder aus. Das Schiff fuhr wieder in die Ferne, und Mutter und Tochter waren vor der Todesgefahr gerettet. Sie dankten der Nonne für ihre Hilfe. Diese aber sagte: „Ich bin nur eine Steinpagode im Feld. Aber stellt jedes Jahr eine weitere neben mich. Darauf freue ich mich über alles", und sie verschwand. Mutter und Tochter kamen sicher nach Hause. Sie vergaßen die Wohltat der Nonne nicht und erstellten ihr jedes Jahr eine Steinpagode.

4. Die Schwester, der weiße Vogel

Im Lande Sashu lebte der Fürst von Sashu. Nach der Geburt seiner zwei Kinder starb seine Frau. Das Mädchen hieß Tama-no-chu und der Knabe Kaniharu. Der Fürst wartete zehn Jahre, bis er sich eine andere Frau nahm. Eines Tages rief er die Kinder und sagte: „Suchen wir eine Mutter. Ohne eine Frau geniere ich mich, wenn ein Fürst zu Besuch kommt." – „Nimm dir eine Frau", meinten die Kinder. „Hütet für drei Tage das Haus, ich will eine Mutter suchen gehen", mit diesen Worten machte sich der Vater auf die Reise. Er suchte überall, aber obwohl es viele Frauen gab, fand er die Gewünschte nicht. Als er nach Yamadamuchimuyashi kam, sah er jedoch eine schöne Frau, die beim Weben war, und er grüßte sie. Sie fragte ihn, woher er sei, bot ihm Tabak an und lud ihn ein. Er erzählte, daß er der Fürst von Sashu sei und eine Frau suche. Er bat sie, seine Frau zu werden. Sie willigte mit den Worten ein: „Das ist mir recht. Mein Mann war der Fürst von Yamadamuchimuyashi. Aber er starb, als meine Tochter auf die Welt kam. Dieses Haus wird alsbald verkauft, und ich verdiene mir mein Leben mit Weben. Ich bin dir dankbar, wenn du mich mit meiner Tochter mitnimmst." So beschlossen sie, zu dritt

4. Die Schwester, der weiße Vogel

nach Hause zu gehen. Zu Hause angekommen, rief der Vater: „Chu, ich habe dir eine Mutter mitgebracht. Komm und grüße sie!" Chu hörte das, kam heraus und sagte: „Deine Haare sind wie die von meiner Mutter. Deine Kleider sind wie die von meiner Mutter. Bitte, werde meine Mutter!" Die neue Mutter sorgte gut für die Kinder. Nach einer Zeit wurde Chu dem Fürsten von Saga versprochen. Als der Hochzeitstag kam, rief die Mutter Chu und sagte: „Geh in den Zedernwald und hole wilden Hanf! Ich will ein Sieb für das Malz machen." Nachdem Chu mit dem Hanf zurückkam, kochte die Mutter in einem Kessel heißes Wasser und legte das Sieb aus Hanf darüber. „Nimm darauf ein Bad!" forderte sie Chu auf. „Nein, das mach ich nicht. Wenn ich hineinfalle, verbrenne ich", wehrte sich Chu. „Wer einen so vornehmen Mann heiratet, kann auch auf diesem Sieb baden." Mit diesen Worten packte sie Chu und warf sie ins heiße Wasser. Chu starb im kochenden Wasser. Als der Bruder das sah, weinte er, daß ihm fast der Atem stockte. Die Mutter sagte dem Mann: „Du hast eine schlechte Frau gehabt. Stell dir vor, als ich Malz machen wollte, hat deine Tochter im heißen Wasser baden wollen und ist darin verbrannt." Der Fürst brach in Klagen aus: „Was sagen wir nur dem Fürsten von Saga?" – „Sorge dich nicht. Kana ist doch da. Sie kann das Hochzeitskleid anziehen und den Fürsten heiraten", schlug die Frau vor. Der Vater legte sich aber mit Schmerzen auf der Brust ins Bett. Am anderen Morgen wurde die Braut abgeholt. Da der Vater krank im Bett lag, gingen die Mutter und Kaniharu mit. Sie wurden mit einem Festessen empfangen. Beim Abschied sagte die Mutter zum Fürsten: „Kaniharu ist der Diener von Chu. Er soll jeden Tag Brennholz holen gehen, und in der Nacht soll er euch beide massieren." Zu Hause erzählte sie dem Vater: „Ich habe Kana den Namen von Chu gegeben und sie dem Fürsten von Saga gelassen." Auf die Frage, wo Kaniharu sei, erklärte sie: „Ich habe ihm gesagt, er soll sieben Tage dort bleiben, weil seine Schwester am neuen Ort einsam sein wird." Kana schickte also den Bruder jeden Tag Brennholz

holen. Kaniharu wußte nicht, wo ein Wald ist und wie Brennholz sammeln. So ging er in den Zedernwald, in dem die Leiche seiner Schwester begraben war. Als er „Zedernwaldgeist!" rief, kam ein weißer Vogel vom Grab seiner Schwester, brach dürre Äste von den Zedern ab und sammelte sie zu einem Bündel. Er sagte zu ihm: „Ich bin deine Schwester. Wie geht es dir?" – „Ich muß Holz sammeln, Feuer machen und ihre Glieder massieren." – „Du tust mir leid. Hast du nur diese Kleider?" – „Nur dieses einzige." Der Vogel gab ihm folgende Anweisungen: „Bring mir abgeschnittene Fäden und Stoffstücke, die bei den Fensterläden in der Webstube sind. Ich mache dir davon Kleider." Darauf ging Kaniharu mit dem Brennholz heim. Am nächsten Morgen sammelte er die Fäden und Stoffstücke bei den Fensterläden und brachte sie in den Wald. Als er „Zedernwaldgeist!" rief, kam der weiße Vogel und fragte: „Hast du die abgeschnittenen Fäden und Stoffstücke?" Er gab sie mit den Worten: „Hier sind sie." Der Vogel gab ihm weitere Anweisungen: „Wenn du mit dem Brennholz nach Hause gehst, sage, daß du Kopfschmerzen hast, und gehe ohne Essen ins Bett. Iß am Morgen und am Mittag nur eine Schale Reisschleim. Wenn es gewöhnlicher Reis ist, nur eine Schale und schlafe drei Tage. Am vierten Tag sag, daß du wieder gesund bist. Iß so viel du kannst und komm in den Wald!" Der Vogel machte ihm ein Bündel Brennholz, und er trug es auf dem Kopf nach Haus. Wie es ihm die Schwester geraten hatte, sagte er, daß er Kopfschmerzen habe und legte sich ins Bett. Am vierten Tag sagte er am Morgen: „Ich bin wieder gesund. Ich gehe in den Wald Brennholz suchen." Nachdem er dort wieder den Zedernwaldgeist gerufen hatte, kam der weiße Vogel mit einem Bündel von Kleidern im Schnabel. „Ich gebe dir diese Kleider. Aber leg sie zu Hause nicht an einen schönen Platz, sondern versteck sie unter der schmutzigen Strohmatte vor dem Kochherd. Erwachst du in der Nacht, wirst du frieren und du kannst sie anziehen. Aber bevor es hell wird, mußt du sie ausziehen und am gleichen Ort versorgen. Nun will ich aber wieder

4. Die Schwester, der weiße Vogel

Brennholz sammeln." Mit diesen Worten sammelte der Vogel ein Bündel, gab es ihm und sagte weiter: „Heute ist der letzte Tag für mich hier. Morgen ist es der siebzehnte Tag, dann muß ich zum König in der anderen Welt gehen. Rufe mich nicht mehr." Damit trennten sich die beiden. Weinend ging der Bruder nach Hause. Die Kleider versteckte er unter der schmutzigen Strohmatte vor dem Herd. In der Nacht erwachte er frierend und ging die Kleider anziehen. In dieser Nacht konnte der Fürst von Saga nicht einschlafen, und er rief seinen Diener, ihm Feuer für seinen Tabak zu bringen. Aber niemand wollte aufstehen, auch seine Frau nicht. So mußte er selber aufstehen und ging in die Küche. Da sah er etwas vor dem Herd hell glänzen. Er meinte, es sei Feuer und hob es mit der Feuerzange auf. Als er genau hinsah, waren es prächtige Kleider. Er fragte Kaniharu: „Sag mir Junge, woher hast du diese Kleider?" Da begann Kaniharu zu weinen, daß ihm fast der Atem stockte. „Ich werde dich nicht schelten und auch nicht schlagen. Sag die Wahrheit!" sagte der Fürst. Kaniharu holte die Andenken an seine Schwester aus seiner Kleidertasche und legte sie dem Fürsten in die linke Hand. „Gehen wir hinaus und ich will es dir erzählen", sagte er. Sie gingen auf die Straße und er berichtete alles, was bis jetzt vorgefallen war. „Warum hast du es nicht früher gesagt? Koch schnell am Morgen Reis, dann gehen wir zusammen zu deiner Schwester", sagte der Fürst. Kaniharu erwiderte: „Es sind nun siebzehn Tage, seit die Schwester starb. Sie muß jetzt in die andere Welt gehen. Sie hat gesagt, daß sie nicht mehr kommen werde." – „Wenn ich nicht hingehe, bin ich nicht mehr zu trösten. Koch schnell und iß, soviel du magst. Mach Reisklöße für uns zwei", sagte ihm der Fürst. Sie brachen noch vor der Dämmerung auf. Als sie im Wald ankamen, meinte der Fürst: „Vielleicht kommt die Schwester nicht herbei, wenn sie mich hier stehen sieht. Ich will mich unter dem Baum verstecken. Decke mich mit Ästen zu." Nachdem sich der Fürst versteckt hatte, rief Kaniharu: „Zedernwaldgeist!", und der weiße Vogel kam geflogen: „Was ist denn? Ich habe

dir doch gesagt, daß du mich nicht mehr rufen sollst. Ich bin schon den halben Weg bis in die andere Welt geflogen, und nun hast du mich wieder gerufen." Jetzt kam der Fürst von Saga hervor und fragte: „Kannst du nicht wieder ein Mensch werden?" Der Vogel antwortete: „Bis gestern wäre es möglich gewesen. Aber heute sind es siebzehn Tage, und der König der anderen Welt hat mir geschrieben. Nun ist es nicht mehr möglich. Aber ich will gehen und mit dem König reden. Stelle auf alle Fälle auf die zwei Torpfosten je einen Mörser und fülle sie mit Wasser. Wenn dann ein weißer Vogel kommt und darin badet, suche mich bei den Felsen im Garten. Wenn aber auf dem Tor keine Mörser stehen, kann ich kein Mensch mehr werden." Während er das hörte, versuchte der Fürst, den weißen Vogel zu fangen. „Du darfst mich nicht berühren", bat der Vogel. „Wie soll ich leben, wenn ich dich nicht wenigstens berühren kann?" sagte er und fing ihn. Da blieben ihm nur drei Fliegen in der Hand. Zuhause angekommen, sagte der Fürst zu seinen Eltern: „Das Glück, das ich fand, hat sich als wertlos erwiesen. Darf ich zwei Mörser aufs Tor stellen?" – „Alles gehört dir. Du darfst machen, was du möchtest", sagten die Eltern. Die zwei Mörser machten sich gut auf dem Tor. Da kam ein weißer Vogel und tauchte mehrmals ins Wasser. Der Fürst ging bei den Felsen nachsehen und erblickte hinter dem steinernen Waschbecken eine Frau. Sie war so schön, daß er sie mit den Augen verschlang, und sie leuchtete heller als die Sonne. Er lud sie in die Sänfte und führte sie in den oberen Stock. Die falsche Frau aber tötete er. Die ahnungslose Stiefmutter wurde eingeladen und erhielt ein Bündel. Auf dem Heimweg tat ihr der Kopf weh, und sie konnte nicht mehr weitergehen. Sie öffnete das Bündel und fand den Kopf von Kana darin. Vor lauter Schrecken wurde sie ohnmächtig und starb. Aufs Neue feierte der Fürst mit Tama-no-chu Hochzeit. Danach gingen alle drei dem Fürsten von Sashu einen Krankenbesuch machen. Der Vater freute sich, daß es allen so gut ging, und wurde alsbald gesund. Zu seiner Erleichterung fand auch Kaniharu bald

eine gute Frau. Bruder und Schwester helfen sich weiterhin gegenseitig und leben glücklich bis zum heutigen Tag.

5. Urashima Tarô

In Ôura von Kitamae lebte einmal ein Mann namens Urashima Tarô. Er lebte mit seiner Mutter zusammen, die über 70, gegen 80 Jahre alt war. Urashima war Fischer und hatte noch keine Frau. Eines Tages sagte die Mutter: „Urashima, nimm dir eine Frau, solange ich noch rüstig bin!" Aber Urashima antwortete: „Da ich so arm bin, hätte sie bei mir ja gar nichts zu essen. Solange du da bist, will ich weiter Tag für Tag fischen gehen und ledig bleiben." Nach einiger Zeit wurde die Mutter 80 und Urashima 40 Jahre alt. Im Herbst wehte jeden Tag der Nordwind, und er konnte nicht fischen gehen. Ohne Fische erhielt er kein Geld. Zuletzt hatte auch seine Mutter nichts mehr zu essen. Er legte sich zu Bett und dachte, wenn nur am nächsten Tag gutes Wetter wäre. Da besserte sich auf einmal das Wetter. Er sprang auf und ging in der Dunkelheit mit seinem Floß fischen. Er fischte, bis es im Osten hell wurde, aber er konnte keinen einzigen Fisch fangen. „Was mach ich bloß?" dachte er sich. Als die Sonne aufging, schien es ihm, daß ein großer Fisch anbiß. Als er die Schnur einzog, war eine Schildkröte daran. Er stellte sie mit den Vorderfüßen an den Rand des Floßes, aber sie wollte nicht weggehen. „Ich dachte, du wärest eine Meerbrasse. Ach, du bist nur eine Schildkröte. Wegen dir beißen die Fische nicht an. Ich laß dich frei, geh schnell weg!" Mit diesen Worten warf er die Schildkröte ins Meer. Urashima zündete sich Tabak an und fischte weiter. Aber kein Fisch biß an. Er wußte sich nicht mehr zu helfen. Aber gegen Mittag spürte er einen Ruck an der Schnur wie von einem großen Fisch. Als er heraufzog, war es wieder die Schildkröte. „Ich habe ihr doch gesagt, sie soll weggehen. Wieder ist es eine Schildkröte anstatt ein Fisch. Pech habe ich heute!" sagte er und ließ sie wieder ins

Meer gehen. Er konnte aber nicht heimgehen, bevor er nicht etwas gefangen hatte. Er harrte noch ein paar weitere Stunden aus und wieder biß etwas an. In der Hoffnung, daß es nun ein Fisch sei, zog er die Schnur heraus – doch wieder war es die Schildkröte. Noch einmal ließ er sie gehen. Unterdessen wurde es Abend, und er hatte noch immer nichts gefangen. Als die Sonne unterging, ruderte er sein Floß und überlegte sich, was er der Mutter sagen sollte. Da erschien ihm gegenüber ein Schiff, und aus unerklärlichen Gründen kam es auf Urashima zu. Neigte er das Floß nach Steuerbord, schlug es die gleiche Richtung ein. Neigte er nach Backbord, machte es das gleiche. Schließlich befand es sich neben seinem Floß. Der Schiffer sprach zu Urashima: „Steig ein. Ich bin ein Bote von Otohime aus dem Drachenpalast." – „Ich kann doch nicht meine Mutter allein lassen und in das Reich des Drachenpalasts gehen" meinte Urashima. „Für deine Mutter wird bestens gesorgt. So steige doch ein!" Weil der Schiffer so darauf beharrte, stieg Urashima unwillkürlich ein. Das Schiff tauchte mit Urashima an Bord ins Meer und fuhr in das Reich des Drachenpalasts.

Urashima stellte fest, daß es ein wahrhaft prächtiger Palast war. Die Prinzessin meinte, er sei wohl hungrig und gab ihm gut zu essen. Sie schlug ihm vor, zwei bis drei Tage zu bleiben. Es gefiel ihm gut im Reich des Drachenpalasts. Da waren Otohime und viele schöne Mädchen. Sie waren ihm unter anderem beim Wechseln der Kleider behilflich. Unbemerkt vergingen drei Jahre. Da sagte er, daß er nach Hause gehen müsse, und verabschiedete sich von Otohime. Er bekam von ihr ein dreiteiliges Schmuckkästchen. Sie sagte ihm, er solle es öffnen, wenn er sich nicht mehr zu helfen wisse. Sie setzte ihn ins Schiff, und es brachte ihn an Land. Als er in sein Dorf kam, fand Urashima die Form der Berge verändert, und die Bäume auf dem Hügel waren verschwunden oder kahl. „Wie seltsam, ich bin doch nur drei Jahre weggegangen", dachte er und ging zu seinem Haus. Er sah unterwegs einen alten Mann an einem Stroh-

dach schaffen. Grüßend trat er ein und fragte: „Kennt ihr einen Mann namens Urashima Tarô?" – „Als mein Großvater noch lebte, ging ein Mann namens Urashima Tarô ins Reich des Drachenpalasts und kam nicht mehr zurück", antwortete der alte Mann. „Was geschah mit seiner Mutter?" fragte er weiter und mußte hören, daß sie schon seit langem gestorben sei. Urashima ging, um die Reste seine Hauses zu sehen. Nur das Steinbecken und die Steinschwelle waren noch da. Er wußte sich nicht mehr zu helfen und öffnete den Deckel des Schmuckkästchens. Im ersten Kästchen war die Feder eines Kranichs. Als er das zweite öffnete, war weißer Rauch darin, und er wurde zu einem Greis. Im dritten fand er einen Spiegel. Als er darin sein Gesicht ansah, erblickte er einen Greis. Und verwundert sah er, daß die Kranichfeder an seinem Rücken befestigt war. Er flog in die Höhe und kreiste um das Grab seiner Mutter. Da kam Otohime als Schildkröte die Küste herauf, um Urashima zu besuchen. Daher tanzt man in Ise das Lied vom Schildkröten- und Kranich-Tanz.

6. Die Kranichfrau (Präfektur Kagoshima)

Es war einmal ein Mann, der hieß Karoku. Er lebte mit seiner Mutter und machte im Wald Holzkohle. Im Winter ging er eines Tages in die Stadt, um eine Bettdecke zu kaufen. Unterwegs sah er in einer Falle einen Kranich, der in Not war. Er versuchte, ihn zu befreien. Da kam der Mann, dem die Falle gehörte, und tadelte ihn: „Warum mischst du dich in meine Angelegenheit?" – „Der Kranich tut mir leid, und ich möchte ihn retten. Kannst du ihn mir nicht verkaufen? Ich habe Geld für eine Bettdecke. Das gebe ich dir für den Kranich", bat Karoku. Der Mann verkaufte ihm den Kranich, und Karoku ließ ihn alsbald fliegen. „So muß ich halt diese Nacht frieren", sagte er und ging nach Hause. Die Mutter fragte ihn, wo die Bettdecke sei. Er erzählte ihr: „Ein Kranich war in eine Falle geraten. Ich hatte Mitleid mit ihm

und kaufte ihn mit dem Geld für die Bettdecke und ließ ihn frei." Die Mutter meinte: „Gut, was du machst, ist schon recht."

Am nächsten Abend kam vor Einbruch der Dunkelheit eine blendend schöne Frau zu Karoku und bat um Unterkunft. Karoku lehnte mit den Worten ab: „Aber das ist hier nur eine Hütte." Sie war jedoch beharrlich und sagte: „Das macht nichts. Laß mich hier übernachten!" So ließ er sie bleiben. Darauf bat sie ihn, sie zur Frau zu nehmen. Karoku entgegnete: „Aber das geht doch nicht. So eine vornehme Frau ist mir zum ersten Mal begegnet. Ich weiß nicht einmal, ob ich jeden Tag zu essen habe. Wie kann ich dann jemanden wie dich zur Frau nehmen?" – „Sag das nicht, sondern nimm mich bitte zur Frau!" bat sie weiter. „Was soll ich nur machen?" seufzte Karoku. Seine Mutter hörte, wie sie sprachen, und sagte zur Frau: „Wenn du es wirklich ernst meinst, werde die Frau meines Sohnes und tue dein Bestes!" So wurde sie die Frau von Karoku.

Nach einiger Zeit bat die Frau: „Schließe mich drei Tage lang in den Wandschrank ein. Öffne ihn aber nicht und schaue nicht hinein!" Am vierten Tag kam sie wieder heraus. Karoku war erleichtert und sagte: „Das war sicher eine Qual darin. Ich habe mir Sorgen gemacht. Komm und iß etwas!" Sie tat, was er sie hieß, und aß. Danach sagte sie: „Nimm den Stoff, den ich im Schrank gewoben habe und verkaufe ihn für 2000 Goldstücke!" Sie nahm den Stoff aus dem Schrank, und er ging damit zum Schloß des Fürsten. Der Fürst pries den Stoff mit den Worten: „Das ist ein prachtvoller Stoff. Ich zahl dir 2000 oder auch 3000 Goldstücke. Kannst du nicht noch ein Stück machen?" Darauf antwortete Karoku: „Ich muß zuerst meine Frau fragen." Da meinte der Fürst: „Das ist nicht nötig. Du kannst doch selber zusagen. Ich gebe dir gleich das Geld." Karoku ging nach Hause und erzählte es seiner Frau. Sie sagte darauf: „Wenn du mir genug Zeit gibst, kann ich schon noch ein Stück weben. Schließe mich diesmal eine Woche in den Schrank.

6. Die Kranichfrau (Präfektur Kagoshima)

Aber in dieser Zeit darfst du nicht hineinschauen." Wieder ging sie in den Schrank hinein.

Als eine Woche zu Ende ging, begann sich Karoku Sorgen zu machen, und er öffnete den Schrank. Er sah einen nackten Kranich, der sich die letzten kleinen Federn auszog und damit einen Stoff fertigwebte. Der Kranich sprach: „Da hast du den Stoff. Aber weil du mich nackt gesehen hast, bin ich dir nun wohl zuwider. Ich möchte mich deshalb verabschieden. Ich bin in Wirklichkeit der Kranich, dem du geholfen hast. Bring bitte den Stoff wie versprochen dem Fürsten!" Danach wandte sich der Kranich schweigend gegen Westen. Da kamen gegen 1000 Kraniche geflogen und nahmen den nackten Kranich mit.

Karoku wurde zwar reich, aber er dachte nur immer an den Kranich und wollte ihn wiedersehen. Er ging ihn in ganz Japan suchen. Eines Tages kam er an einen Strand und setzte sich hin. Da sah er ein Schiff mit einem alten Mann auf ihn zukommen. „Woher kommt wohl dieses Schiff? Es ist ja weit und breit keine Insel." Während er so dachte, erreichte das Schiff das Ufer. „Woher kommst du, alter Mann?" fragte er. „Ich komme von der Insel, die Kranichflügelkleid heißt", bekam er zur Antwort. „Bitte, bring mich dorthin", bat Karoku. „Ja, gut", sagte der alte Mann, und Karoku stieg ein. Das Schiff fuhr schnell übers Wasser und erreichte auf einmal eine schöne Sandküste. Kaum war Karoku auf dem Ufer, waren der Mann und das Schiff auch schon spurlos verschwunden.

Karoku ging die Küste hinauf und sah einen wunderschönen Teich. Mitten im Teich gab es eine Sanddüne und darauf waren viele Kraniche mit dem nackten Kranich in der Mitte. Der nackte Kranich war der König der Kraniche. Karoku wurde hier eine Zeitlang bewirtet und fuhr dann mit dem Schiff des alten Mannes wieder zurück.

7. Das Mädchen ohne Hände

Es war einmal ein glückliches Ehepaar, das hatte eine liebliche Tochter. Aber als das Kind vier Jahre alt war, starb die Mutter. Zwar bekam es eine neue Mutter, doch diese haßte das Kind und versuchte, es zu vertreiben. Aber weil es ein von Natur aus kluges Kind war, fand sie keine Gelegenheit dazu. Unter diesen Umständen wurde das Mädchen fünfzehn Jahre alt. Der Haß der Stiefmutter wuchs mit jedem Tag, und sie überlegte sich, was sie dem Kind antun könnte. Eines Tages sagte sie zum Vater: „Gnädiger Vater, mit diesem Kind kann ich nicht mehr länger zusammenleben. Bitte, lasse mich fortgehen!" Weil aber der Vater stets nur auf die Stiefmutter hörte, beruhigte er sie mit den Worten: „Mach dir keine Sorgen. Ich werde schon dafür sorgen, daß die Tochter aus dem Weg kommt." Er kam auf den Gedanken, die unschuldige Tochter sofort wegzujagen. Eines Tages sagte er ihr: „Komm, wir wollen ein Fest besuchen gehen." Er ließ ihr ein schönes Kleid anziehen, wie sie es noch nie getragen hatte, und machte sich auf, mit ihr das Fest zu besuchen. Da das Wetter gut war und sie sich über die außergewöhnliche Einladung des Vaters freute, machte sich das Mädchen erwartungsvoll auf den Weg. Aber da sie anstatt zum Fest über einen Berg gingen, kam es ihr seltsam vor, und sie fragte den Vater: „Wo ist denn das Fest?" – „Hinter diesen zwei Bergen, in der großen Schloßstadt ist das Fest." Der Vater ging voran, und sie kamen immer tiefer in die Berge hinein. Als sie zwei Berge überschritten hatten, kamen sie in ein Tal. Da sagte der Vater: „Nun wollen wir essen", und holte die Reisklöße heraus, die sie mitgebracht hatten, und sie begannen zu essen. Doch das Mädchen war vom weiten Gehen so müde, daß es während des Essens unmerklich einschlief. Als der Vater das sah, dachte er, das sei der rechte Augenblick. Mit der Axt, die er an der Hüfte trug, schlug er zuerst den rechten, dann den linken Arm des armen Mädchens ab. Er ließ das weinende Mädchen zurück und ging allein den Berg hinunter. Stolpernd lief das blut-

überströmte Mädchen hinter ihm drein und rief: „Vater, warte doch. Es tut so weh." Aber der Vater verschwand, ohne rückwärts zu blicken. „Wie traurig ist das. Warum ist sogar mein eigener Vater so schrecklich zu mir?" sagte es zu sich. Da es nun nicht mehr nach Hause zurückgehen konnte, wusch es sich im Bach des Tales die Wunden an den abgeschnittenen Armen. Es nährte sich unter anderem von Beeren und Nüssen und blieb am Leben.

Eines Tages ritt ein stattlicher junger Mann mit seinem Gefolge an jenem Ort vorbei. Er erblickte das Mädchen im raschelnden Gebüsch und fragte: „Ach Gott, was für ein Wesen bist du? Du hast das Gesicht von einem Menschen, aber keine Hände." Das Mädchen antwortete: „Ich bin das Mädchen ohne Hände. Mich hat sogar der Vater im Stich gelassen", und es brach in Tränen aus. Der Mann bekam großes Mitleid mit ihr. „Auf alle Fälle ist es besser, du kommst mit mir nach Hause", sagte er, nahm das Mädchen aufs Pferd und ritt mit ihm den Berg hinunter. Zu Hause angelangt, sagte er zu seiner Mutter: „Heute hatte ich auf der Jagd kein Glück. Aber ich habe in den Bergen ein Mädchen gefunden, das keine Hände hat, und es mitgenommen. Es ist so bedauernswert, bitte, nimm es auf!" Und er erzählte ihr, was er vom Mädchen gehört hatte. Die Mutter war ebenfalls gutherzig. Sie ließ dem Mädchen das Gesicht waschen und die Haare kämmen. Da wurde es wieder zu dem schönen Mädchen, das es ursprünglich gewesen war. Auch die Mutter freute sich an ihm und bekam es lieb wie ihre eigene Tochter. Nach einer gewissen Zeit bat der junge Mann: „Bitte Mutter, gib mir dieses Mädchen zur Frau!" Diese sagte: „Sie ist gerade die rechte Frau für dich. Ich habe auch schon immer daran gedacht." Darauf wurde bald Hochzeit gefeiert. Das Mädchen lebte weiter in Eintracht mit der Mutter, und nach einiger Zeit wurde es schwanger. Aber da bekam der junge Mann den Auftrag, nach Edo zu reisen. Er bat die Mutter, nach der Geburt für das Kind zu sorgen. Die Mutter versprach ihm, sofort nach der Geburt einen Eilboten zu ihm zu schicken. Darauf reiste

er nach Edo. Bald danach kam ein reizendes Knäblein zur Welt. Die Mutter schrieb ihrem Sohn einen Brief und meldete ihm die Geburt. Sie schickte einen Eilboten mit dem Brief nach Edo. Dieser eilte über Felder und Berge. Da bekam er Durst und bat bei einem Haus um Wasser. Aber es war das Haus der Stiefmutter. Sie fragte ihn, wohin er gehe. Dieser erzählte arglos: „Ach, in meiner Nachbarschaft ist eine reiche Familie, da lebt ein Mädchen, das keine Hände hat. Es hat ein Kind bekommen und ich will nun dem jungen Mann in Edo die Nachricht bringen." Die Stiefmutter fragte sich, ob die Stieftochter wohl noch am Leben sei, und wurde plötzlich ganz zuvorkommend: „Bei dieser Hitze müssen Sie nach Edo gehen? Kommen Sie doch herein und ruhen Sie sich ein wenig aus." Sie bewirtete ihn mit Fisch und Reiswein. In kurzer Zeit wurde der Bote betrunken. Da nahm die Stiefmutter den Brief aus der Schachtel und las: „Ein unvergleichlich hübsches Knäblein ist zur Welt gekommen. Es ist mit nichts, nicht einmal mit einem Edelstein zu vergleichen." – „Ach, wie ärgerlich", sagte sie und schrieb an dieser Stelle: „Ein unbeschreibliches Scheusal, weder Teufel noch Schlange, ist geboren worden", und legte den gefälschten Brief heimlich in die Schachtel zurück. Der Bote erwachte und sorgte sich, weil er zuviel getrunken und sich verschlafen hatte. „Sie haben es gut mit mir gemeint", sagte er zum Abschied. Die Stiefmutter lächelte und sagte besonders freundlich: „Kommen Sie auch auf dem Rückweg vorbei und erzählen Sie mir, was sie in Edo erlebt haben!" Der junge Mann erschrak sehr, als er den Brief des Eilboten las. Er schrieb aber als Antwort: „Ob Teufel oder Schlange, sorgt gut für das Kind, bis ich wieder zurückkomme." Damit sandte er den Boten wieder zurück. Dieser hatte nicht vergessen, wie ihn die Dame in jenem Haus auf dem Weg nach Edo bewirtet hatte, und kehrte in der Hoffnung, noch einmal Reiswein zu bekommen, wieder dort ein. „Bei dieser Hitze müssen Sie zurückkommen? Treten Sie ein!" empfing ihn die Stiefmutter, führte den Boten ins Zimmer, gab ihm wieder Reiswein und machte ihn betrunken. Als sie

7. Das Mädchen ohne Hände

ihn schlafen sah, fälschte sie den Brief mit diesen Worten: „Von diesem Kind will ich nichts wissen. Auch der Anblick des Mädchens ohne Hände ist mir zuwider geworden. Schick es zusammen mit diesem Kind fort! Sonst werde ich mein Leben lang nicht mehr zurückkehren und es vorziehen, in Edo zu bleiben." Als der Eilbote erwachte, bedankte er sich bei der Stiefmutter, eilte mit dem Brief weiter über Berge und Felder und erreichte endlich das Haus, wo das Mädchen ohne Hände wohnte. Dort übergab er der Mutter den Brief. Diese las die unglaubwürdige Mitteilung und fragte den Boten, ob er nicht unterwegs irgendwo eingekehrt sei. „Nein, gewiß nicht. Wie ein Pferd bin ich geradewegs hingegangen und geradewegs zurückgekommen," log er. Die Mutter beschloß, abzuwarten, da sie dachte, ihr Sohn könne jederzeit aus Edo zurückkehren. Sie sagte zuerst dem Mädchen nichts über den Brief. Aber als sich ihr Sohn nicht meldete, wußte sie keinen anderen Rat, und sie rief das Mädchen zu sich und erzählte ihr, was in dem Brief aus Edo geschrieben stand. Das Mädchen wurde sehr traurig. Aber schließlich beschloß es, wegzugehen. „Es ist schade, daß ich dir nicht vergelten kann, was du an mir, diesem armen Geschöpf getan hast. Aber wenn es der junge Herr so will, gehe ich weg", sagte sie und ließ sich das Kind auf den Rücken binden, nahm von der Mutter Abschied und verließ schluchzend das Haus. Da sie nicht wußte, wohin sie gehen sollte, ging sie, wohin die Füße sie trugen. Da wurde sie sehr durstig und kam an einen Fluß. Sie bückte sich, um Wasser zu trinken. Da glitt das Kind vom Rücken und drohte herunterzufallen. „Helft mir!" sagte es und versuchte erschrocken mit den Händen, die es nicht hatte, das Kind zu halten. Da wuchsen ihm auf wunderbare Weise wirklich beide Hände, und es konnte das Kind festhalten. „Ach, wie wunderbar. Die Hände sind mir gewachsen", sagte das Mädchen und freute sich sehr. Bald darauf kam der Sohn eilig aus Edo zurück und wollte das Kind und seine Frau sehen. Da erfuhr er, daß sie nicht mehr da waren. Aus dem, was er von der Mutter hörte, zu schließen, fiel der Verdacht auf

den Eilboten. Er fragte ihn aus und erfuhr, daß dieser im Haus der Stiefmutter Reiswein zu trinken bekommen hatte. „Das arme Mädchen!" klagte die Mutter, und sie trug dem Sohn auf, es zu suchen und es so schnell wie möglich nach Hause zu bringen. Der Mann ging überall hin und kam zu einem Schrein nahe an einem Fluß. Dort sah er eine Bettlerin mit einem Kind auf dem Arm voller Hingabe beten. Es schien ihm von hinten, als ob es seine Frau wäre, aber da sie beide Hände hatte, kam es ihm seltsam vor, und er redete sie an. Als sie sich umwandte, erkannte er seine Frau. Sie weinten vor lauter Freude. Da, wo die Tränen hinfielen, wuchsen wunderschöne Blumen. Auf dem Weg nach Hause erblühten Pflanzen und Bäume. Man erzählt sich auch, daß die Stiefmutter und der Vater, die das Mädchen so mißhandelt hatten, vom Landvogt bestraft worden sind.

8. Hyôtoku (Die Geschichte vom Feuermännchen)

Irgendwo lebten ein alter Mann und eine alte Frau. Einmal ging nun der alte Mann in die Berge, um Reisig zu schneiden, und er entdeckte eine große Höhle. „In solchen Höhlen wohnen böse Wesen; daher stopfe ich sie besser zu!" So sprach er zu sich und schob ein Reisigbündel in jene Höhlenöffnung hinein. Doch nach kurzer Zeit glitt das Reisigbündel, welches als Pfropfen in der Höhle steckte, allmählich hinein. Und während er sich dachte, „Nur noch dieses eine! Nur ein Bündel noch!" und immer wieder nachstopfte, hatte er schließlich das Reisig, welches er während dreier Tage geschnitten und gesammelt hatte, restlos in die Höhle hineingeschoben. Da trat aus dem Innern der Höhle eine schöne Frau heraus, sprach ihm ihren Dank aus für das viele Reisig, das sie erhalten hatte, und lud ihn ein, er möchte doch einmal in die Höhle kommen. Da er nun so sehr genötigt wurde, ging der Alte mit hinein und blickte um sich: drinnen befand sich ein Haus, daß ihm die Augen übergingen. Neben dem Haus lag all das Reisig aufgesta-

8. Hyôtoku (Die Geschichte vom Feuermännchen) 265

pelt, das er während dreier Tage geschnitten und gesammelt hatte. Die schöne Frau bat ihn: „Komm herein!", worauf der Alte ins Haus trat und in ein wunderbares Zimmer gelangte. In dem Zimmer befand sich ein hochbetagter Mann mit einem langen weißen Bart und dankte ihm ebenfalls für das Reisig. Nachdem er dann mit vielerlei Leckereien bewirtet worden war und sich auf den Rückweg machen wollte, wurde ihm erklärt: „Diesen hier geben wir dir zum Geschenk, nimm ihn also mit!" und er erhielt einen Knaben. Von unbeschreiblichen garstigen Gesichtszügen, spielte jener unablässig mit seinem Nabel. Der alte Mann war zwar erstaunt, doch da sie darauf bestanden, ihn unbedingt wegzugeben, kehrte er schließlich mit ihm heim und behielt ihn bei sich zu Hause. Auch als sie in das Haus des Alten gekommen waren, spielte jenes Kind nur immer mit seinem Nabel. Eines Tages nun stubste der Alte ihn ein wenig mit der Feuerzange, und siehe: aus seinem Nabel kamen mit einem Mal kleine Goldstücke hervor. An jedem Tag kamen von nun an dreimal welche hervor, und die Familie des Alten wurde mit einem Schlag reiche Leute. Doch seine Frau war ein habgieriges Weib; sie dachte sich: „Ich möchte noch mehr herausholen!", in Abwesenheit ihres Mannes nahm sie die Feuerzange und stach dem Kind heftig in den Nabel. Doch es kam kein Gold hervor, sondern der Junge starb. Als der Alte zurückkehrte und traurig war, daß das Kind tot war, erschien ihm der Junge im Traum; er belehrte den weinenden Alten: „Fertige eine Maske an, ähnlich meinem Gesicht, und hänge sie an den Balken vor dem Herd, wo sie dir jeden Tag deutlich vor Augen kommt; wenn du so tust, wird deinem Haus Wohlstand beschieden sein!" Jenen Knaben nannte man „Hyôtoku" (Feuermännchen) mit Namen. Seither bildet man in den Dörfern dieser Gegend bis auf den heutigen Tag das Gesicht des häßlichen Feuermännchens aus Holz oder Ton nach und es hängt vor dem Herd an den Balken, der „Kesselmann" heißt. (Aus „Japanische Volksmärchen", Eugen Diederichs Verlag)

9. Der reiche Köhler (Präfektur Kagoshima)

Es waren einmal zwei Freunde. Der eine war der Reiche im Westen und der andere der Reiche im Osten. Sie gingen jeden Abend miteinander am Strand fischen. Es kam die Zeit, da ihre beiden Frauen schwanger wurden. Eines Abends gingen sie wie immer zusammen an den Strand. Weil es immer noch Flut war, beschlossen sie, sich eine Weile auszuruhen. Sie machten sich ein Kissen aus Treibholz und legten sich schlafen. Der Reiche aus dem Osten schlief sofort ein, aber der Mann aus dem Westen blieb noch wach. Da sah er den Drachenkönig herantreten und hörte ihn zum Treibholz, auf dem sie lagen, die Worte sprechen: „Treibholzgeist! Die beiden Familien im Osten und im Westen haben zwei Kinder bekommen. Gehen wir ihnen einen Rang geben!" Das Treibholz antwortete: „Ich kann nicht gehen, weil ich zwei Menschen als Kissen diene. Geh und mach es an meiner Stelle!" Der Drachenkönig ging also allein hin. Als er wieder zurückkam, berichtete er folgendes: „Das Kind im Osten ist ein Mädchen. Ich gab ihm den Rang von einem Shô Salz. Das Kind im Westen ist ein Knabe. Ich gab ihm den Rang von einem Bambus." Das Treibholz meinte, der Rang von einem Shô Salz sei zu hoch. Der Drachenkönig aber sagte, daß dem Mädchen dieser hohe Rang gebühre und ging weg. Als der Reiche im Westen hörte, daß sein Kind nur den Rang eines Bambus bekommen hatte, beschloß er, etwas dagegen zu unternehmen. Er weckte seinen Freund und sagte ihm, daß er einen Traum gesehen hätte. „Ich träumte, daß in deinem Haus und in meinem Haus zwei Kinder auf die Welt gekommen sind. Gehen wir heim!" Sie verzichteten aufs Fischen und gingen zurück. Unterwegs sagte der Mann im Westen zu seinem Freund: „Ich mach dir einen Vorschlag. Wenn dein Kind ein Knabe wäre und meines ein Mädchen, dann gebe ich meine Tochter deinem Sohn zur Frau. Wenn dein Kind aber ein Mädchen wäre und meines ein Knabe, so gebe ich meinen Sohn deiner Tochter zum Mann." Sie gaben sich

9. Der reiche Köhler (Präfektur Kagoshima)

das Versprechen und gingen nach Hause. Im Haus des Ostens war ein Mädchen, im Haus des Westens aber ein Knabe geboren. Die Kinder wurden gut umsorgt und betreut. Als sie 18 Jahre alt waren, sagte der Reiche des Ostens zu seinem Freund: „Gib meiner Tochter deinen Sohn zum Mann, wie wir es abgemacht haben!" So wurden die beiden jungen Leute verheiratet. Nachdem die beiden eine Weile als Ehepaar gelebt hatten, fand im Mai das Fest für die Gerstenernte statt. Die Frau kochte ein Gerstengericht und brachte es Gott und den Ahnen dar. Auch ihrem Mann gab sie eine Schale mit den Worten zu essen: „Ich habe einen ganzen Sack Gerste geschält und zum Erntefest dieses Gericht gekocht." Der Mann wurde zornig und sagte: „Ich habe bis jetzt nur geschälten Reis gegessen. Nun soll ich Gerste essen?" Er stieß die Schale und das Eßtischchen von sich weg. Als die Frau das sah, sagte sie: „Hier kann ich auf keinen Fall mehr leben. Ich überlaß dir Haus und Hof. Das hat mein Vater dir vermacht. Ich nehme nur das Tischchen und die Schale, die du weggestoßen hast, und ziehe fort." Nachdem sie die verschüttete Gerste aufgelesen hatte, verließ sie das Haus. Als sie aus dem Tor trat, fiel ein feiner Regen. Sie hörte zwei Speichergötter miteinander sprechen. „Sogar die kostbare Gerste hat er von sich gestoßen. Wenn wir hier bleiben, wird dieser Mann vom Rang eines Bambus auch uns wegstoßen. In Ushinishi wohnt der Köhler Goro. Der ist gutherzig, von schöner Gestalt und arbeitsam. Gehen wir zu ihm." Die Frau freute sich über das, was sie hörte, und beschloß, auch dorthin zu gehen. Sie ging einen ganzen Tag, bis der nächste Abend kam. Da sah sie in der Ferne ein kleines Licht flackern und ging darauf zu. So kam sie zur Hütte des Köhlers Goro. Sie bat vor der Tür um Einlaß, und Goro trat heraus. „Was ist?" fragte er. „Ich bitte um Unterkunft für eine Nacht", bat die Frau. „Wie kann ich nur so eine vornehme Frau einlassen? Meine Hütte ist so klein, daß wenn der Kopf drin ist, die Füße draußen sind, und wenn die Füße drin sind, der Kopf draußen ist. Da drüben ist ein großes Haus. Dort kannst du sicher über-

nachten." Darauf erwiderte die Frau: „Eine Frau wie ich kann bei dieser Dunkelheit nicht mehr gehen. Ich werde gerne unter der Dachrinne bleiben, wenn du erlaubst." Darauf ließ sie Goro schließlich herein. Goro schenkte ihr Tee aus geröstetem Reis ein, und die Frau teilte mit ihm das Gerstengericht, das sie mitgenommen hatte. Nach dem Essen bat sie ihn, sie zu heiraten. „Wenn jemand wie ich eine so vornehme Frau heiratet, trifft ihn die Strafe", erwiderte Goro darauf. „Das stimmt nicht", entgegnete die Frau „Ich wünsche es. Bitte, nimm mich zur Frau!" Darauf sagte Goro: „Wenn du es so meinst, so bitte ich dich, meine Frau zu werden." Am nächsten Morgen gab die Frau ihrem Mann Goro die Anweisung, in all den Brennöfen, die er bis jetzt gebraucht hatte, nachzusehen. Sie fanden in allen Öfen Gold. Sie bewahrten es in Kisten auf, die sie beim Schreiner machen ließen. Nach kurzer Zeit wurden sie reiche Leute. Der Mann vom Rang eines Bambus wurde aber immer ärmer. Er hausierte mit Waren aus Bambus. Eines Tages kam er ins Haus von Goro. Die Frau erkannte ihn und kaufte ihm die Sachen für doppelt soviel ab, wie er verlangte. Der Mann erkannte sie nicht und dachte, das sei eine dumme Frau. Er beschloß, das nächste Mal einen großen Korb zu bringen. Als er wieder kam, brachte die Frau die Schale und das Tischchen. Als der Mann das sah, schämte er sich zu Tode. Unter dem Speicher biß er sich die Zunge aus und starb. Die Frau begrub ihn unter dem Speicher und sagte: „Ich habe dir nichts anzubieten. Aber im Mai werde ich dir Gerste bringen zum Erntefest. Etwas anderes kannst du nicht bekommen. Sorge dafür, daß niemand in den Speicher kommt." Auch heute noch wird als Brauch eine Frau mit einem Sack Weizen hinaufgeschickt, wenn ein neuer Speicher errichtet wird.

Zum Autor

Hayao Kawai wurde 1928 in Sasayama in der Präfektur Hyôgo geboren. Er studierte an der Universität Kyoto Mathematik. Nach dem Abschluß im Jahr 1952 wirkte er als High School-Lehrer. Gleichzeitig begann er ein Selbststudium der Psychotherapie. Darauf wurde er Dozent an der Universität Tenri. 1959 erhielt er ein Fullbright-Stipendium und studierte an der UCLA-Universität in Kalifornien Psychotherapie. Von 1962-1965 absolvierte er ein Studium am C. G. Jung-Institut in Zürich und wurde somit zum ersten Jungschen Analytiker in Japan. Er begann seine Tätigkeit als Professor an der Universität Kyoto und als Psychotherapeut. Er setzte sich dafür ein, Jungs Tiefenpsychologie bekanntzumachen, vor allem im Gebiet der Traumanalyse, der Sandkastentherapie und der Deutung von Mythen und Märchen. Ein bekannter japanischer Psychiater sagt über ihn: „Wie ein Komet erschien er in Japan. Er brachte uns allen viele Ideen, und was er sagte, wurde begierig aufgenommen." Er leistete einen wesentlichen Beitrag zur Entwicklung der Psychotherapie in Japan. Sein erstes Buch war eine Einführung in die Psychologie von C. G. Jung, und es wurde zur Grundlage in diesem Fach. Er wandte sich in seinen Büchern an ein allgemeines Publikum, um auf die Probleme der Gegenwart aufmerksam zu machen. In seinen Büchern über Mythen und Märchen analysierte er auf eindrückliche Weise die japanische Seele. Sein großes Anliegen ist, im Abendland das Verständnis für die japanische Kultur zu fördern. Er ist in den USA, in der Schweiz und in Deutschland eine bekannte Persönlichkeit. Seine gesammelten Werke sind in japanischer Sprache in 14 Bänden erschienen. Darin sind folgende Titel enthalten: „Was sind Komplexe?", „Die Sandkasten-Therapie", „Der Schatten", „Die matriarchale Gesellschaft in Japan", „Die Struktur des Unbewußten", „Die leere Mitte", „Die Identität der Japaner", „Wie Myôe seine Träume lebte". Letzteres Buch ist 1998 unter dem Titel „Myôes Traumchronik" als deutsche Übersetzung beim Daimon Verlag erschienen.

Nachwort der Übersetzerin

Eigentlich müßte ich über meine Begegnung mit Hayao Kawai ein eigenes Buch schreiben. Sie geht auf das Jahr 1962 zurück, als er in Zürich am C. G. Jung-Institut studierte. Ich ahnte sogleich, daß er eine große Rolle in meinem Bestreben, die japanische Kultur kennenzulernen, spielen wird. Es sollten aber dreißig Jahre vergehen, bis ich das konkret verwirklichen konnte. Die Übersetzung dieses Buches bewirkte in mir eine rigorose Auseinandersetzung sowohl mit der Kultur des Westens und des Ostens als auch mit mir persönlich. Ich möchte hiermit Hayao Kawai meinen ganz großen Dank aussprechen, mir dieses so bedeutungsvolle Werk zum Übersetzen anvertraut zu haben. Diese deutsche Ausgabe sei nun mit den besten Wünschen versehen ein Geschenk zu seinem 70. Geburtstag. Mein herzlicher Dank geht zudem an Dr. Robert Hinshaw, Daimon Verlag Einsiedeln, für die Herausgabe dieses Buches, sowie an Dr. Jörg Büchli, Universität Zürich, und seine Frau Verena Büchli-Schmitt, Germanistin, für das Verwalten der Kawai-Stiftung in Zürich. Zuletzt möchte ich meinem Mann, Pfr. Isao Uchida, danken für seine große Mithilfe.

Irene Büchli
Kikyôgaoka, im Mai 1998

Zur Übersetzerin

1943 in Zürich geboren. Absolvierte das Lehrerseminar in Zürich. 1965 Heirat mit Pfr. Isao Uchida, Japan. 1967 Aussendung als Missionare der Schweizerischen Ostasienmission nach Japan. Als Erwachsenenbildnerin in einer japanischen Kirchgemeinde tätig. An der Universität Mie Lektorat als Deutschlehrerin und Beraterin für ausländische Studenten. Abschluß einer 4-jährigen psychotherapeutischen Ausbildung in Japan. Besucht zurzeit die von Prof. Kawai geführten Seminare in Tokyo. Mutter zweier erwachsener Söhne. Wohnt seit 1967 im Bezirk Iga in der Präfektur Mie, Westjapan.

Bibliographie

Aarne, Antti. *The Types of the Folk-Tale* (Folklore Fellows Commuications, 1928.)

Baba, Akiko. *Oni no kenkyu* [Studien über die Oni] (Tokyo: Sanichi Shobo, 1971).

Bolte, Johannes. *Anmerkungen zu den Kinder- und Hausmärchen der Brüder Grimm* (Leipzig, 1912-1932).

Edinger, E.F. *Trinity and Quaternity* (Journal of Analytical Psychology, 9).

Eliade, Mircea. *Rites and Symbols of Initiation: The Mysteries of Birth and Rebirth* (New York: Harper & Row, 1965).

Hillman, James. *Fathers and Mothers* (Zürich: Spring Publications, 1973).

Ishida, Eiichiro. *Momotarô no haha* [Die Mutter von Momotarô] (Tokyo: Kodansha, 1966).

Jung, C. G. *The Collected Works* (Princeton: Princeton University Press and London 1953).

Jung, Emma. *Animus and Anima* (Dallas: Spring Publications, 1957).

Kerényi, Karl. *Hermes: Guide of Souls* (Dallas: Spring Publications).

Kawai, Hayao. *Mukashibanashi no shinso* [Depth of Fairy Tales] (Tokyo: Fukuin Kan shoten, 1977).

Lüthi, Max. *Once upon a Time: On the Nature of Fairy Tales* (Bloomington: Indiana University Press, 1976).

Matsumura, Takeo. *Nihon shinwa no Kenkyu* [Studien über japanische Mythen] (Tokyo: Baifu kan, 1968).

Mizuno, Yu. *Kodai Shakai to Urashima Densetsu* [Die Legende von Urashima und die Gesellschaft des Altertums] (Tokyo: Yuzan Kaku, 1975).

Neumann, Erich. *The Origins and History of Consciousness* (Princeton: Princeton University Press, 1954).

— *On the Moon and Matriarchal Consciousness* (Spring 1954).

Ozawa, Toshio. *Sekai no Minwa* [Volksmärchen der Welt] (Tokyo: Chuo Koron sha, 1979).

Sakauchi, Tamotsu. *Urashima Setsuwa no Kenkyu* [Studien über die Urashimalegenden] (Osaka: Sogen sha, 1935).

Thompson, Stith. *Motif-Index of Folk-Literature* (Bloomington: Indiana University Press, 1975).

von Franz, Marie-Louise. *Problems of the Feminine in Fairytales* (Dallas: Spring Publications, 1972).

Yanagita, Kunio. *Tônô Monogatari* [Die Geschichten von Tônô] (Tokyo: Tsukumashobo, 1963).

Liste der Tabellen und Skizzen

Tabelle 1. Varianten von „Das Land der japanischen Nachtigall" 10
Tabelle 2. Geschichten von „Die verbotene Kammer" im Westen 16
Tabelle 3. Verbieter und Übertreter in der „verbotenen Kammer" im Westen 16
Tabelle 4. Ein Vergleich von japanischen und westlichen Geschichten 16
Tabelle 5. Männliche / weibliche Dualität in der Alchemie 31
Tabelle 6. Ein Vergleich von einem japanischen Märchen, einem japanischen Mythos und einem griechischen Mythos 61
Tabelle 7. Vergleich von „Die Kranichfrau" und „Die Rabe" 126
Tabelle 8. Geschichten von der ungleichartigen Frau 126

Skizze 1. Standorte von Mann und Frau in „Das Land der japanischen Nachtigall" 13
Skizze 2. Standorte von Mann und Frau in „Der treue Johannes" 23
Skizze 3. Eingehen in einen Kreis 25
Skizze 4. Beziehungen im russischen Märchen 87
Skizze 5. Beziehungen in „Die Schwester, der weiße Vogel" 87
Skizze 6. Schema des „Ewigen Jungen" 104
Skizze 7. Geschichten von der ungleichartigen Heirat (nach Toshio Ozawa) 136
Skizze 8. Die Quaternität nach einer Skizze von C. G. Jung 190

Weitere Titel bei DAIMON:

vom selben Autor:

Myôes Traumchronik

Myôe war ein japanischer, buddhistischer Mönch, der im 13. Jahrhundert lebte. Dieses Buch beschreibt sein Leben, seine Erfahrungen und sein Traumleben, die eine unzertrennbare Einheit bilden.

Die japanische Originalausgabe wurde mit dem "Shincho Award for Learning and the Arts" ausgezeichnet.

Hayao Kawai ist einer der bekanntesten Jungschen Psychotherapeuten in Japan und Autor und Herausgeber von mehr als 50 Büchern über Themen aus Psychologie und Religion.

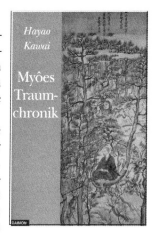

(268 Seiten, s/w Abbildungen, ISBN 3-85630-572-6)

Miguel Serrano
Meine Begegnungen mit C.G. Jung und Hermann Hesse in visionärer Schau

Der Autor, ein chilenischer Diplomat, der viele Jahre in Indien gelebt hat und sich dort eingehend mit östlicher Weisheit befaßte, schildert hier auf seine ganz eigene Art seine verschiedenen Begegnungen mit den beiden weltbekannten Persönlichkeiten: dem Dichter von Montagnola und dem großen Psychologen. Mit beiden verband ihn jahrelang eine Freundschaft die – von seiner dem Magisch-Mystischen zugewandten Geisteshaltung geprägt – in Gespräch und Briefen besondere Wege führte. Das Wesen und die Geheimnisse der menschlichen Seele, Meditation, das Leben nach dem Tode, die Beseeltheit der Dinge um uns, das Übersinnliche und ähnliche Themen kamen immer wieder zur Sprache und wurden aus der Sicht des Dichters und des Tiefenpsychologen gedeutet. (150 Seiten, illustriert, ISBN 3-85630-559-9)

Regina Abt, Irmgard Bosch & Vivienne MacKrell
Traum und Schwangerschaft
Vorwort von Marie-Louise von Franz

Traum und Schwangerschaft ist nicht nur ein Buch für schwangere Frauen, obwohl der Titel diesen Anschein erwecken mag. Die breite Fülle des Traummaterials erlaubte den Autorinnen, vielschichtige und allgemein brauchbare Deutungen herauszuarbeiten, die über den Rahmen der Schwangerschaft hinaus in die allgemeinen Hindergründe der Psyche reichen. Das Buch ist deshalb nicht nur eine Bereicherung für Frauen während der Schwangerschaft, sondern für jeden psychologisch interessierten Laien. Wegen seiner sorgfältigen Deutungsarbeit und dem reichlich aus allen Kulturen zusammengetragenen Amplifikationsmaterial ist es auch für Psychologen, Ärzte, Hebammen und jeden am Menschen Interessierten eine anregende Hilfe zum Verständnis von Träumen. (544 Seiten, reich illustriert, ISBN 3-85630-557-2)

Arno Stern
Der Malort

Dieses grundsätzlich praktische und zur Tätigkeit anregende Buch zeigt, wie Kindern das Malspiel ermöglicht werden kann.

Seine erste Begegnung mit Kindern macht Arno Stern 1946 in einem Heim für Kriegswaisen. Als Beschäftigung bietet er ihnen das Malspiel an und entwirft eine originelle Einrichtung zur günstigsten Verwendung des Materials.

Nur wer die Besonderheit der Äusserung kennt, begegnet ihr und dem Kind mit einer fördernden Einstellung.

(ISBN 3-85630-573-4, Format A4, 96 S., illustriert, gebunden)

Erich Neumann
Kunst und schöpferisches Unbewußtes
Dieser Band vereint drei klassische Aufsätze Erich Neumanns über die Beziehung des Künstlers zur Gesellschaft. In der künstlerischen Arbeit finden nach Neumann die ursprünglich formlosen archetypischen Inhalte für den jeweiligen kollektiven Zeitgeist einen Ausdruck.
(neue 3. Auflage, 174 Seiten, illustriert, ISBN 3-85630-575-0)

Die Antwort der Engel *neue 10. Auflage*
ein Dokument, aufgezeichnet von Gitta Mallasz

Dieses Buch, das weltweit Menschen zentral berührt, dokumentiert auf unspektakuläre Art eine transzendente Erfahrung. Auf der Suche nach Wahrheit inmitten einer Zeit des Schreckens, der Lüge und der Not öffnet sich vier Menschen plötzlich und unvermutet eine neue Dimension, die sie auf den Weg zu sich selber führt, und die ihnen nach und nach den Sinn eines neuen Lebens enthüllt.
(420 Seiten, ISBN 3-85630-576-9)

Die Antwort der Engel hat mich tief berührt. – Yehudi Menuhin

Dieses Buch könnte ich immer wieder lesen, ohne dessen müde zu werden. Vielen, vielen Dank, daß Sie es mir zu lesen gaben.
– Elisabeth Kübler-Ross

Die Botschaft der Engel erscheint mir, als sei sie speziell für mich bestimmt. Sie bringt mich in Verbindung mit der Wahrheit und läßt mich den Ruf deutlicher hören.
Die Engel lehren mich, die Welt durch das innere Lächeln hindurch zu sehen. – Narciso Yepes

DEUTSCHE TITEL BEI **DAIMON**

Regina Abt-Baechi
- Der Heilige und das Schwein

R. Abt / I. Bosch / V. MacKrell
- Traum und Schwangerschaft

Susan Bach
- Das Leben malt seine Eigene Wahrheit

Heinrich-Karl Fierz
- Die Psychologie C.G. Jungs und die Psychiatrie

Marie-Louise von Franz
- Träume
- Psyche und Materie
- Passio Perpetua
- Psychotherapie
- Archetypische Dimensionen der Seele
- Die Visionen des Niklaus von Flüe

von Franz / Frey-Rohn / Jaffé
- Im Umkreis des Todes

Liliane Frey-Rohn
- Von Freud zu Jung
- Nietzsche - Jenseits der Werte seiner Zeit

James Hillman
- Selbstmord & seelische Wandlung
- Suche nach Innen

Siegmund Hurwitz
- Lilith, die erste Eva
- Psyche und Erlösung

Aniela Jaffé
- Religiöser Wahn, Schwarze Magie
- Bilder und Symbole aus E.T.A. Hoffmanns „Der Goldne Topf"
- Mystik & Grenzen der Erkenntnis
- Der Mythus vom Sinn
- Parapsychologie, Individuation, Nationalsozialismus
- Aus C.G. Jungs letzten Jahren und andere Aufsätze
- Geistererscheinungen

Theodora Jenny-Kappers
- Muttergöttin in Ephesos

Hayao Kawai
- Myôes Traumchronik
- Harmonie im Widerspruch

C.G. Jung
- C.G. Jung im Gespräch

Gitta Mallasz
- Die Antwort der Engel
- Die Engel Erlebt
- Weltenmorgen
- Sprung ins Unbekannte

C.A. Meier
- Der Traum als Medizin
- Die Empirie des Unbewußten
- Die Bedeutung des Traumes
- Bewußtsein
- Persönlichkeit

Erich Neumann
- Kunst & schöpferisches Unbewußtes

Angelika Reutter
- Rapunzel - eine Märchenmeditation

Erna Ronca
- FIS, Schätzchen!

Satprem
- Der kommende Atem
- Das Mental der Zellen
- Der Aufstand der Erde
- Evolution II

Miguel Serrano
- Meine Begegnungen mit C.G. Jung und H. Hesse

Bani Shorter
- Frauen und Initiation

Arno Stern
- Der Malort

Heinz Westman / Paul Tillich
- Gestaltung der Erlösungsidee

Toni Wolff
- Studien zu Jungs Psychologie

Luigi Zoja
- Sehnsucht nach Wiedergeburt

Fordern Sie unseren neuesten Verlagskatalog an:

Daimon Verlag
Am Klosterplatz
CH-8840 Einsiedeln, Schweiz
Tel.: (41)(55) 412 22 66 / Fax: (41)(55) 412 22 31
Email: daimon@csi.com
Internet: <http://ourworld.compuserve.com/homepages/Daimon>